神との対話③

宇宙になる　自分になる

ニール・ドナルド・ウォルシュ
吉田利子訳

ンマーク文庫

神との対話③

宇宙になる　自分になる

ニール・ドナルド・ウォルシュ
吉田利子［訳］

サンマーク文庫

献辞

ナンシー・フレミング・ウォルシュに。
最高の友人、愛する同伴者、熱情的な恋人、そしてすばらしい妻に。
きみは地球上の誰よりもたくさんのものをもたらし、多くのことを教えてくれた。
きみのおかげで、ぼくは夢にも思わなかったほどの恵みを受けた。
きみのおかげで、ぼくの魂《たましい》はふたたび歌いはじめた。
きみは奇跡のような愛を見せてくれた。
そして、ぼくに、ぼく自身を返してくれた。
つつしんでこの本を、偉大な師であるきみに捧《ささ》げる。

謝辞

いつものように、まず、最高の友である神に感謝する。いつの日か、誰もが神と友だちになってくれますように。

つぎに、生涯のすばらしい伴侶であるナンシーに感謝したい。彼女がしてくれたことにくらべれば、わたしの感謝の言葉など、ものの数ではない。彼女がどれほど並はずれた存在かを言い表す言葉が見つからず、とほうに暮れるばかりだ。だが、これだけはわかっている。彼女がいなければ、わたしの活動はありえなかった。

それから、ハンプトン・ロード出版社のロバート・S・フリードマンが一九九五年に『神との対話』の出版を決意し、さらにこの三部作のすべてを出版した勇気をたたえたい。ほかの四社で断られた原稿を彼が受けとってくれたので、何百万人もの人びとの人生が変わった。

また、『神との対話』三部作の最後の作品の出版にあたって、ジョナサン・フリードマンの功績にふれずにすますわけにはいかない。この本がいつ、どのようなかたちで本棚に届けられるかが決まったのは、ひとえに、彼が示してくれた明晰《めいせき》なヴィジョンとはっきりした目的意識、深い霊的な理解、限りない情熱、そして後世に残る天与の創造力のおかげだった。彼の決断によって『神との対話』の出版のかたちと時期が決まり、そのゆるぎない献身によって、効率的に配本が行われた。愛読者すべても、わたしと同じようにいつまでもジョナサンに感謝してくれるにちがいない。

マシュー・フリードマンにも、このプロジェクト開始時からの疲れを知らぬ仕事ぶりにお礼を言わなければならない。この本の企画と制作に注ぎこまれた彼の創造的な努力は、いくら評価しても足りない。

最後に、アメリカと世界の哲学的、霊的な景観を一変させた著者や教師たちの何人かに感謝を述べたい。より偉大な真実を語ろうとするこの人びとの努力が、日々わたしにインスピレーションを与えてくれた。真実を語ろうと決意すると、往々にしてさまざまなプレッシャーがかかり、個人的な暮らしにも波乱がつきまとうが、この人びとは負けなかった。ジョーン・ボリセンコ、ディーパック・チョプラ、ラリー・ドセイ博士、ウエイン・ダイアー博士、エリザベス・キューブラー＝ロス博士、バーバラ・マークス・ハバード博士、スティーヴン・レヴィン、レイモンド・ムーディ博士、ジェームズ・レッドフィールド、バーニー・シーゲル博士、ブライアン・ワイス博士、マリアン・ウィリアムソン、ゲイリー・ズカフ、すべて個人的に知りあい、深く尊敬する人びとである。この場をお借りして、深甚なる感謝と、それから個人的な敬愛と賛美を捧《ささ》げたい。

この人びとは現代の水先案内人、先導者である。わたしが永遠なる真実の告げ手として

はじめに

　これは尋常ではない文書だ。

　かく言うわたしは、この本の完成にろくにかかわっていない。じつはわたしはいくつかの質問をし、あとはただ、答えを書きとめただけなのだ。

　一九九二年にこの神との対話が始まって以来、わたしがしたのはそれだけだった。この年、深く落ちこんだわたしは、怒りのあまりに叫んだ。人生がうまくいくためには、何が必要なのか。こんなに、もがきつづけていなければならないなんて、わたしがいったい何をしたというのか――。わたしは、黄色い便箋《びんせん》をとり出し、神に向かって怒りの手紙を書きつづった。すると驚いたことに、神が答えてくれた。答えは「声なき声」のささやきとして、わたしの心に響いてきた。わたしは幸いにもその言葉を書きとめた。

　こうして対話を続けて六年あまりの月日が流れた。この私的な対話がいつか本になるだろうと言われたので、一九九四年に最初の原稿を出版社に送ってみた。それから七か月後、本は完成し、書店の店頭に並んだ。一冊めの『神との対話』はベストセラーになり、現在まで九一週続けて、『ニューヨーク・タイムズ』のベストセラー・リストに入っている。

　第二の対話も、何か月か前から『ニューヨーク・タイムズ』のベストセラー・リストに加わった。そしていま、ここに尋常ならざる対話の三冊めにして最後の一冊をお贈りしようとしている。

この本は完成までに四年の歳月がかかった。楽ではなかった。ひとつのインスピレーションからつぎのインスピレーションの訪れまでの期間は長く、半年以上もかかることがあった。一冊めの『神との対話』の言葉は、約一年で筆記された。二冊めは、もう少しかかった。だが、この最後の対話を書きとめていたときのわたしは、世間のスポットライトを浴びていた。一九九六年以後はどこへ行っても、「三冊めはいつ出るんですか?」「つぎの本の進行状況は?」「いつになったら、三冊めを読めますか?」と聞かれた。

わたしがどんな思いをしたか、対話を完成させるプロセスにどう影響したか、ご想像いただけるだろうか。まるで、ヤンキー・スタジアムのピッチャー・マウンドで愛しあっているような気分だったと言ってもいい。いやいや、そのほうがまだプライバシーが保てたかもしれない。この『神との対話』を書きとめようとペンをとるたびに、待ち望んでいる五百万人の人びとの目が、一語一語にじっと注がれているのを感じた。

こんなことを言うのは、ようやく完成にこぎつけた自分をねぎらうためではなく、どうしてこんなに時間がかかったのか、わかっていただきたいからである。

最近は、精神的、意識的、物理的に、ひとりになれる時間がめったになかった。

三冊めの対話が始まったのは一九九四年の春で、最初の部分はそのころに書かれた。それから、何か月もブランクが続き、とうとう一年もの間があいてしまった。結局、最後の章が書かれたのは一九九八年の春から夏にかけてだったのである。

ただし、これだけは信じていただいてもいい。本書は決して無理に書かれたものではない。非常にはっきりしたインスピレーションが訪れないかぎり、わたしは何も書かずにペンを置いた。

一度など、一四か月もそのままということがあった。三冊めが出るという約束を果たすためだけの本なら、出ないほうがましだと決意したのだ。そのため、出版社を少し心配させはしたが、どんなに時間がかかっても必ず良いものができるという確信が生まれた。その成果を、自信をもってみなさんにお渡しする。

この本は三部作の最初の二冊の教えの要約である。そのあとに、論理的な必然として、驚くべき結論が示される。

最初の二冊の本のいずれかをお読みになっていれば、どちらの場合も、わたしが少しばかり不安になっていたことをご存じだろう。当時は、本にどんな反響があるかとおびえていた。だが、いまはおびえていない。『神との対話③』については、まったく恐れを感じていない。この本にふくまれた洞察と真実が、そして温かさと愛が、必ずおおぜいの読者の心にふれることがわかっているからだ。

わたしは、この本が神聖で霊的な書物であると信じている。三部作のすべてがそうであり、何十年、いや何世代にもわたって読み継がれ、研究されるだろうと思う。あるいは何世紀かもしれない。

なぜなら、この三部作には、どんなふうに人間関係を築くかから始まって、究極の真実と宇宙論、生命と死、ロマンス、結婚、セックス、親と子、健康、教育、経済、政治、霊性と宗教、ライフワークと正しい人生、物理学、時間、社会制度と習慣、創造のプロセス、神との関係、エコロジー、犯罪と処罰、宇宙のなかの高度に進化した社会の暮らし、正邪、文化的神話と文化の倫理、魂《たましい》、心のパートナー、真実の愛、そして自らが神性を受け継いだわたしたちが自分をいかに輝かしく表現するかまで、驚くべき課題が盛りこまれているからだ。

この本が、みなさんのためになりますように。

みなさんに祝福のあらんことを。

一九九八年九月　オレゴン州アッシュランドにて

ニール・ドナルド・ウォルシュ

※編集部注：基本的に「わたし」の言葉は明朝体、神の言葉はゴシック体で表記してあります。それぞれの文中で、さらに書体を変えてある部分は、著者に「強く響いてきた言葉や文章」です。

神との対話③●Conversations with God 3

目次

4——謝辞
7——はじめに

第1章
18
たいていの親は、ほんの短い人生経験しかないまま、子育てをする。自分自身が何者なのか、親たちにまずい決め方をされて、それをなんとか克服しようとしている最中なのに子供が何者かを教えようとする。だから、自分の人生も子供たちの人生も間違ってしまう。

第2章
76
男性も女性も、自分で編み出したみじめさの悪循環のなかで過ちをくり返す。どちらかが、人生でほんとうに大切なのは力ではなく強さだ、と気づくまでは。

第3章 104
自分でいやだと思う人生を嘆くのはやめなさい。かわりにその人生を変え、そんな人生にしている条件を変えることを考えなさい。闇を見つめなさい。だが、呪わないこと。それよりも、闇に射す光になり、闇を変えなさい。

第4章 122
人生は未来にあって過去にはない。これまで犯した過ちは、これから創造するものにくらべれば何の意味もない。あなたのすべてを赦そう。すべての罪悪感から解放しよう。あなたは過去のあなたではなく、いつも、いつまでも新しいあなただと知っているから。

第5章 154
ふれあうひとすべてに、あなたは価値があると思わせられるよう、努力しなさい。それぞれ、自分であるだけですばらしいのだと、感じさせてやりなさい。この贈り物を与えていけば、世界を癒すことができる。

第6章 176
あらゆる勘、あらゆる感情、あらゆる予感に注意しなさい。精神に口出しさせてはいけない。不安だからと、遠ざけてはいけない。恐れげもなく直観どおりに行動すればするほど、直観が役に立つようになる。

第7章 208
あなたがたを創造したとき、わたしは、一度の生涯しか送れないようには創らなかった。そんなのは、宇宙の年齢にくらべれば無限に小さな時間でしかない。そのわずかなあいだに、必ず犯す間違いを犯し、それから最善を望むには短すぎる。

第8章 230
どんな交流も、「はじまりが始まった」瞬間に「終わりが始まる」。
これが最後だと思えば、どの瞬間も、はかり知れないほど重くなるだろう。
死から目をそむけているから、自分自身の生命を考えなくなる。

第9章 254
眠りながらでなく、目覚めて歩きなさい。疑いや不安にわずらわされず、
罪悪感や自責にとらわれず、大いなる愛を与えられている確信をもって歩きなさい。
あなたは、いつでも、いつまでも歓迎される。「お帰り」と。

第10章 266
わたしもあなたを愛している。

第11章 268
あなたは身体以上の存在で、身体よりも大きい何かがある。魂はあなたの身体より大きい。
魂は身体とともに運ばれるのではなく、身体をなかに入れて運んでいる。
魂はあなたをたばねているものだ。神の魂が、宇宙を包んでたばねているように。

第12章 288
ひとりだけを独特なかたちで愛するという決断を、破ってはならない約束と考えると、
いずれ約束は義務になり、あなたはそれを恨むだろう。その決断を、一度の約束でなく、
何度でもやり直す自由な選択だと考えれば、それを恨む日は来ないだろう。

第13章 334
ひとに無理やり約束を守らせて、それで自分は傷つかずにすむだろうか？
相手に自由を与えれば、自分も自由になる。ひとに無理やり約束を守らせれば、必ず自分の尊厳や自尊心が傷つく。長期的な被害のほうが、当面の被害よりはるかに大きい。

第14章 376
そろそろ、新しい見方をするときだ。個人としても、社会としても、生まれなおすときだ。
自分たちの狂気で世界を破壊してしまう前に、世界を再創造しなければいけない。
わたしたちは協力して現実を創造している。被害者はいないし、加害者もいない。

第15章 394
あなた自身が自分の最高の考えまで上らないかぎり、人類が最低の考えから離れるチャンスはない。あなたの聖なる仕事は始まったばかりだ。あなたは自分が何をしているかを理解した。これを自分に知らせたのはあなたであり、大切だと考えさせたのもあなただ。

第16章 398
あなたは、自分の世界が宇宙で唯一、生命体がすむところだと想像している。
自分の国が最高の国だと、自分の州が最高の州だと、自分の家族がいちばんすばらしいと、自分が家族の誰よりもすぐれていると想像している。あなたの行動がそれを物語っている。

第17章 422
あなたはマッチを子供に渡して、火事は起こらないだろうと思っている。
しかもあなた自身がマッチの使い方をよく知らない。この問題の解決策は明らかだ。
マッチを子供の手からとりあげること。そして、自分たちもマッチを捨てること。

第18章 440
種のシステムを傷つけない、それが個々の存在を大切にすることだ。個々の存在といっても、地位や影響力や金がある者だけではない。力が強いとか大きいとか、高い自意識をもっているものだけではない。システムのなかのすべての種、すべての生物が大切なのだ。

第19章 472
真実に気づき、変革のエンジンを動かす燃料として使えば、大きな勇気が湧いてくる。あなたは変化の媒体だ。ちがった存在になりなさい。自分自身が変化しなさい。世界を変えなさい。

第20章 498
高度に進化した存在は、自分の感情も他者の感情も知っている。誰も感情を隠さない。感情を隠しておいて、誰もわかってくれないと文句を言うなど、理解できない。コミュニケーションの目的は、お互いの真実を知ることだ。

第21章 526
さあ、最高の自分自身になりなさい。あなたは理解する必要のあることはすべて理解した。知る必要のあることは、すべて知った。いま、あなたはなくてはならない存在になっている。いままでもそうだった。ただ、思い出さなかっただけだ。いま、あなたは思い出している。

おわりに――568
訳者あとがき――579
解説（山本太郎）――582

本文レイアウト――舟木 哲

1

今日は一九九四年の復活祭の日曜日。わたしは指示どおり、こうしてペンを手にしている。神を待っているのだ。神は過去二年の復活祭のときと同じように現れ、一年の対話を始めると約束してくれた。三度めの、そして最後の対話が、いま始まろうとしている。

このプロセス、尋常でない対話は一九九二年に始まった。完成は一九九五年の復活祭になるはずだ。三年に三冊の本。一冊めではおもに個人的なことがらがとりあげられた。恋愛の人間関係、自分に合った仕事を見つけること、金銭や愛情やセックス、そして神という強力なエネルギーをどう扱うか、それをどう日常生活のなかで生かしていくか。二冊めで、テーマは地政学的な考察へとひろがり、政府というものの性格から、戦争のない世界の創造、統一された国際社会の基本などが語られた。三部作の最後となるこの対話では、人類が直面する最大の問題に焦点が絞られると聞いている。べつの領域、べつの次元をどう考えるか、そしてその複雑な綴《つづ》れ織りがどんなふうに見事に組み合わされているか——。つまり、対話はこんなふうに進んできた。

——個人的な真実

——地球的な真実

——宇宙的な真実

はじめの二冊では、先がどうなるかはわからなかった。やり方は簡単だった。便箋《びんせん》をひろげ、ペンを構えて質問をする。そして、心にイメージが浮かぶのを待つ。何も浮かばず、どんな言葉も与えられなければ、その日はあきらめてべつの日にまた試す。一冊めができあがるまでにほぼ一年、二冊めは一年と少しかかった（この時点で二冊めは進行中だ）。

たぶん、この三冊めがいちばん重要な本になるのだろう。一連の出来事が始まって以来はじめて、わたしはひどく落ち着かない気分でいる。最初の数行を書いてから、すでに二か月がたった。復活祭から二か月たつのに、何も起こらない。ただ、落ち着かない気分でいるだけだ。

この数週間、三部作の一冊めの原稿を見直して、タイプの打ち間違いなどを訂正していた。二冊めの原稿は先週できあがったばかりで、まだ手書きのままだ。「予定期日」に二か月遅れている（ほんとうは、一九九四年の復活祭に完成するはずだった）。二冊めの対話は終わっていなかったが、この本は復活祭の日曜日に始められた。しかし、それ以来、フォルダーでくすぶったままだ。二冊めが完成したので、早くこちらにとりかかれとせきたてられている気がする。

一九九二年の対話開始以来はじめて、わたしは恨めしいとは言わないまでも、抵抗を感じている。この使命にがんじがらめになった気分だ。だいたいわたしは「しなければならないこと」をするのが、大の苦手ときている。それに、一冊めの本の校正刷りを何人かに配ってみて、この三部作がきっとおおぜいのひとに読まれ、徹底的に検討され、神学的に分析され、何十年も激しい議論の対象になると確信した。それもあって、便箋を開くのがひどくむずかしい。ペンを友だちと思いにくい。この本を送り出し、この情報を世間に伝えるだけでなく、わたしが神から直接告げられたのだと言えば、今後どれほどきたない攻撃にさらされ、ばかにされ、多くのひとたちの憎悪の的になるか、はっきり予想できる。いちばん不安なのはたぶん、いままで犯してきた数限りない過ちや失敗を考えれば、わたしはやっぱり神の「スポークスマン」として不適切ではないか、ということだろう。別れた妻たちや子供たちをはじめ、以前からの知人は、わたしが夫や父親という基本的な務めさえ満足に果たせなかっただめな人間であることを理由に、この本を否定するかもしれない。夫としても父親としても、また友情や誠実、勤勉、責任といった面でも、わたしはみじめな失敗を重ねてきた。

つまり、預言者、真実を伝えるメッセンジャーとして不適当な人間であることは痛いほどわかっている。そんな役割を引き受けるにはあまりにも力不足だ。考えることさえ厚かましい。人生すべてが弱点の証《あかし》であるようなわたしが語ったりしたら、真実そのものに傷がつくのではないか。

だから、神よ、どうかあなたの言葉の筆記者としての役目を免除していただきたいのです。

誰かべつの人間を、名誉ある役割にふさわしい人間を、見つけてください。

始めたことは、きちんと終わらせたいものだ。ただし、あなたには何の義務もない。あなたは、わたしに対しても、またほかの誰に対しても、何の「務め」もない。務めがあると考えて、大きな罪悪感を覚えずにはいられないのはよくわかるがね。

わたしはわが子をふくめて、さまざまなひとを失望させてきたんです。

人生のすべては、あなたが(そして、あなたにかかわるすべての魂《たましい》が)あなたにとって必要な方向へ、そして望む方向へ成長するために起こっている。

そういう考えは、全然「はやらない」んじゃないでしょうか。自分の行動に対する責任からのがれたい、不愉快な結果は見たくない、というニューエイジ風の考え方じゃないですか。

わたしの人生は身勝手の連続だった。それも、信じられないほど身勝手だったと思います。他人にどんな影響を与えるかはおかまいなしに、自分のしたいことだけをしてきたんです。

自分のしたいことをするのは、何も悪いことではないだろう。

でも、おおぜいのひとが傷ついたし、失望したし……。

自分がいちばんしたいことは何か、問題はそれだけだ。聞いていると、いまのあなたは、ひとをできるだけ傷つけたくない、それしか考えていないようだが。

まあ、控えめに言えばそうですが。

わざと言ってみたんだよ。あなたは、自分に優しくなることを学ばなければいけないね。自分を批判するのは、よしなさい。

しかし、そうはいきませんよ。ひとは批判しようと待ちかまえているんですから。こんなわたしがこの三部作を完成させるとがんばったら、あなたの顔に泥を塗り、真実を汚すことになりそうな気がします。あなたのメッセージを伝える大使としてはあまりに貧弱すぎて、信頼を損ないそうです。

真実を汚すことはできないよ。真実は真実で、それを証明することも否定することもできない。真実は真実としてある、それだけだ。

あなたが世間にどう思われようと、わたしのメッセージのすばらしさ、美しさに影響するはずがない。それに、「完璧《かんぺき》にはほど遠い人生」を送ってきたからこそ、あなたは最高の大使のひとりなのだよ。

ひとはあなたと語ることができるし、批判することさえできる。そして、あなたが心からまじめなのを知れば、あなたの「汚れた過去」を許しもするだろう。

だが、このことは言っておこう。他人にどう思われるかを心配しているかぎり、あなたは他人のものだ。外からの承認を求める必要がなくなったときはじめて、あなたはあなた自身のものになる。

心配なのは、わたし自身のことよりメッセージのことです。メッセージに傷がつくのではないかと不安なんです。

本気でメッセージが心配なら、外に出すことだ。傷がつくなんて心配はしなくてよろしい。メッセージ自身が語るだろう。教えてあげたことを思い出してごらん。メッセージがどう受けとられるかよりも、どう送り出されるかのほうが大事なんだよ。

それに、もうひとつ思い出しなさい。あなたは、自分が学ばなければならないことを教えるのだ。完璧さについて語るのに、必ずしも完璧に語る必要はない。〈マスター〉（大いなる師）について語るひとが、必ずしも〈マスター〉である必要はない。最高のレベルの成長を語るのに、必ずしも最高のレベルの成長をとげている必要はない。ただ、真実であろうと心がけなさい。真摯《しんし》であろうと努めなさい。過去に与えたと思ういろいろな「被害」を償いたいのなら、行動で示しなさい。できることをしなさい。そして、あとは忘れなさい。

それは、言うは易《やす》く行うは難《かた》し、ですよ。ときには、罪悪感に押しつぶされそうになります。

人間の唯一の敵は、罪悪感と不安だよ。

罪悪感は大切です。自分が悪いことをしていると教えてくれるんですから。

「悪い」ことなどないよ。ただ、自分のためにならないことがあるだけだ。自分の真実、こうあろうとするほんとうの自分を語らない行いがあるだけだ。

罪悪感を覚えていると、自分らしくない自分から抜け出せない。

罪悪感は、少なくとも道をはずれたと教えてくれます。

それは、気づきであって、罪悪感ではない。いいかね、罪悪感は畑を枯らす病気だ。植物を殺してしまう毒だよ。罪悪感をいだいても成長はしない。ただ、しなびて死ぬだけだ。あなたが求めているのは、気づくことだ。気づくことと罪悪感はちがう。愛が不安とちがうように。愛と気づき、これが真の友だ。混同してはいけない。片方はあなたを殺し、片方は生命を与える。

それでは、いっさい「罪悪感」を感じなくていいのですか?

もちろん、感じなくていい。感じて、どんな良いことがあるのかね? 自分を愛せなくなるだけではないか。そうすると、ひとを愛するチャンスもなくなるよ。

それじゃあ、何も不安に思わなくていいんですか?

不安や恐れと、警戒を怠らないこととはべつものだ。警戒しなさい。意識的でありなさい。だが、恐れてはいけない。恐れるとすくんで動けなくなる。意識していれば動き出す。すくんでいないで、動きなさい。

「神を畏《おそ》れよ」と、いつも教えられてきましたが。

わかっている。それ以来、わたしと関係をもとうとするとすくみあがり、動けなくなったのだ。わたしを恐れなくなったときはじめて、あなたはわたしと意味のある関係を築くことができる。あなたへの贈り物、とくべつの恵みがあるとしたら、わたしを発見させることだ。そのとき、恐れはなくなる。恐れぬ者は幸せだ。なぜなら、恐れぬ者は神を知る。恐れを捨て、神についての知識はどうでもいいと考える。恐れを捨て、神についてひとから教えられたことからはずれてもいいと思う。恐れを捨て、自分なりに神を体験しようとする。それについて、罪悪感をいだく必要はない。自分なりの経験が、ひとから教えられたこととちがっていても、罪悪感をいだくことはない。不安と罪悪感、これは人間の唯一の敵だ。

しかし、あなたのおっしゃるようなことは、悪魔との取引だと言うひともいます。そんなことを言うのは、悪魔だけだって。

悪魔なんか、いないよ。

それも、悪魔の言葉だと言われそうですね。

神が言うことはみな、悪魔の言葉にも聞こえる、そう言うのかな？

ただ、悪魔はもっと上手に言うでしょうね。

すると、悪魔は神よりも賢いのか？

いえ、もっと狡猾《こうかつ》に、と言えばいいのかな。

するとり、悪魔は神が言いそうなことを言って、ひとを自分の側に「引きずりこむ」と？

ちょっと「ひねり」をきかせるんです。うまく道をはずれさせ、迷わせるくらいに。

どうも、「悪魔」について少し話したほうがよさそうだな。一冊めの対話でとりあげたが、充分ではなかったようだ。それに、まだ読んでいないひともいるだろう。手はじめに、これまでの本に書かれた真実をいくつか、要約しておいたらどうかな。大きな宇宙的な真実について語る三冊めの対話にとって、ちょうどよい足がかりだ。悪魔のことも早めにとりあげよう。どんなふうに、どんな理由で、悪魔などというものが「発明」されたのか、知っておいたほうがいい。

いいですよ、わかりました。負けましたよ。もう対話は始まっているんだから、続けるしかないですね。だが、ひとつだけ読者にわかっておいてほしいことがあります。冒頭の文章を書いてから、すでに半年がたっているってことです。ここまで来るのに、二五週間かかっている。あなたの最後の言葉を書きとめてから、この一節が始まるまで、二五週間です。この二五週間にはいろいろなことがありました。だが、この本は一行も進まなかった。いったいどうして、こんなに長くかかるんですか？

じゃまをしているのは、自分自身であることがわからないのかな？　せっかく良いことを始めても、すぐに足を止めてしまう自分に気づいていないのか？　これまでも、ずっとそうだったがね。

ちょっと待ってください！　このプロジェクトを停滞させていたのは、わたしじゃないですよ。わたしには何もできない……動かされなければ、動かされたと感じなければ、一語だって書けません……こういう言葉は使いたくないが、でもしかたがないですね……霊感がなければだめなんです。先を続けることはできない。霊感、インスピレーションはあなたの担当じゃないですか、わたしじゃないですよ！

よろしい。それでは、はばんでいたのはあなたではなく、わたしだと思うのだね？

まあ、そういうことです。

わがすばらしい友よ、じつにあなたらしい。そして人間らしいね。半年もぼんやりし、最高の善に向かって行動しないどころか遠ざけておいて、いまになって「悪いのは自分ではない、ほかの誰かだ、ほかの何かだ」と文句を言う。どこか覚えがあるパターンだとは思わないか?

うーん、そうですねえ……。

いいかね。わたしがあなたとともにいない時などない。一瞬たりとも、わたしの「準備ができて」いない時など、ない。このことは、以前にも言ったと思うが?

ええ、聞いています。でも……。

わたしはつねにあなたとともにいる。時の終わりまで。

しかし、決してわたしの意志をあなたに押しつけはしない。

わたしはあなたのために最高の善を選ぶが、それ以上にあなたの意思を尊重する。これは、愛の最も確かな物差しだ。あなたのために、あなたの望みどおりになるようにと願う。そのとき、わたしは真にあなたを愛している。あなたのために、わたしの望みどおりになるようにと願うなら、わたしはあなたを通して自分を愛していることになる。

この物差しを使えば、誰があなたを愛しているか、そしてあなたが誰かをほんとうに愛しているか、わかるはずだ。愛は自らのためには何も望まない。ただ、愛する者の望みが実現するよう願うだけだ。

でも、それでは一冊めでのお言葉と矛盾しませんか。愛とは相手が何者であり、何をし、何をもっているかとは関係ない。自分が何者であり、何をし、何をもっているかだけが大切だ、とおっしゃった。

それに、ほかにも疑問があります……たとえば、「道路で遊んじゃいけない！」と子供を叱《しか》る親はどうなんですか？　それどころか、走ってくる車から子供を守ろうと、自分の身をかえりみずに飛び出す親は？　その親はどうなんですか？　その母親は子供を愛していないんですか？　だって、自分の意思を子供に押しつけているんですよ。子供は道路で遊びたいんですから。

矛盾などないさ。だが、あなたには調和が見えない。それに、愛についての神聖な二分法を理解するには、わたしのための最高の選択はあなたのための最高の選択だ、ということを理解しなければならない。この二つが同じなのは、あなたとわたしが「ひとつ」だからだ。

いいかね、神聖な教えとは神聖な二分法だ。人生そのものが二分法なのだからね。一見矛盾する二つの真実が、同じ場所、同じ時に共存するという経験、それが人生だ。この場合、一見矛盾に見える真実とは、あなたとわたしがべつべつで、「ひとつ」だということだ。この矛盾に見える真実は、あなたと他者との関係すべてにあてはまる。一冊めの対話でわたしが言ったとおりだ。ひとが人間関係で犯す最大の過ちは、相手が何を望んでいるか、何者なのか、何をしているか、何をもっているかを心配することだ。そうではなく、考えるべきことは、自分は何者なのか、何をし、何をもっているのか？自分は何を望み、何を必要とし、何を選択するのか？自分にとっての最高の選択とは何か？だ。

それに、一冊めではべつのことも言ったね。他者など存在しない、と気づけば、自分にとっての最高の選択が相手にとっても最高の選択になる。したがって、過ちは自分にとっての最善を選ぶことではなく、何が最善かわからないことだ。それがわからないのは、自分が何者でありたいのか、ましてほんとうの自分は何者なのかがわからないためだ。

理解できないんですが。

それでは、説明しよう。インディ五〇〇で勝ちたいのなら、時速一五〇マイルで飛ばすのが最善だろう。だが、ちょっと食料品店までというときは、そうではないかもしれない。

つまり、時と場合によるということですね。

そのとおり。人生はすべてそうだ。何が「最善」かは、あなたが何者で、何者になりたいかによって異なる。自分が何者か見きわめるまでは、何が最善か決められない。さて、神であるわたしは、自分が何者になろうとしているかを知っている。だから、自分にとって何が「最善」かも知っている。

で、それは何なのですか？　神にとっての「最善」とは何なのか、教えてください。とても興味があります……。

わたしにとっての最善とは、あなたが自分にとって最善だと決めたものを与えることだ。なぜなら、わたしは自分自身を表現しようとしている。それを、あなたを通して実行しているから。

ここまでは、わかるかな？

ええ、まさかと思われるかもしれませんが、わかります。

よろしい。では、まさかと思うようなことを、もうひとつ教えてあげよう。

わたしはつねに、あなたにとって最善のものを与えている――ただし、あなたは必ずしもそれに気づいていない。わたしが何者であるかを理解すれば、少しは謎《なぞ》が解けるだろう。

わたしは神である。わたしは女神である。わたしは至高の存在である。存在するすべてである。はじまりであり終わりである。アルファでありオメガである。わたしは太陽であり物質である。問いであり答えである。上昇であり下降である。左であり右、現在であり過去、未来である。

わたしは光であり、光を創造し、光を可能にする闇である。わたしは限りない善であり、善を「善」たらしめる「悪」である。わたしはそのすべてであり、存在するすべてである。そして、わたしは自分のすべてを経験せずに、一部だけを経験することはできない。

そこが、あなたにはわからない。あなたは、わたしをひとつに決めたがり、べつのものではないと思う。高いのであって、低くはない。善であって、悪ではない、と。しかし、わたしの半分を否定すれば、自分の半分を否定することになる。それでは決して、ほんとうの自分にはなれない。

わたしは荘厳なる「すべて」であり、自分を経験的に知りたい。あなたを通し、存在するすべてを通して、わたしは自分を経験する。自分の選択を通じて、荘厳なる自分を体験する。選択はすべて自己の創造だ。どの選択も自己規定だ。どの選択もわたしを「表して（represent）」いる。つまり、わたしを「ふたたび存在させて（re-present）」いる。いまこうあろうと選択したわたしを存在させる。

だが、選択肢がなければ、荘厳であるという選択もできない。わたしの一部が多少とも荘厳さに欠けていなければ、荘厳な部分を選択することはできない。あなたの場合も同じだ。わたしは自分自身を創造している神だ。あなたも、同じだ。あなたの魂がそれを求めている。あなたの霊《いのち》がそれを渇望している。

わたしがあなたの選択を止めたら、自分の選択を止めることになる。わたしの最大の望みは、自分が何者であるかを体験することだ。しかも、それは、わたしではない場《スペース》を通してしか経験できない。

そこで、わたしはわたしではないものを創造した。自分を経験するためだ。

しかし、わたしは創造するもののすべてである。したがって、わたしではないものもわたしだ。

自分ではないものが自分だなんて、そんなことがありえますか？

簡単だ。あなただっていつもそうではないか。自分のふるまいを見てごらん。

ここをよく理解しなさい。わたしでないものは何もない。したがって、わたしはわたしであり、わたしでないものだ。これが神聖なる二分法である。

これが聖なる謎、いままでは、至高の精神のもち主しか理解できなかった謎だ。この謎をあなたに明かすのは、おおぜいのひとに理解させるためだ。これが一冊めの対話のメッセージであり、あなたが理解すべき基本的な真実だ。三冊めの対話で明かされるさらに高い真実を知り、理解したいと思うなら、まずそれを深く理解していなければならない。さて、ここで、もっと高い真実のひとつをとりあげようか。その真実は、さっきの二つめの質問に対する答えのなかにある。

わたしも、さっきの質問に戻っていただきたいと思っていました。子供にとって何が最善かわかって行動している親は、子供自身の意思に反しても、子供を愛しているのですか？　それとも、真の親の愛とは、道路で遊びたがる子供を放っておくことなんですか？

いい質問だ。育児の歴史が始まって以来、かたちは違っても、すべての親が疑問に思ってきたことだな。答えは、親としてのあなたにとっても、神としてのわたしにとっても同じだ。

で、答えは？

そう、あわてることはない。息子よ、辛抱が肝心だ。「急がばまわれ」という言葉を聞いたことがないのかな？

しょっちゅう父親に言われて、うんざりしてましたよ。

わかるよ。だが、辛抱が肝心だ。とりわけ、何かを選択したのに思うような結果が出なかったときにはね。あなたの二番めの質問の答えもそうだ。あなたは、答えを知りたいと言う。いないのはわかるね。なぜか。答えを知るという経験をしていないからだ。じつは、あなたは答えを知っている。前から知っているのだ。ただ、知るという選択をしていないだけだ。答えを知らないと信じることを選択している。だから、答えがわからない。

ええ、それも一冊めの対話にありましたね。選択さえすれば、たったいま、すべてをもてる。神についての完璧な理解さえもてる。だが、自分がそれをもっているとわかるまでは、経験できない。

そのとおり! 完璧だ。

しかし、経験できなくて、どうしてわかりますか? どうして、経験していないのに知ることができますか?「知るとはつまり、経験することだ」と言った偉人がいましたよね?

彼は間違っていた。経験のあとに知識が来るのではない。逆だよ。世界の半分は勘違いしている。

それじゃ、わたしは第二の質問の答えを知っているとおっしゃるんですね。ただ、知っていることを知らないだけだと。だが、知っていることを知らなければ、知らないのと同じですよね。

そう。パラドックスだね。

わからない……だけど、わかっている。

そのとおりだよ。

それじゃ、「知っていることを知らない」状態から、「知っている」状態になるには、どうすればいいんですか？

「知っていることを知るためには、知っているかのように行動する」ことだ。

ここで、いままでの教えをおさらいしようか。「たまたま」ちょうどいい質問が出たからね。

さて、一冊めの対話では、存在——行為——所有というパラダイムと、ふつうはそれが逆に考えられていることを話したね。

ほとんどのひとは、何かを（もっとたくさんの時間や金や愛などを）「もって」いれば、何か（本を書く、趣味を楽しむ、休暇旅行、マイホームを買う、人間関係を築くこと）ができる、そうすれば何かに（幸せに、安らかに、満ち足りた、愛情深い人間に）「なれる」と信じている。

ところが、彼らは存在——行為——所有というパラダイムを逆転させている。じつは宇宙では「所有」が「存在」にはつながらない。逆なのだよ。

まず、「幸せ」(あるいは「知っている」「賢明だ」「優しい」)という状態になりなさい。その状態から、「行為」を始める。そうすれば、まもなく自分の行為が、結果として「所有したい」と思っていたものをもたらすことに気づくだろう。

この創造的プロセスを始動させるには(これはまさに創造のプロセスなのだが)、自分が「所有」したいものを見つめ、それが「もてたら」自分はどう「なる」だろうと考え、そのとおりになりなさい。

そうすれば、いままでの存在——行為——所有というパラダイムを逆転させられる。パラダイムを正しく使って、宇宙の創造的な力を働かせることができる。

この原則を要約すると、こうなる。人生で、しなければならないことは何もない。問題は、何であるかということだけだ。これは、対話の最後にもう一度とりあげる三つのメッセージのうちのひとつだ。このメッセージで、この本を閉じよう。

たとえば、もう少し時間があれば、もう少し金があれば、もう少し愛があれば、ほんとうに幸せになれるというひとを考えてごらん。

彼には、いま「あまり幸せではない」という状態と、欲しがっている時間や金や愛をもっていないこととのつながりが理解できないんですね。

そのとおりだ。いっぽう、「幸せでいる」ひとは、大事なことをする時間、必要なだけの金、一生続くだけの愛をもっているように見える。

そのひとは、自分は「幸せでいる」のに必要なすべてをもっていると思っている……「幸せでいる」ことが先なんだ！

まさしくそのとおり。前もって、「こうあろう」と選ぶと、それが経験できる。

「あるべきか、あらざるべきか。それが問題だ」

まさにそのとおりだ。幸せというのは、精神の状態だ。精神の状態はすべて、物理的なかたちで再生産される。こう書いて、冷蔵庫のドアに貼《は》っておくといいね。
「精神状態はすべて、再生産される」

でも、どうしたら、はじめから「幸せ」であったり、裕福であったり、愛されている状態になれるんですか。だって、そうなるのに必要なものをもっていないんですよ。

もっているように行動しなさい。そうすれば、それが引き寄せられてくる。そうであるように行動すれば、そうなれる。

言い換えれば、「実現するまでは、そのふりをしろ」ってことですね。

まあ、そんなものだな。ただし、「ふりをする」わけにはいかないね。行動は真剣でなければならない。何でも行動は真剣にしなさい。そうでないと、行動のメリットは消えてしまうよ。

べつに、わたしが「ほうびを与え」ないからではない。神は「ほうびを与え」たり、「罰し」たりはしない。だが、身体と精神と霊魂が思考と言葉と行動のなかで統一されてはじめて、創造のプロセスが始まる。それが自然の法則だ。

自分の精神はごまかせない。真剣でないことは、自分がよく知っている。それでは、精神が創造的プロセスに役立つチャンスは消えてしまう。

もちろん、精神なしに創造することもできる。だが、これはむずかしいぞ。精神が信じていないことを、身体にさせなければならない。それを長く続けていると、精神が以前の考えを捨てて、新しい思考を創り出す。新しい考え方が創られれば、やがては行動として表現するだけではなく、存在の一部として生み出される。

これはむずかしい方法だし、その場合でも行動は真剣でなければならない。人間はあやつれても、宇宙はあやつれない。そこで、微妙なバランスが必要になる。精神が信じていないことを身体がするのだから。しかも、身体の行動に真摯さが加味されなければ、うまくいかないよ。

身体がすることを精神は「信じて」いないのに、真摯さを加えたりできるんですか？

個人的な利益という、利己的な要素をとり除けばいい。

どうやって？

行動すれば選択したことが実現するとは信じられないかもしれない。だが、神があなたを通して他者に善をなすのだと決意することはできる。だから、自分のために選んだことを、ひとにしてやればよろしい。

もう一度、言ってくださいませんか？

いいとも。

自分のために選んだことを、ひとにしてやればいい。幸せになろうと思うなら、ひとを幸せにしてやりなさい。豊かであろうとするなら、ひとを豊かにしてやりなさい。もっと愛が欲しいのなら、ひとを愛しなさい。それも、真剣にすること。自分の利益のためではなく、ほんとうにひとのためになろうと思うこと。そうすれば、すべてはあなたに返ってくる。

どうして、そうなりますか？　どんなふうにして、そうなるんですか？

何かを与えると、自分がもっているものを与えるという経験ができるからだ。自分がもってもいないものを与えることはできない。だから、精神は自分について新しい結論を出す。新しい考え方をする。自分はもっているにちがいない、そうでなければ与えられはしないから、と。

この新しい考え方があなたの経験になる。あなたの状態になる。いったんその状態になれば、宇宙で最も強力な創造のマシンが動き出す。神聖な、あなた自身というマシンが。そこで、あなたはその状態を創造しはじめる。

これで円は完成し、あなたはもっともっと多くを創造する。それが、物理的な存在としてのあなたのなかに現れる。これが人生の最大の秘密だ。

すみませんが、説明してください。どうして、自分のために選んだものをひとに与えるとき、真剣でなければならないんですか。

下心があって、自分が手に入れる方便《ほうべん》としてひとに与えると、あなたの精神にはそれがわかるからだ。いま、自分がもっていないから、だから与えるんだとね。宇宙は巨大なコピー機だから、あなたの考えを物理的なかたちで、つまりあなたの経験として再生する。そうすると、あなたは、「もっていない」状態を経験しつづける。何をしようと関係なく!

さらに、与えようとする相手も同じ経験をする。あなたが何かを求めているだけだ、じつは与えるべきものをもっていないとわかる。そうすると、与えようとしても、実体のないジェスチャーにすぎなくなり、あさはかな利己心がまる見えになる。

こうして、あなたは引き寄せようとするものを、押しやってしまう。

だが、純粋に心からひとに与えれば、相手が欲し必要としている、もたせてやるべきだと信じて与えれば、自分に与えるべきものがあるとわかるだろう。それは、偉大な発見だよ。

そのとおりですね！　そうなんだ、そういうふうになってるんですね！

わたしにもそんなことがありました。人生があんまりうまくいってなくて、もう金もない、食べ物もろくにない、つぎの食事ができるか、家賃が払えるかどうかさえ心もとないと思っていたときのことです。その晩、バスの停留所で若いカップルに会ったんです。小包を受けとりに行く途中でしたが、その若者たちはベンチで肩を寄せあって、コートを毛布がわりにしてうずくまっていました。

二人を見て、わたしは気の毒でたまらなくなった。若いころを思い出しました。毎日をなんとかしのいでいた、あんな日もあったなあと。それで二人に近づき、うちに来て温まらないか、ココアでもごちそうしよう、ソファベッドで一晩泊めてあげるよ、と言ったんです。二人は、クリスマス・プレゼントをもらった子供みたいに、目をまん丸くしてわたしを見ていましたっけ。

それで、二人を連れて戻り、食事のしたくまでしたんです。あの晩、三人ともしばらくなかったほどの満ち足りた食事をしました。いつだって、食べ物はあったんです。冷蔵庫にはいろいろ入っていた。ただ、かき集めて出してくればよかった。「冷蔵庫の残り物」で、炒め物をしたんですが、うまかったですよ！　いったい、この食事はどこから現れたのかな、と思ったのを覚えています。

翌朝、朝食をふるまってから、送り出しました。停留所まで送っていきながら、ポケットを探って見つけた二〇ドル札をやりました。「何かの役には立つだろう」って。それから二人を抱きしめて、さよならを言いました。そのあと一日中、とても良い気分でしたね。それどころか、一週間も良い気分でしたよ。

あの経験は忘れられない。あのおかげで、わたしもわたしの人生も大きく変わりました。あのあと、ものごとが良い方向に進みはじめたのです。今朝、鏡を見たとき、とても大事なことに気づきましたよ。自分はこうして生きているじゃないか、とね。

美しい物語だね。あなたの言うとおりだ。まさに、そんなふうに運ぶのだ。だから、何かが欲しかったら与えることだ。そうすれば、「欲して」いなくてもよくなる。「もって」いるという経験がすぐにできる。そうなれば、あとは程度のちがいだ。心理的にも「つけ足して」いくほうが、ゼロから創り出すよりはずっと簡単だろう。

とても深いお話を聞いたと感じます。それで、いまのお話との関連で言うと、さっきの第二の質問はどうなるのでしょう？　つながりがありますか？

わたしが言っているのは、あなたはすでに答えを知っているということだよ。いまは答えを知らないという考えを生きている。答えがわかっていれば、智恵があるはずだからね。

そこで、わたしに智恵を求めに来る。ところがわたしは、智恵者であれ、と言う。すると
あなたは智恵者になる。では、「智恵者である」ことへの最短距離は何か？　誰かを智恵者にすることだ。

あなたは、質問の答えを知っているという選択をするか？　それなら、誰かに答えを与えなさい。

さて、今度はわたしがたずねよう。わたしは「知らない」ことにする。あなたが答えを与えるのだ。

「愛とは相手の望みが実現するよう望むこと」だとすれば、道路で遊びたがる子供を連れ帰る親は、ほんとうに子供を愛していると言えるか？

わかりません。

それはわかっている。だが、答えがわかっているとしたら、どう答える？

そうですねえ。親は子供の望みが実現するようにと望む。つまり、生きていることですね。子供は死にたがってはいない、ただ、道路で遊ぶのは危険だと知らないだけです。だから、飛び出して子供を連れ帰る親は、子供が意思どおり行動する機会を奪っているわけ

じゃない。ただ、子供のほんとうの選択、もっと深い欲求を満たしてやろうとしているだけです。

それは非常に良い答えだろうな。

もしそうなら、神であるあなたは、わたしたちが自分を傷つけるのを止めるはずですよね。だって、自分を傷つけることが深い欲求であるはずがない。でも、わたしたちはしじゅう、自分を傷つけているし、あなたは黙って見ているではありませんか。

わたしはつねに、あなたがたの深い欲求を知っているし、満たしている。たとえ、あなたがたが自らを死に追いやるようなことをしても、それが、つまり「死」を経験したいというのが深い欲求なら、かなえられるのだよ。

わたしたちは望んで自分を傷つけているとおっしゃるのですか？　それが、深い欲求だと？

自分を「傷つける」ことなど、できはしない。傷つくことはありえない。「傷つく」というのは主観的な反応であって、実在する事象ではない。どんな出会いからでも、どんな事象からでも、「傷つく」という経験は選べるが、それはあなたがそう決めるだけだ。この真実を踏まえたうえで言えば、そう、あなたのさっきの質問への答えはイエスだね。あなたが自分を「傷つける」のは、そうしたいからだ。だが、わたしが言っているのは難解な高いレベルでの話で、あなたは「その段階」で質問をしているのではない。あなたが言っている意識的な選択という意味では、答えはノーだろうな。あなたが自分を傷つけているのは、「そうしたい」からではない。道路で遊んでいて車に轢《ひ》かれる子供は、「轢かれ」たがっている（望み、求め、意識的に選択する）わけではない。姿かたちは変わっても同じタイプの女性、自分にはまったく合わない女性との結婚をくり返す男性は、「結婚に失敗」したがっている（望み、求め、意識的に選択する）わけではない。カナヅチで手をたたいてしまうひとは、その経験を「したがった」わけではない。望み、欲求、意識的な選択ではない。

ところで、実在する事象はすべて、あなたが意識的に引き寄せている。すべての出来事は、あなたが無意識のうちに創り出している。人生のすべての人間、場所、ものごとはあなたが引き寄せている。自分で創り出していると言ってもいい。進化していくなかで、つぎに経験したいことを経験するのにぴったりした完璧な条件、完璧な機会を準備するためだ。人生で起こることはすべて、何かを癒《いや》す、何かを創り出す、何かを経験するための完璧な機会だ。それ以外のことは決して起こらない。それは、あなたがほんとうの自分になるために何かを癒したい、何かを創り出したい、何かを経験したいと思っているからだ。

で、わたしはほんとうは何者なのですか？

それはあなたの選択しだいだ。神性のどの面を選びたいか。それで決まる。そして、いつでも変化できる。できるどころか、しょっちゅう、刻々と変化しているよ。だが、あなたが落ち着いた人生を望むなら、多様多彩に変化する経験はもうたくさんだと思うなら、方法はある。自分が何者なのか、どんな自分になりたいかという考えをやたらに変えないことだ。

それは、言うは易く行うは難し、でしょう！

わたしの見るところ、あなたはじつにさまざまな、異なったレベルで決断している。道路で遊ぼうと決めた子供は、死ぬという選択をしたのではない。いろいろな選択をしているかもしれないが、死ぬという選択は入っていない。母親はそれを知っている。

ここでの問題は、子供が死ぬという選択をしたかどうかではなく、死をふくめて複数の結果をもたらす選択をしたという点だ。子供はそれを知らない。その事実が見えていない。そのデータが欠けている。だから、子供はもっと絞られたすぐれた選択ができないのだ。これでわかるだろう。あなたの分析は完璧だった。

さて、わたしは、あなたの選択に決して介入しない。だが、あなたが何を選択しているか、つねに知っている。したがって、あなたの身に何かが起こったら、それで完璧なのだと考えればいい。神の世界では完璧でないものは何もないのだから。

あなたの人生、出会う人びとや場所、出来事はすべて、完璧なる創造者によって完璧に創出されたものだ。つまり、あなただ。わたしがあなたとして、あなたを通して創り出している。

ところで、この共同の創造行為は、意識的なプロセスにも無意識的なプロセスにもなりうる。あなたは目を見開いて人生を歩むこともできるし、何も気づかずに生きていくこともできる。眠ったままで歩くことも、目を覚まして歩くこともできる。選ぶのは、あなただ。

待ってください。さまざまなレベルで決断しているとおっしゃいましたね。落ち着いた人生を望むなら、自分が何者なのか、どんな自分になりたいかという考えをやたらに変えないことだ、とおっしゃった。わたしたちはみんな、さまざまに異なったレベルで決断していているように見えるとも言われた……。もっとていねいに説明していただけますか？　どういう意味なのでしょう?

あなたの望みのすべてが魂の望みと同じなら、非常に簡単だろう。あなたのなかの純粋な「霊《いのち》」に耳を傾ければ、決断はすべて容易で、結果はすべて喜ばしいものとなるだろう。なぜなら……霊の選択はつねに最高だから。霊が選択すれば、思い直したりはしない。分析したり、評価したりもしない。選択にしたがって行動するのみだ。

だが、あなたは霊だけでできているのではない。身体、精神、そして霊魂の三位一体《さんみいったい》だ。それこそが栄光であり、驚異なのだ。あなたはしじゅう、三つのレベルで同時に決断し、選択している。それが、必ずしも一致するとは限らない。

身体が何かを欲し、精神はべつのものを求め、霊魂はさらにべつのものを望むことは、よくある。とくに、子供はそうだね。まだ未熟だから、身体にとって「楽しい」ことと、精神にとって理にかなっていることの区別がつかない。まして、魂への影響はわからない。だから、子供は道路に飛び出す。

さて、わたしは神として、無意識なものもふくめてあなたの選択のすべてを知っている。そして、決して介入しない。あなたの選択を実現させるのがわたしの仕事だ(ほんとうはあなた自身が実現させるのだが。前に話したとおり、わたしは、あなたが実現するシステムを創ったのだから)。

あなたの選択が矛盾していて、身体と精神と霊魂の動きが一体でなければ、全部のレベルでそれぞれ創造のプロセスが進行し、結果はめちゃくちゃになる。いっぽう、あなたが調和のとれた存在なら、選択は一致し、驚くべきことが起こりうる。子供たちはよく、「みんな一緒」と言うね。あれが調和し、一体になった状態だと言っていい。

それぞれの意思決定のレベルのなかにもまたレベルがある。とくに精神のレベルではそうだ。精神は、少なくとも論理的なレベル、直観的なレベル、感情的なレベルという三つのレベルのどれかで決断し、選択できるし、三つのすべてでも選択できる。この結果、さらにややこしい葛藤《かっとう》が生まれることがある。

また、感情のレベルには、さらに五つのレベルがある。つまり五つの自然な感情だ。悲しみ、怒り、羨望《せんぼう》、不安、そして愛。さらにそのなかに、最終的な二つのレベルがある。愛と不安だ。

愛と不安は五つの自然な感情にふくまれるが、どの感情も基本は愛と不安だ。ほかの三つの感情は、この二つから派生する。

結局、すべての考えは、愛か不安によって支えられている。これが偉大な二極性だ。原始の二元性だ。すべてはどちらかに還元される。すべての思い、思考、概念、理解、決定、選択、行動はこのどちらかに根ざしている。しかも、究極的にはたったひとつしかない。愛だ。じつは、愛こそすべてだ。不安さえも愛の派生物であり、効果的に使われれば愛の表現になる。

不安が愛を表現するのですか？

最高のかたちではそうだ。最高のかたちなら、すべては愛を表現する。道路で轢かれそうになった子供を救う親が表しているのは、不安だろうか、愛だろうか？

ええと、両方でしょうね。子供の命への不安、そして自分の身を危険にさらしてでも子供を救おうとする愛です。

そのとおり。ここに、最高のかたちでは愛になる不安がある……不安として現れた愛だ。同じく、自然な感情である悲しみ、怒り、羨望はすべて、不安のかたちのひとつであり、また愛のかたちでもある。すべてはつながっているのだよ。わかるかな？

問題が起こるのは、五つの自然な感情がゆがめられたときだ。すると、感情はグロテスクになり、愛の派生物とは思えなくなる。まして、絶対的な愛である神には見えない。

五つの自然な感情のことは、前に聞いたことがあります。すばらしい知りあいのエリザベス・キューブラー＝ロス博士が教えてくれたのです。

そうだな。彼女が教えるようにしむけたのは、わたしだよ。

すると、わたしが決断をするときは、その決断が「どこから来たのか」が重要で、「どこから来たのか」には、いくつかの段階があるということですね。

そう、そのとおり。

それでは五つの自然な感情について教えていただけませんか。もう一度、聞きたいんです。

悲しみも自然な感情だ。悲しむことができるから、言いたくないときにも「さよなら」が言える。ひとは何かを失う体験をしたとき、自分のなかの悲しさを表す（外に向かって押し出す）。愛する者を失う悲しみもあれば、コンタクトレンズをなくした悲しみもあるだろう。悲しみを表すことができれば、悲しみは処理できる。

悲しいときには悲しんでいいんだよ、と言われて育った子供は、おとなになったとき、悲しみは健全だと思える。だから、とても早く悲しみから抜け出せる。「こらこら、泣いてはいけません」と言われた子供は、おとなになって泣きたいとき、苦しい思いをする。だって、泣くなと言われて育ったのだからね。だから、悲しみを抑圧する。

抑圧されつづけた悲しみは、慢性的なうつになる。非常に不自然な感情だ。人びとは、慢性的なうつのために人殺しをしてきた。戦争が勃発し、国が滅んだ。

怒りは自然な感情だ。「ノー」と断るための道具《ツール》だ。必ずしも無礼なものとは限らないし、決して他者を傷つけるものではない。

怒ることを許されて育った子供は、おとなになったときも怒りに対して健全な態度でいられる。だから、とても早く怒りから抜け出せる。怒りはよくないものだと教えられて育った子供、怒りを表してはいけない、それどころか怒りを感じることすらいけないと言われて育った子供は、成人後、怒りをうまく処理するのに苦労する。

抑圧されつづけた怒りは、憤怒《ふんぬ》になる。非常に不自然な感情だ。人びとは怒りのために人殺しをしてきた。戦争が勃発し、国が滅んだ。

羨望は自然な感情だ。五歳の子供が、お姉ちゃんのように自転車に乗れるといいなと思う、その感情だ。羨望という自然な感情があるから、もう一度やってみたいと思う。もっとがんばろうと思う。成功するまであきらめないぞ、と思う。羨望を感じるのはとても健全で、自然なことだ。

羨望を表すことを許されて育った子供は、おとなになったときも羨望に対して健全な態度でいられる。だから、とても早く羨望から抜け出せる。羨望はよくないものだと教えられて育った子供、羨望を表してはいけない、それどころか羨《うらやま》しいと感じることすらいけないと言われて育った子供は、成人後、羨望をうまく処理するのに苦労する。

抑圧されつづけた羨望は、嫉妬《しっと》になる。非常に不自然な感情だ。人びとは嫉妬のために人殺しをしてきた。戦争が勃発し、国が滅んだ。

不安は自然な感情だ。赤ん坊はみんな、不安を二つだけもって生まれてくる。墜落する不安と大きな音に対する不安だ。ほかの不安はすべて学習された反応で、環境から学び、親に教えられる。もって生まれた自然な不安の目的は、もうちょっと注意しなさいとわからせることだ。身体を安全に生きながらえさせるための注意。それは愛から生まれる。自分自身への愛だ。

不安はよくないものだ、不安を表してはいけない、不安を感じることすらいけないと言われて育った子供は、成人後、不安をうまく処理するのに苦労する。

抑圧されつづけた不安はパニックになる。非常に不自然な感情だ。人びとはパニックのために人殺しをしてきた。戦争が勃発し、国が滅んだ。

愛は自然な感情だ。子供が正常に自然に、制限や条件をつけず、禁忌や気まずさなしに愛を表現し、受け入れることを許されて育つと、それ以上必要としなくなる。こんなふうに表現され、受け入れられた愛の喜びは、それだけで充分だから。だが、条件や制限をつけられ、規則やしきたり、儀式や制約によってゆがめられ、管理され、あやつられ、抑えられた愛は不自然になる。自然な愛はよくないものだ、愛を表してはいけない、それどころか愛を感じることすらいけないと言われて育った子供は、成人後、愛をうまく処理するのに苦労する。抑圧されつづけた愛は所有欲になる。非常に不自然な感情だ。人びとは所有欲のために人殺しをしてきた。戦争が勃発し、国が滅んだ。自然な感情が抑圧されると、不自然な反応と対応が生じる。たいていのひとは、最も自然な感情を抑圧している。だが、自然な感情はあなたがたの友人だ。贈り物だ。経験をきざみ出す神聖な道具《ツール》だ。あなたがたは、生まれたときに与えられたその道具を使って、人生をうまく渡っていくべきなのだ。

どうして、たいていのひとは自然な感情を抑圧しているのですか？

抑圧しろと教えられたから。そう言われたからだ。

誰に？

親に。育ててくれた人間に。

なぜ？　なぜ、そんなことをするんでしょう？

なぜかって、親にそう教えられたからだ。親はまた、その親に教えられたから。

そう、そうですね。でも、なぜなんだろう？　どうなってるんでしょうね？

どうなっているかって、つまり、間違った人間が子供を育てているのさ。

どういう意味ですか？「間違った人間」って誰のことです？

母親と父親。

母親と父親が子供を育てるのは、間違っているんですか？

親が若いときには、そうだ。まったく、おおぜいの親がなんとか上手に子供を育てているのは奇跡だよ。若い親ほど、子供を育てるのに不適切な人間はいない。それを誰よりもよく知っているのも若い親なのだがね。たいていの親は、ほんの短い人生経験しかないまま、子育てをする。自分自身がろくに育ち終わっていなくて、答えを求め、鍵《かぎ》を探しているのに。

親はまだ自分自身を発見していないのに、自分よりもさらに傷つきやすい者を導き、発見の手引きをしようとする。自分自身が何者かを決めかねているのに、他者が何者かを決める行為に突進する。当人自身が親たちにまずい決め方をされて、それをなんとか克服しようとしている最中なのだがね。

親はまだ自分が何者かを発見していないのに、子供が何者かを教えようとする。これを正しく教えようとするプレッシャーはじつに大きい。しかもまだ、自分自身の人生を「正す」ことさえできていない。だから、何もかも間違ってしまう。自分の人生も子供たちの人生も。

運が良ければ、子供たちはそう大きな被害を受けなくてすむだろう。子供たちは、被害を克服する。それでも、一部はさらにその子孫に伝わるだろう。あなたがたの大半は、子育てが終わってずっとたってから、すばらしい親になるための智恵と忍耐と理解と愛を身につける。

どうしてなんでしょう？　わかりません。たしかに、多くの場合はおっしゃるとおりだと思いますが、どうして、そんなふうになってしまうのでしょうか？

それは、子供を産む若者たちが子供を育てるようにはできていないからだ。あなたのいる社会で言うと、もう育児期間が終わっているころに、子育ては始まるべきだ。生物学的に見て、人間は自分が子供のうちに子供をつくることができる。驚くかもしれないが、生まれて四〇年、五〇年はまだ子供なのだよ。

人類は四〇年も五〇年も「自分が子供」なんですか？

ある意味から言えばそうだ。まさかと思うだろうが、まわりを見まわしてごらん。人類のふるまいを見れば、わたしの言うことが正しいとわかるのではないかな。困ったことにあなたの属する社会では、二一歳ですでに「成人」して世間に出られると言われる。しかも、親の大半も、二一歳よりそう上ではない若さで子育てを始める。それを考えれば、何が問題かわかってくるだろう。子供を産む者が育てるべきだとしたら、五〇歳になるまで子供はつくれないかもしれないな！

子供をつくるのは、よく発達した強い身体をもつ若者の活動だ。子供を育てるのは、よく発達した強い精神をもつ年長者の活動だ。

あなたがたの社会では、子供をつくった者に子育ての責任を負わせる。その結果、子育てが非常にむずかしくなるばかりでなく、性的な活動を包むエネルギーまでゆがめられる。

ふうむ……説明していただけますか?

よろしい。たくさんのひとが、わたしと同じことに気づいてきた。たとえば、多くの人間(ほとんどの人間)は、子供をつくれても、ほんとうに子育てをする力はない。ところが、そこに気づいた人間は、間違った結論を出してしまった。

若者にセックスを楽しませるかわりに、また、生まれた子供を年長者に育てさせるかわりに、「子育ての責任がとれるまではセックスをするな」と若者たちに言う。性体験をすることは「間違っている」と、人生で最も楽しく喜ばしいことのまわりにタブーを築く。もちろん、若者たちはタブーには目もくれない。それも、当然だろう。そんなタブーを守るのは、まったく不自然だからだ。

人間は時期が来たという内なるしるしを感じたらすぐ、カップルになりたい、交合したいという欲求を感じる。それが人間の自然な性質なのだ。ところが、何が自然な性質だと考えるかは、自分自身が感じることよりも、親が教えることで決まる。子供たちは、人生について親に教えてもらおうとする。だから、お互いをのぞき見たい、無邪気に互いをもてあそびたい、互いの「相違」を探究したいという欲求をはじめて感じると、どうしたらいいのかと親をうかがう。この欲求は「良い」のか、それとも「悪い」のか？　肯定されるのか？　押さえつけられるのか？　妨害されるのか？　眉をひそめられるのか？　この人間の欲求について、多くの親たちはさまざまなことを基本に、子供たちに語る。自分が教えられたこと。宗教が教えていること。社会が考えること。何でもだが、ものごとの自然な秩序だけは基本にされない。

人間という種《しゅ》の自然な秩序では、セクシュアリティは九歳から一四歳で芽生える。一五歳にもなれば、たいていはっきりと存在しているし、外に現れる。そこで時間との競走が始まる。子供たちは自分の喜ばしい性的エネルギーを思いきり発散させようと突っ走り、親たちはそれを止めようと突っ走る。

この闘いでは、親にはあらゆる助け、あらゆる援軍が必要だ。さっきも言ったとおり、子供たちに自然な性質そのものであることを禁止しようというのだからね。

そこで、おとなたちは家族、文化、宗教、社会、経済とあらゆる圧力やら制約やら制限を編み出して、子供たちに対する不自然な要求を正当化してきた。子供たちは、自分自身のセクシュアリティを不自然なものだと思って育った。どうして、「自然」なことがこれほどはずかしめられ、禁止され、管理され、押しのけられ、制約され、たがをはめられ、否定されてきたのだろうね？

でも、そこまでおっしゃるのは、ちょっと大げさすぎるんじゃありませんか？

そうかな？　親たちが身体器官の一部の正しい名前さえ口にしないとしたら、四、五歳の子供にどんな影響を与えると思う？　あなたは子供たちに、どのくらいこだわりなく口にできるかな？　また、子供たちが、どのくらいこだわりなくできればいいと思うかな？

うーん……。

そう、「うーん」だろう。

ですが、うちのおばあちゃんがよく言ったように、「そういう言葉は使わないことになってる」んですよ。それよりも、「おしっこ」とか「おしり」とか言うほうが、聞こえがいいから。

あなたがたがそういった身体器官の名前に強いマイナスの「イメージ」をもっているから、ふつうの会話のなかで使えないだけだよ。

もちろん、幼い子供たちは、どうして親がそんな態度をとるのかわからない。ただ、身体器官の一部は「OKじゃない」し、関係することはすべて「まずい」という消えない印象を植えつけられる。

一〇代になった子供たちは、ほんとうはそんなことはないと気づく。だが、そのころには、妊娠とセクシュアリティの関係をはっきりと教えられ、生まれた子供は育てなければならないと言われるから、べつの意味で性の表現は「まずい」と思うようになる。こうして、円は完成する。

それであなたがたの社会はどうなるか。紛糾《ふんきゅう》し、少なからぬ混乱におちいる。自然をばかにすると、必ずそういう結果になるのだよ。あなたがたは性的な気まずさ、抑圧、恥ずかしさを生み出した。それが性的禁忌、機能不全、暴力につながる。

社会全体としては必ず、気まずいことは禁止されるし、抑圧されたことは機能不全におちいる。恥ずかしくないことを恥ずかしいと思わされると、暴力的な行動になるのだ。

それでは、人間の怒りの大きな部分は性に関連している、基本的で自然な肉体の本能や利害、衝動などを抑圧したための根深い怒りだ、と言ったフロイトは正しかったわけですね。

そのへんを見抜いた精神医学の専門家はひとりだけじゃない。人間は、こんなに心地よく感じるものを恥ずかしがるべきではないと知っているのに、それでも恥ずかしいと感じ、罪悪感をいだく。だから、怒る。

第一に、「悪い」とされていることを心地よく感じる自分に怒る。つぎに、だまされたとようやく気づくと、つまり、セクシュアリティはすばらしい、立派な、輝かしい人間体験のひとつだと悟ると、他者に対して怒りを覚える。抑圧した親、はずかしめた宗教、挑発した異性、管理しようとする社会全体に怒る。最後に、禁忌を受け入れた自分自身に対して怒る。

この抑圧された怒りのほとんどは、誤ったゆがんだ倫理的価値観の形成に向かう。あなたがたはそういう社会で暮らしている。その社会では記念碑や銅像をつくり、記念切手を発行し、映画や絵画やテレビ番組を制作して、世界で最もみにくい暴力行動をたたえたり、崇《あが》めたりするのに、世界で最も美しい愛の行為のほうは隠すどころか貶《おとし》めている。

それもこれもみんな、みんなだよ、たったひとつの考え方から生じている。「子供をつくったら、育てる責任もひとりで負わなければならない」という考え方だ。

でも、子供をつくった者に育てる責任がないのなら、誰にあるのですか？

コミュニティ全体だ。とくに年長者だ。

進んだ種族の社会では、年長者が子供たちを育て、慈しみ、訓練し、智恵や教えや自分たちの伝統を伝える。この話はあとで、そうした進んだ文明について話すときに、もう一度とりあげるがね。

どんな社会でも、若いうちに子供をつくるのが「間違っている」とはみなされない。部族の年長者たちが子供を育てるから、押しつぶされそうな責任や負担を感じない。性の抑圧などという話も聞かないし、レイプも異常性愛も社会的な性的機能不全もない。

そんな社会が地球上にあるんですか？

あるよ。ただし、消えかけているが。あなたがたが彼らを滅ぼし、同化させようと図ってきたのだ——野蛮だと考えてね。ところが、野蛮でないつもりのあなたがたの社会では、子供たちは（それに妻や夫も）財産、個人的な所有物と考えられ、子供をつくった者が子育てをしなければならない。自分の「所有物」の世話は自分でしなければならないからだ。

あなたがたの社会のたくさんの問題の根にあるのは、配偶者も子供も個人的な所有物で、

「自分のものだ」という考え方なのだよ。

「所有」ということについては、高度に進化した存在の暮らしについて探究し、話しあうときに、またとりあげる。だが、少しだけここで考えておこう。肉体的に子供をもてる年齢で、ほんとうに子供を育てるだけの感情的な準備ができている者がいるだろうか？ ほとんどの人間は、三〇代、四〇代でも子供を育てるだけの力を備えていない。そんなことを期待すべきでもない。子供に深い智恵を伝えるほど長くは、成人後の人生を生きていないのだからね。

そういう考え方は前にも聞いたことがあります。マーク・トゥエインも同じようなことを言ってますね。「わたしが一九歳のとき、父は何も知らなかった。だが、三五歳になったころ、わたしは父がいかに多くを学んでいたかに目をみはった」と。

彼にはよくわかっていたのだ。若い時代は真実を教えるためではなく、真実を採集するためにある。自分がまだ採集できていない真実を、子供たちに教えられると思うかね？ もちろん、できはしない。だから、自分が知っている真実だけを教えることになる。つまり、他者の真実だ。父親の真実、母親の真実、文化の真実、宗教の真実。何でもあるが、自分自身の真実はない。まだ、模索中だから。この地球上で半世紀近くを過ごすまで、あなたがたは自分自身の真実、自分自身についての考えを探し、経験し、発見し、失敗し、かたちづくり、つくり直す。

それから、ようやく自分自身の真実をつかみ、そのなかで落ち着く。ただ、あなたもたぶん納得するだろうが、最大の真実とは、「固定した真実などはない」ということだ。真実は生命そのもののように変化し、成長し、進歩していく。自分の進歩のプロセスは終わったなどと考えても、そんなことはない。それどころか、そのときにやっと進歩が始まる。

ええ、自分でもそう思います。五〇歳を過ぎて、ようやくわたしもその段階に達しました。

よろしい。いまのあなたは前よりも賢い。それに年長だ。いまこそ、子供を育てるといい。もっといいのは、これから一〇年後だろう。

真実を、人生を知っているのは年長者だ。何が重要で、何が重要でないかを知っているのも、年長者だ。誠実とか正直、忠実、友情、愛といった言葉のほんとうの意味も知っている。

おっしゃることはよくわかります。そうは思いたくないが、わたしたちの多くは、「子供」から「学生」に移ったかどうかで親になり、子供たちを教育しなければならないと感じる。そこで、自分の親に教えられたことをそっくり教えるようになるんでしょうね。

そうやって、父の罪が息子に伝わり、さらには七代にもわたって受け継がれていく。

どうすれば変えることができますか? どうすれば、その悪循環を断ち切れますか?

尊敬する年長者たちに子育てをゆだねなさい。親は、会いたければ子供に会えばいいし、一緒に暮らしたかったらそうすればいいが、子育ての責任を自分だけで負うことはない。肉体的、社会的、精神的に子供が必要とすることは、コミュニティ全体が満たしてやればいい。年長者の価値観に従って教育をするのだよ。

この対話のあとのほうで、宇宙のべつの文化についてとりあげるとき、新しい生活モデルの話をしよう。だが、いまのあなたがたの暮らしの構造のままでは、そのモデルはうまく働かないね。

どういう意味でしょう?

あなたがたのモデルが無益なのは、子育てだけではない。生活全般にわたっている。

もう一度うかがいますが、どういう意味なんですか？

あなたがたは、互いから遠ざかってきた。家族を分裂させ、小さなコミュニティを解体して、大都市をつくった。大都市にはおびただしい群衆がいるが、ひとりひとりが集団全体への責任を感じるような「部族」、グループ、氏族などは数少ない。だから実質的には、あなたがたには年長者がいない。とにかく、手の届くところにはいない。年長者から遠ざかるよりもっと悪いことに、あなたがたは彼らを押しのけた。片隅に追いやった。力を奪った。恨みさえした。そう、一部の者は年長者を恨み、システムに巣くう寄生虫だ、彼らが福祉を求めるから、若者の負担がますます多くなると責めている。

それはそのとおりですね。世代間闘争を予言する社会学者もいます。老人はますます多くのものを得るのに、貢献はどんどん少なくなると非難されている。いわゆる「ベビーブーム世代」が老いてきましたし、一般に長生きになったから、高齢者が増えているんです。

だが、年長者が貢献しないとしたら、それはあなたがたが貢献させないからだ。会社でほんとうに良い仕事ができるようになったころに退職させ、彼らの参加によって進歩に何らかの意義がもたらされるころに、積極的な意義のある活動から退かせる。

子育てだけではなく、年長者たちがかろうじて足がかりを得ている政治、経済、宗教でさえも同じことだ。あなたがたの社会は若者を崇拝し、年長者を追放している。

それに、複数社会ではなく、単数社会にもなっているね。つまり、グループではなく個人単位でできあがっている社会だよ。社会が個人化し、若者化したために、あなたがたは豊かさや資源をたくさん失った。だからおおぜいが感情的にも心理的にも貧しく枯渇《こかつ》した暮らしをしている。

もう一度、うかがいたいのですが、この悪循環を断ち切る方法はあるのでしょうか？

第一に、それが現実だと認めることだ。あまりに多くの者が否定しつつ生きている。あまりに多くの者が、これほど明らかなことから目をそらしている。自分に嘘《うそ》をつき、真実に耳をふさぐ。まして、語ろうとはしない。

このことは、また話そう。否定する、真実を見つめられない、認識できないというこの問題は、おろそかにできないから。それに、ほんとうにものごとを変えたいなら、まず、わたしの言葉に耳を傾けてもらいたいから。真実をやさしく単純に語る時が来ている。用意はいいかな？

はい。そのために、あなたのもとへ来たのです。この対話が始まったのも、そのためでしょう？

真実は快くはないことが多い。真実を無視するまいと思う者だけが、真実に慰められる。そのとき、真実は快いだけでなく、インスピレーションのもとになる。

この対話三部作すべてが、わたしにはインスピレーションのもとです。どうぞ、続けてください。

将来が明るいと思える面もあるよ。ものごとは変わりはじめている。あなたがたの種《しゅ》は、最近になってコミュニティづくりを強調し、拡大家族を築くようになった。しかも、若者たちはだんだん年長者を尊敬するようになり、彼らの人生に意義や価値を見いだしはじめている。これは有意義な方向へのすばらしい第一歩だね。こうして、事態は「方向転換」する。あなたがたの文化にも、それが起こったようだ。あとは前進すればいい。

変化は、一日では完成しない。たとえば、子育ての方法が現在の思考の連鎖の起点だが、いっぺんに変えることはできない。だが、未来を一歩一歩、変えていくことはできる。この本を読むのも、その一歩だ。この対話のなかで、たくさんの重要なポイントをふたたびとりあげよう。無意味なくり返しではないよ。強調するためだ。

さて、あなたは明日を築く考えについて聞いたのだったね。では、昨日の話から始めようか。

2

過去が未来と、どんな関係があるんですか？

過去を知れば、未来の可能性ももっとよくわかる。あなたは、どうすれば人生がもっとうまくいくのかをたずねに、わたしのもとへやって来た。どうして、今日あなたがいる場所にたどり着いたのかを知るのも無益ではないだろう。

わたしは、力について、そして強さについて、またこの二つのちがいについて、語ろうと思う。それから、あなたがたがつくり出した、例の悪魔についても話そう。なぜ、どうやって悪魔をつくり出したのか、どうやって神は「彼」であって、「彼女」ではないと決めたのか。

それから、あなたがたの神話で言われているのとはべつの「ほんとうのわたし」についても話そう。わたしという存在についてきちんと説明し、あなたがたが喜んで神話を宇宙論と換えられるようにしてあげよう。真の宇宙、宇宙とわたしの関係についての宇宙論だよ。生命とは何か、どのように働くのか、どうしてそう働くのかも教えてあげよう。この章では、そのすべてを話してあげるよ。

これがわかれば、あなたがたの種《しゅ》がつくり出したものを捨てる決心がつくはずだ。これから、新しい世界の構築、新しい現実の創造をとりあげるのだから。

わが子よ、あなたがたはあまりにも長く、自分がつくり出した監獄のなかで暮らしてきた。そろそろ、自らを解き放つときだろう。

あなたがたは五つの自然な感情を閉じこめ、抑圧し、非常に不自然な感情に変え、そのために、不幸や死、世界の破壊が生じた。

何世紀ものあいだ、地球上の行動のルールは、感情に「ひたる」な、ということだった。――悲しみを覚えたら、克服しなさい。怒りがこみあげたら、押し殺しなさい。羨望《せんぼう》をいだいたら、恥じなさい。不安になったら、そこから抜け出しなさい。愛を感じたら、コントロールし、限界をもうけ、じっと待ち、そこから逃げなさい。何をしてもいいから、とにかく、いまこの場で思いきり愛を表現したりしないように――と言ってきた。もう、自分自身を自由にしてもいい。

じつは、あなたがたは聖なる自己を閉じこめてきた。もう、自分を自由にするときだ。


わくわくしてきました。どこから始めればいいでしょう？　何から始めればいいですか？

どうしてこんなことになったのかを振り返るにあたって、まず、あなたがたの社会が組みかえられた時代へ戻ろう。人間が支配的な種となり、感情をあからさまにするのはまずい、場合によっては感情をいだくことすらよくないと決めたときだ。

「社会が組みかえられた」とは、どういうことですか？　何の話をしてらっしゃるんですか？

歴史の初期には、地球は母系社会だった。それから変化が起こって、父系社会が生まれた。この変化が起こったとき、あなたがたは感情を表現しなくなった。そんなことは「弱々しい」ことだとレッテルを貼《は》った。この時代に、男性は悪魔をつくり、神は男性だと決めた。

男が悪魔をつくったんですか？

そうだ。悪魔は基本的に男性の発明だ。最後には社会全体がそれに従ったが、感情に背を向けたのも、「邪悪な者」の発明も、すべて母系社会と女性が感情によってすべてを支配していた時代への男性の反乱の一環だ。そのころは統治者の地位も、宗教的な権力者の地位も、商業、科学、学問、癒《いや》しの領域での影響力ある地位も、すべて女性が握っていた。

じゃ、男性にはどんな力があったんですか？

何もない。男性は自分の存在を正当化しなければならなかった。なにしろ、女性の卵子を受精させる力と、重いものを動かす力以外には、ほとんど重要性がなかったからね。まあ、働きアリか働きバチのようなものだった。肉体労働をし、子供たちが生まれ、守られるようにしていたのだ。社会の構造のなかで、男性がもう少し大きな場所を得るのに数百年かかった。氏族の行事に参加し、コミュニティの決定に発言したり、一票を投じたりするまでに、さらに数世紀かかった。男性にはそういうことが理解できるほどの知性はないと、女性たちに思われていたんだよ。

おやおや、ジェンダーのちがいだけを理由に、ある階層の人びと全員に投票を禁じる社会があるなんて、想像しにくいですねえ。

あなたのユーモアのセンスはたいしたものだねえ、まったく。で、先を続けよう。

数世紀が過ぎて、やっと投票するチャンスを得た男性たちは、つぎに指導的地位を獲得したいと考えるようになった。ほかの影響力や力のある地位への道も、男性たちには閉ざされていた。

男性がついに権威ある地位を獲得したとき、子供をつくるだけの、事実上、奴隷のような地位からやっと抜け出したとき、彼らは立派にも女性と立場を逆転させたりせず、ジェンダーの別なくすべての人間にふさわしい敬意と力と影響力を女性にも認めた、というわけですね。

ほらほら、またユーモア精神を発揮したな。

すみません。べつの星の話だったかな？

さっきの話に戻ろうか。だが、「邪悪な者」の発明をとりあげる前に、力について少々、話そうか。なにしろ悪魔の発明では、要するに力が問題なのだから。

つまり、いまの社会では男性が権力ある地位をすべて握っているとおっしゃりたい、そうでしょう？　機先を制するようですが、どうしてそうなったか、言わせていただけますか。
母系社会では男性は女王バチに仕える働きバチみたいなものだった、とおっしゃいました。肉体労働をし、子供が生まれて、守られるようにしていた、と。それじゃ、言いたいですね。「どこが変わったのか？　いまだって、同じじゃないか！」って。たいして変わっちゃいないさ、と言う男性はすごく多いと思いますよ。ただ、男性は、「わりの合わない役割」を担いつづける代償を獲得しただけです。つまり、もっと権力をもつようになった。

もっというより、ほとんどの権力だね。

しかし、皮肉ですよね。どちらのジェンダーも、自分のほうがわりの合わない仕事をし、相手はおもしろおかしく暮らしていると思っているんです。男性は、権力の一部をとり戻そうとする女性を恨んでいる。社会のためにこれだけ尽くしているのだから、権力ぐらい握らせてもらわないでどうする、と考えているんです。女性のほうは、権力をひとり占めにしている男性を恨み、社会のためにこれだけ尽くしているのに、このまま無力でいるなんて冗談じゃない、と考えている。

あなたが分析してみせたとおりだ。そして、男性も女性も、自分で編み出したみじめさの悪循環のなかで、過ちをくり返しつづける。どちらかが、人生でほんとうに大切なのは力ではなく強さだ、と気づくまでは。また、大切なのはべつべつでいることではなく一体になることだと、両方が気づくまでは。なぜなら、内なる強さは「一体化」のなかに存在するから。べつべつでいると強さが消え、ひとは無力で弱いと感じる。そこで、権力を求めてあがく。

いいかね、お互いの不和を癒しなさい。べつべつだという幻想に終止符を打ちなさい。そうすれば、内なる力の源をとり戻せるだろう。そこに真の力を見いだせるだろう。何でもできる力だ。何者にでもなれる力だ。何でももてる力だ。なぜなら、創造する力は、「一体化」のなかにある内なる強さから生じるのだから。神との関係でも同じだよ。それに、ほかの人間たちとの関係でもまったく同じだ。

べつべつだと考えるのをやめなさい。そうすれば、「一体化」のなかの内なる強さから、社会全体としても、個々の部分としても、好きなように真の力をふるえる。

だが、覚えておきなさい。力は内なる強さから生まれる。内なる強さは、そのままの力からは生まれない。ほとんどのひとが、ここを逆に考えている。

内なる強さのない力は幻想だ。「一体化」なしの内なる強さは偽りだ。この偽りは人間という種のためにならないが、あなたがたの意識のなかに深く埋めこまれている。あなたがたはばらばらな個から内なる力が生まれると考えているが、それはちがう。神から離れ、お互いから離れてばらばらでいることこそ、すべての機能不全と苦しみの原因なのだよ。それなのに、あなたがたは、ばらばらな個でいることが強さだという顔をしつづけている。政治でも経済でも、宗教でさえ、この嘘《うそ》をますますはびこらせている。この偽りがすべての戦争の起源であり、戦争につながるすべての階級闘争の起源であり、すべての人種やジェンダー間の憎しみの起源であり、憎しみにつながるすべての権力闘争の起源であり、すべての個人的な艱難辛苦《かんなんしんく》の起源であり、艱難辛苦につながるすべての内なる闘いの起源でもある。それなのに、あなたがたはその偽りにしがみついて放さない。自分の破滅につながっても、しがみついている。

よく聞きなさい。真実を知りなさい。そうすれば自由になれる。分離などない。お互いからも、神からも、何ものからも、ばらばらに離れてはいないのだ。この真実を、わたしは何度も、何度も、何度も語る。

なにごとからも、何ものからも離れていないというつもりで行動しなさい。そうすれば、明日にも世界を癒すことができる。これが、あらゆる時を通じて最も偉大な秘密だ。人間が何千年も探し求めてきた答えだ。人間が苦労して求めつづけた解決策、祈りつづけた啓示だ。

なにごとからも離れていないつもりで行動しなさい。そうすれば、世界を癒せる。これは、何かとともにある力のことで、何かの上にふるう力ではないことを理解しなさい。

ありがとうございます。わかりました。で、話は戻りますが、最初は男性に対して女性が力をもっていたんですね。男性は、部族の女性指導者から力をもぎとるために、悪魔を発明したんですか？

そうだ。彼らは不安を利用した。不安が唯一の道具《ツール》だったから。

男性は、いまでもそうですよ。ときには、理性に訴える前に、不安を利用する。とくに、身体の大きい男、強い男はそうです（大きな国家、強い国家も同じですね）。男とは根っからそういうものだ、という感じさえします。細胞がそうなんじゃないかって。力は正義なり。強者は権力者なり。

そうだね。母系社会がくつがえされてから、ずっとそうだ。これから話す短い歴史で説明しようか。

ええ、どうぞ続けてください。お願いします。

母系社会の時代、男性が支配力を獲得するために必要だったのは、もっと力を与えろと女性を説得することではなくて、ほかの男性たちを説得することだった。

要するに、おだやかな暮らしが続いていたし、肉体労働をして役に立つところを見せ、それからセックスをする日々は、男性たちにとってもそう悪いものではなかった。もっとつまらない時間の過ごし方だってあるからね。だから、力のない男性たちが、力を獲得しようとほかの力のない男性たちを説得するのは、容易ではなかった。ただし、不安を発見するまでは。

女性たちは不安を計算に入れていなかった。この不安は、疑惑の種《たね》を蒔《ま》くことから始まった。いちばん不満の大きかった男性が蒔いた種だ。だいたいは、いちばん「モテない」男性だね。腕力も魅力もなくて、女性たちに相手にされない男性だ。

だから、彼らの不満は性的な欲求不満に根ざす怒りだろうと軽視されたんでしょう。

そのとおり。これら不満分子は、もっている唯一の道具を使うしかなかった。だから、疑惑の種を蒔いて、不安を助長しようとした。もし、女性たちが間違っていたら、どうする？　そう、彼らはたずねた。世界を動かす彼女たちのやり方が最善ではなかったとしたらら？　それどころか、世界全体を、種族全体を、破滅に導こうとしているとしたら？　多くの男性たちは、そんなことは想像もしなかった。だって、女性たちは女神の直系ではないか？　女性たちは女神の肉体的なレプリカではないか？　女神は善ではないか？　この教えはきわめて強力で、すみずみまで行きとどいていたから、男性たちは邪悪な者、悪魔を発明して、母系社会で想像され崇《あが》められていた、偉大なる母の限りない善に対抗しなければならなかった。

しかし、「邪悪な者」がいるなんて、どうやって説得したんでしょう？

社会全体が理解していたことがひとつあった。「腐ったリンゴ」という理屈だ。女性たちでさえ、どうしても「ワル」になる子供がいるのを経験上、知っていた。手がつけられないのは、とくに男の子に多いことも、周知の事実だった。そこで、神話が創り出された。ある日、と神話は展開した。偉大なる母、女神のなかの女神が子供を産んだが、その子は良い子ではなかった。偉大なる母が何をしようと、子供は良くはならない。ついに、息子は母と玉座《ぎょくざ》を争うまでになった。いくら愛情あふれる寛容な母であっても、これは赦《ゆる》せない。少年は永久追放となった。ところが彼はたくみに姿かたちを変え、衣装を変えて現れつづけ、ときには偉大なる母になりすました。

この神話を聞いて、男性たちはたずねた。「では、われわれが崇めている女神がほんものの女神だと、どうしてわかるのだろう？　不肖の息子が成長して、わたしたちをだまそうとしているのかもしれないではないか」。この仕掛けで、男性たちはほかの男性たちを不安がらせ、つぎに、女性たちがまじめにとりあってくれないと怒りをかきたて、反乱を起こさせた。

いま、あなたがたが悪魔と呼ぶ存在は、こうして創られた。「悪い子供」の神話を創り、そういう者がいるかもしれないと女性たちに納得させることは、困難ではなかった。また、悪い子供が男の子だと言えば、みんな、そうだろうとうなずいた。男性は劣ったジェンダーだ、そうではないか？

この仕掛けで、神話上の問題がでっちあげられた。「悪い子」が男の子で、「邪悪な者」が男性なら、彼を力で抑えられるのは誰か。男性たちは狡猾《こうかつ》にも語った。智恵や洞察、明晰《めいせき》さや思いやり、計画や思考なら、もちろん女性のほうがまさっている。しかし、荒々しい力が必要なら、男性の出番ではないか？

それまでの女神の神話のなかでは、男性は単なる配偶者だった。女性のつれあいで、従者として仕え、荘厳な女神をことほぐ肉欲の祝祭のなかで、旺盛な欲望を満たしていた。ところが、男性は女神を守って、敵を討ち負かすことになった。変化は一夜にして起こったのではなく、何年もかかった。徐々に、ほんとうに徐々に、社会は男性配偶者を霊的な神話のなかの保護者として見るようになった。なにしろ、女神を守らなければならない敵がいるというのだから、当然、女神を守る保護者も必要だ。

保護者である男性から、平等なパートナーとして女神と並び立つ男性までの距離は、そう遠くなかった。男性の神が創造され、しばらくすると、神と女神がともに神話の主人公になった。

それから、これもまた徐々に、女神よりも神の役割のほうが大きくなった。保護と力の必要性が、智恵と愛の必要性にとってかわった。神話には、新しい種類の愛が生まれた。荒々しい力で保護する愛だ。だが、それはまた保護する対象を切望する愛でもあった。そして、女神に嫉妬《しっと》した。単に女神の女性的な欲望に仕えるだけではなくて、女神のために闘って死んだ。神話のなかに、巨大な力をもつ神々、形容しがたいほど美しい女神をめぐって争い、戦う神が出現しはじめた。

うわあ、すごいですねえ。

待ちなさい。そろそろ終わりだが、まだ少し話さなければならないことがある。神々の嫉妬が女神だけでなく、生きとし生けるものすべてに拡大するのに時間はかからなかった。ひとは神を、嫉妬深く要求がましい神を愛したほうがいい。それも、この神だけを愛するべきだ。さもないと！　男性は最も力の強い種族で、神々は最も力の強い男性だったから、反論する余地はほとんどないように見えた。神々に反抗し、敗れた者たちの物語ができはじめた。神々の怒りが生まれた。

まもなく、神性についての考え方が一変した。すべての愛の源である存在から、すべての不安と恐れの源である存在になった。愛のモデルはだいたいが女性的だった。母親が子供にいだく限りなく寛容な愛から、あまり賢くはないが役に立つ男性に対して女性がいだく愛まで。これが、不寛容で要求がましい神がいだく、嫉妬深く怒りっぽい愛にとってかわられた。劣る者に容赦《ようしゃ》なく、いいかげんな者を許さず、どんな反抗も見のがさない神だ。限りない愛を経験し、おだやかに自然の法則に従う楽しげな女神の微笑《ほほえ》みが、あまり楽しくはない神の厳しい面差しにとってかわられた。自然の法則すら凌駕《りょうが》すると宣言し、どこまでいっても愛に制約を加える神だ。

これが、現在あなたがたが崇める神であり、こうしていまのような事態になったのだ。

驚きました。すごくおもしろいし、意外な話です。でも、なぜそんなことを教えてくださるんですか。

すべて、あなたがたが創り出したのだと知っておいたほうがいい。「力は正義なり」という考え方、「力ある者が強者だ」という考え方は、男性が創り出した神話のなかで生まれたものなのだよ。

怒りっぽく嫉妬深い神は、想像上の産物だ。だが、あまり長く想像しつづけたので、実体をもちはじめた。現在でも、あなたがたの一部はそれが真実だと思っている。しかし、それは究極の真実とは何の関係もないし、いまほんとうに起こっていることとも無関係だ。

ほんとうに起こっていることとは、何ですか?

ほんとうは、あなたがたの魂《たましい》は想像できるかぎりの高い経験をしたいと願っている。そのために地球上にやって来たのだ。経験のなかで自分自身に気づき、自己を実現する(realize、つまりreal、ほんものにする)ために。それから、魂は肉体の喜びを発見した。セックスだけでなく、あらゆるかたちの喜びだ。喜びにひたりきった魂は、徐々に霊《いのち》の喜びを忘れていった。

霊の喜びも喜びなのだ。肉体が与えてくれるどんな喜びよりも大きな喜びだ。だが、魂はそれを忘れた。

わかりました。で、歴史から離れて、ちょっと前のお話に戻りたいんですが。

それでも、歴史から離れることにはならないがね。いいかね、ほんとうは、じつに単純なんだ。

魂の目的、つまり魂が身体に宿った理由は、ほんとうの自分になり、それを表現することだ。魂は自分を知り、自分を経験したいと願っている。この知りたいという願いが、存在しようとする生命だ。表現することを選んだ神だ。あなたがたの歴史にある神は、ほんとうの神ではない。そこが大事なのだよ。あなたがたの魂は、わたしが自分を表現し、経験するための道具《ツール》なのだ。

それじゃ、あなたの経験はずいぶんと限られたものになりはしませんか？

そうなるね。ただし、そうならなければべつだ。あなたがたしだいだな。どのレベルの表現になり、経験になるかは、あなたがたが選択する。偉大な表現を選んだひとたちもいる。イエス・キリストよりも高いレベルの者はいなかったが、しかし同じように高いレベルのひとたちはほかにもいる。

キリストが最高の例じゃないんですか？　彼は聖者じゃないんですか？

キリストは最高の例だよ。キリストは聖者だ。だが、聖者は彼だけじゃない。すべてのひとは「聖者（God made Man＝神につくられたひと）」だ。あなたはわたしであり、いまのままで、わたしを表現している。だからといって、わたしを制限し、限りある者にしていると心配する必要はない。わたしはいまも昔も限りない。わたしが選んだのがあなただけだと思うかな？　あなただけが、わたしが自分のエッセンスを吹きこんだ生き物だと思うかね？

いいかな、わたしはすべての花であり、虹であり、空の星であり、すべての星をめぐるすべての惑星上のすべてだ。わたしは風のささやきであり、太陽の温かさであり、それぞれが信じられないほど個性的でしかもこのうえなく完璧《かんぺき》な雪の結晶のひとつひとつだ。わたしは天空高く飛翔《ひしょう》する威厳あるワシであり、野原の無邪気なハトであり、勇敢なライオンであり、古代人の智恵だ。

それに、地球上に見られるかたちに限られているわけでもない。あなたがたは、ほんとうのわたしを知らない。ただ、知っていると思うだけだ。しかし、わたしがあなたがただけに限られていると思ってはいけない。神としてのわたしのエッセンス、最も神聖なる霊《いのち》があなたがただけに与えられていると思ってもいけない。それは傲慢《ごうまん》な間違った考え方だ。わたしはすべてに存在する。わたしはすべてだ。すべてはわたしの表現だ。「全」、それがわたしだ。わたしでないものは何もないし、わたしでないものは、ありえない。祝福される生き物としてあなたがたを創造したのは、あなたがたを通して自分自身の経験の創造者であるわたしを体験するためだ。

そこのところは、わからないひともいるでしょう。わかるように、説明してください。

非常にとくべつな被造物だけが表現できる神の属性、それが創造者であるということだ。わたしはあなたがたの神話の神でも女神でもない。わたしは創造者、創造する者だ。だが、わたしは自分自身の経験のなかで自分を知ることを選んだ。ひとひらの雪で自分のデザインの完璧さを知るように、一輪のバラで自分の息をのむ美しさを知るように、わたしは自分の創造の力をあなたがたを通して知る。わたしはあなたがたに意識的に自分の経験を創造する能力、わたしがもつ能力を与えた。あなたがたを通して、わたしは自分のすべての側面を知る。雪の結晶ひとつひとつの完璧さ、バラの息をのむ美しさ、ライオンの勇気、ワシの威厳、すべてはあなたがたのなかにある。あなたがたのなかに、わたしはすべてを置いた。さらにもうひとつ、それに気づく意識を授けた。こうして、あなたがたは自意識をもつようになった。こうして、あなたがたは最高の贈り物を与えられ、自分が自分であることを知った。それこそがわたしだ。わたしはわたしであり、わたし自身を知っている。

わたしとして存在する者、それがわたしである、という言葉が意味するのは、そういうことだ。あなたがたはわたしの一部、意識し経験する一部である。あなたがたの経験(そして、あなたがたを通じたわたしの経験)、それがわたしを創造している。わたしはつねに自分自身を創造しつづけている。

それは、神は一定ではないということですか? あなたは、つぎの瞬間に自分が何になるかを知らないということなんですか?

どうしてわかる? あなたがまだ決めていないのに!

すると、こういうことですか。何もかも、わたしが決めているってわけですか?

そうだ。あなたは、存在することを選んだわたし自身だ。

あなたはわたしで、わたしがどんな存在であるかを選択する。何をするかを選択する。あなたがたは集団的に創造を行っている。ひとりひとりが自分は何者であるかを決め、それを経験する。さらに集団的にそれを行う。共同で創造行為を行う集団的存在、それがあなたがただから。

わたしは、あなたがたおおぜいの集団的経験なのだよ！

そして、ほんとうに、つぎの瞬間に何になるかをご存じないのですか？

さっきのは冗談さ。もちろん、知っているよ。あなたの決定はもう知っているから、わたしがいま何者であるか、かつて何者であったか、つぎに何者になるかを知っている。あなたがつぎの瞬間に何を選択するか、何をするか、何をもつか、人類全体が何を選択するかもわかる。どれも簡単だよ。すでに選択は行われている。これから何になるか、何をするか、何をもつか、すべてすんだことだ。そして、たったいま起こっていることだ！　わかるかな？　時などというものはないのだ。

それもまた、前に話しあいましたね。

ここで復習してもいいだろう。過去、現在、未来というのは、あなたがたがつくりあげた概念、発明した現実だ。現在の経験にどう枠をはめるか、その文脈を創造するためだった。そうしないと、あなたがたの（われわれの）経験はすべて、重なりあってしまう。実際は重なりあっているのだ。つまり、同じ「時」に起こっている。ただ、あなたがたが知らないだけでね。「トータルな現実」を閉め出すために、あなたがたは視点という殻に閉じこもった。

これから言うことの背景を知るためには、二冊めの対話を読み返してもらうほうがいいかもしれない。ここで言いたいのは、すべては一瞬のうちに起こっているということだ。何もかもだよ。だから、自分が「何者になろうとして」いるか、「何者である」か、「何者であった」かを、わたしは知っている。つねに（always）知っている。つまり、あらゆる方法（all ways）を知っている。だから、わたしを驚かせる方法などないのだよ。

あなたがたの物語、この世のすべてのドラマは、経験のなかで自分を知るために創造された。また、自分が何者であるかを忘れることを目的としている。そうすれば、自分が何者であるかをもう一度思い出し、創造することができるから。

なぜなら、自分が何者であるかをすでに経験しているとしたら、自分を創造することはできないから、ですよね。すでに身長が一八〇センチだったら、一八〇センチに「なる」ことはできないから。そのためには一八〇センチ未満でなければならない。少なくとも、自分でそう思っていなければならない。

そのとおり。よくわかっているじゃないか。すべてはすでに創造されているから、創造のすべてを忘れるほかなかったのだ。

よく、そんな方法を見つけ出したものだと思います。わたしたちはみんな「ひとつ」であり、その「ひとつ」こそが神であること、それを「忘れ」ようとするなんて、部屋にピンクのゾウがいるのを忘れようとするのと同じじゃないですか。どうして、それほど目がくらんでいられるのかな？

あなたはいま、物質的な生命の秘密にふれたのだ。物質的な世界の生命が、あなたがたの目をくらませる。それでいいのだ。なぜなら、それこそとてつもない冒険だから！忘れるために利用したのは、「喜びの原則」とでもいうものだね。すべての喜びのなかでも最高の喜びは、いま、この場の経験のなかでほんとうの自分を創り出す喜びだ。そのために高いレベルでもう一度創り出そう、さらにそれより高いレベルでもう一度、創り出そうとする。それこそが、神の最高の喜びだ。

低次元の喜びとは、自分が何者かを忘れる喜びだ。だからといって、低次元の喜びを非難することはない。低次元の喜びがあるから、高次元の喜びが経験できるのだから。

肉体的な喜びがまず自分を忘れさせ、つぎに自分を思い出す道になるようなものですね！

そうそう、あなたが言ったとおりだ。肉体的な喜びを通じて自分を思い出すには、身体のなかにある生命の基本的なエネルギーを上昇させればいい。

あなたがたはそれを「性的なエネルギー」と呼ぶ。そのエネルギーは身体のなかにある円柱に沿って上昇していき、やがて第三の目と呼ぶ場所に達する。両目のあいだより少し上、額《ひたい》の内側だ。エネルギーは身体のなかを上っていく。内なるオーガズムのようなものだよ。

どうすれば、そんなことができるんですか？　どうやって、やるんですか？

「思考によって引きあげる」。このとおりの意味でね。チャクラと呼ばれる身体のなかの道を通って、「思考によって引きあげる」。生命のエネルギーが何度も引きあげられると、自分でもその感じがつかめるようになる。ちょうど、性的な飢えを知るように。

エネルギー上昇の経験はじつに崇高なものだ。知ればたちまち、欲しくてたまらなくなる。

しかし、エネルギーの下降、つまり基本的な情熱への飢えも完全には忘れないし、忘れるべきでもない。何度も言ったように、あなたがたの経験のなかでは、低いものがなければ高いものは存在しないのだから。いったん高く上ったあとで、また上る喜びを経験するには、下へ戻らなければならない。
これが、すべての生命の神聖なるリズムだ。身体のなかのエネルギーの移動だけではない。神の身体のなかの、もっと大きなエネルギーの移動も同じだ。
あなたがたは低次元の身体に宿り、つぎに高次の意識へと進化する。神の身体のなかでエネルギーを上昇させているのだ。あなたがたはそのエネルギーだ。最高の状態に到達すると、エネルギーをあますところなく経験できる。それからつぎの経験を選択し、それを実現するために相対性の領域のどこかを選ぶ。もう一度、自分自身になる経験をしたいと思うかもしれない。じつに偉大な経験だからね。そのときは、宇宙の車輪の上でまた、はじめからやり直すわけだ。

それは、「因果《カルマ》の輪」と同じものですか?

いや。「因果《カルマ》の輪」などは、存在しない。あなたがたが想像しているようなものはない。多くのひとはそれを、車輪ではなくてハツカネズミが回す車のようなものだと思っているね。過去の行動に対して代償を支払い、これ以上の債務を負わないようにがんばらなければならないと考えている。

それが、あなたがたの言う「因果の輪《カルマ》」だ。西欧諸国の神学とそう変わらない。どちらのパラダイムでも、あなたがたは価値のない罪人で、霊的なレベルを上げるために罪を浄《きよ》めなければならないとされている。

ところが、わたしが説明した経験、「宇宙の車輪」と呼ぶものには、価値のないものなどなく、債務の償いもなく、懲罰も、「浄化」もない。宇宙の車輪は究極的な現実を説明しているだけだ。宇宙論と言ってもいい。

それは生命のサイクルであり、わたしがときどき「プロセス」と呼ぶものだ。はじまりも終わりもないものを指す言葉だよ。すべてのものを結ぶ道であり、その道を通って、魂は永遠のなかで楽しい旅をする。これがすべての生命の神聖なリズム、あなたがたが神のエネルギーを動かすリズムだ。

すごいな、こんなにわかりやすい説明は聞いたことがなかった！　こんなにはっきりとわかる日が来るとは思ってもいませんでした。

あなたは、明晰さを経験するためにここへやって来たのだからね。この対話の目的もそこにある。あなたが目的を達してうれしいよ。

ほんとうは、宇宙の車輪の上には「低次」も「高次」もないんだ。だって、そうでしょう？　ハシゴじゃなくて、車輪なんだから。

すばらしい。すばらしい想像だし、すばらしい理解だ。だから、低次で基本的な動物的本能を非難するのはやめて、それをわが家へ戻る道として祝福し、たたえなさい。

そう聞けば、おおぜいのひとが、セックスにまつわる罪悪感から解放されるでしょうね。

だから、言ったのだよ。セックスと好きなだけ戯れなさい、生命のすべてと戯れなさいとね！　神聖なものと冒瀆《ぼうとく》的なものとを混ぜあわせなさい。祭壇が愛の場に、寝室が究極の信仰の場に見えてくるまでは、何もわからないのだから。あなたがたは「セックス」を神とはべつものだと考えているのか？　いいかね、わたしは毎晩、あなたがたの寝室にいるのだよ！

だから、前進しなさい！　何のちがいもないと見えてくるまで、俗っぽいものと深遠なものを混ぜあわせ、すべてを一体として経験しなさい。それからさらに進歩しつづければ、自分がセックスを手放すのではなく、ただもっと高いレベルで楽しんでいるのに気づくだろう。生命のすべてはセックス、神とひととのエネルギーの交流（Synergistic Energy

Exchange）だから。

セックスとはそういうものだとわかれば、生命のすべてが理解できるだろう。生命の終わり、あなたがたが「死」と呼ぶものさえ、理解できるだろう。死の瞬間、あなたがたは生命を手放すのではなく、ただ、もっと高いレベルで楽しんでいるのに気づくだろう。

神の世界では分離などないこと、神でないものはありえないことを理解すれば、そのときようやく、あなたがたは悪魔と呼ぶ人間の発明品を放棄するだろう。悪魔が存在するとしたら、わたしから離れたという思いのすべてに存在するのだ。だが、あなたがたはわたしから離れることはできない。わたしは存在するすべてだから。

人間は人びとをおどして思いどおりに動かそうと、悪魔を発明した。そうしないと、神から離れるぞとおどした。地獄の業火に放りこまれるぞという糾弾《きゅうだん》は、究極のおどし戦術だ。だが、いまはもう何も恐れなくてよろしい。あなたをわたしから引き離すものは何もないのだから。

あなたとわたしは「ひとつ」だ。わたしがわたし、存在するすべてであれば、ほかのものではありえない。

なぜ、わたしがわたし自身を糾弾しなければならないのか？　どうして、そんなことをするのか？　わたしは存在するすべてなのに、ほかには何者も存在しないのに、どうして、わたしが自分を自分から引き離せるだろうか？　わたしの目的は糾弾ではなくて進歩、死ではなくて成長、経験しないことではなくて、経験することだ。わたしの目的は存在しないことではなくて、存在することだ。

わたしをあなたから、それに何者からも引き離す術《すべ》はない。「地獄」とは、この真実を知らないことだ。「救済」とは、この真実を完璧に知って理解することだ。あなたは救済された。もう、「死後」に何が起こるのかと心配する必要はない。

3

ここで、死について話してもいいですか？　この三冊めの対話では、より高い真実、宇宙の真実について話そうとおっしゃいましたね？　これまでの対話のなかでは、死についても、死後どうなるのかについても、あまり話してきませんでした。だから、いま話したいんです。いかがですか。

いいだろう。何が知りたい？

死んだらどうなるんですか？

どうなってほしい？

とおっしゃいますと、どうなるかは自分で選択できるということですか？

死んだら、創造しなくなると思うのか？

さあ、わかりません。だから、おたずねしているんです。

なるほど、道理だ（ところで、あなたはもう知っているのだよ。だが、どうやら忘れたらしい。それはそれでよろしい。すべては計画どおりということだから）。死んでも、創造をやめはしない。こう言えば、はっきりしたかな？

ええ。

よろしい。さて、死んでも創造をやめない理由は、死にはしないからだ。死ぬことはできない。あなたがたは、生命そのものだ。生命が生命でなくなることはできない。したがって、死ぬことはない。では、臨終のときに何が起こるか……生きつづけるのだよ。
だから、「死んだ」ひとの多くは、自分が死んだとは信じられない。死を経験しないから。それどころか、自分を非常にいきいきと感じる（ほんとうに、いきいきとしているからだがね）。そこで、混乱が生じる。
「自己」には身体がぼろぼろになって、じっと横たわっているのが見えるかもしれない。だが、「自己」はあらゆる場所を飛びまわれる。文字どおり、空中から部屋を見下ろす経験もする。それから、あらゆる場所のあらゆるところに、いっぺんに存在する。どこかに視点を定めたいと考えると、たちまちそうなる。「おかしいな、なぜ、わたしの身体は動かないのだろう？」と不思議がれば、魂《たましい》は（「自己」をこう呼ぶことにするが）、自分がじっと動かない身体を見下ろしているのに気づくだろう。

誰かが部屋に入ってくる。魂が、「誰だろう？」と思えば、そのとたん、その人物の正面に、あるいは隣にいる。こうして、ほんの短い時間に、魂は思考と同じスピードでどこにでも行けるのだということを学ぶ。魂は信じられないほどの自由と軽やかさを感じるが、思考のスピードであらゆる場所を飛びまわるのに「慣れる」には、ふつうは少々、時間がかかる。

もし子供のことを考えたとすれば、子供がどこにいようと、たちまち魂は子供のそばにいる。こうして魂は、どこへでも行きたいところに思考のスピードで行けるだけでなく、いっぺんに二つの場所にいられることも学ぶ。それどころか、三つの場所でも、五つの場所でも同じだ。

魂は困難も混乱もなく、いくつもの場所に存在し、観察し、そこで行動できる。それから、焦点を定めるだけでひとつの場所に戻り、自分と「再合体」する。

つぎの生命のなかで、魂は、この世でも覚えていたほうがよかったことを思い出す。すべての出来事は思考が創り出すもので、それは意図した結果の現れということだ。

意図して思考を集中すれば、それが現実になるんですね。

そのとおり。唯一の違いは、結果を経験する速度だ。物質的な生命の世界では、思考と経験のあいだにずれがあるだろう。霊《いのち》の領域では、そのずれがない。結果は即座に現れる。そこで、この世を去ったばかりの魂は、注意深く思考を監視することを学ぶ。考えたとたんに、実現するからね。「学ぶ」という言葉を使ったが、これはまあ、言葉のあやだな。「思い出す」というほうが正確だろう。物質的な世界の魂が、霊的な魂と同じくらいすばやく効果的に思考をコントロールする方法を学べば、人生はがらりと変わるだろう。個々の現実の創造に関しては、思考のコントロール(ひとによっては、それを祈りと呼ぶ)がすべてなのだよ。

祈り、ですか?

思考のコントロールとは、最高のかたちの祈りだ。だから、良いこと、正しいことだけを考えなさい。否定的なことにこだわり、闇のなかにいてはいけない。たとえ、ものごとが荒涼として見えても、いや、そういうときこそ、完璧《かんぺき》さだけを見つめ、偉大さだけを表現し、それから、つぎにはどんな完璧さの実現を選択しようかということだけ考えなさい。このの公式におだやかさが見いだされる。このプロセスに平和が見いだされる。この認識に喜びが見いだされる。

すごいなあ、すごい情報ですね。わたしを通して、その情報を伝えてくださったことを感謝します。

情報を伝えさせてくれて感謝するよ。あなたの頭はときどき、「すっきり」するらしいね。ときどき通りがよくなる。洗いたてのフィルターのようなものだな。目詰まりがなくなって、「オープン」になる。

うまいことをおっしゃいますね。

ベストを尽くしているのさ。では、要約してみよう。
身体から解放された魂は、すぐに注意深く思考を監視しコントロールすることを思い出す。何でも考えたとたんに創造され、経験となるから。
もちろん魂が身体のなかに宿っているときでも同じだ。ただ、結果がそれほどすぐに出ないだけだ。思考と創造のあいだにある「時間」のずれ（何日、何週間、何か月、あるいは何年もかもしれないが）、それが、ものごとは自分が起こすのではなく自分の身にふりかかるのだという幻想のもとだ。この幻想のために、自分自身がものごとの原因であることを忘れる。この忘却も、「システムのなかに組みこまれて」いたプロセスの一部だ。ほんとうの自分を忘れなければ、ほんとうの自分を創造することはできない。だから幻想によって忘れるのには、ちゃんと目的があるのだ。

そこで、身体を離れ、自分の思考と創造のあいだに瞬間的で明確なつながりがあるのを知ると、仰天する。最初は衝撃を受けるが、やがてとても楽しくなる。自分は経験を創造する原因であって、結果ではないことを思い出すからね。

死ぬ前には、どうして思考と創造のあいだにずれがあるんですか。そして、死後だとずれがないのは、どうしてなんですか？

時間という幻想のなかで動いているからだ。身体を離れると、思考と創造のあいだにずれがなくなるのは、時間というパラメーターからも離れるためだよ。

言い換えると、何度もおっしゃったように、時間というものは存在しないってことですね。

あなたがたが理解しているような時間は存在しない。「時間」という現象は、視点の問題なのだ。

どうして、身体のなかに宿っているときには、時間が存在するんですか？

現在という視点に入りこんで、その視点で見るからだ。その視点を道具《ツール》として使うと、ひとつの出来事を分解し、徹底的に探究し、検討できる。

生命はひとつの出来事であり、宇宙でたったいま起こっている。すべては一度に起こっている。あらゆる場所で。「時間」はないが、「いま」はある。「場所《スペース》」はないが、「ここ」はある。

いま、そしてここ、それが存在するすべてだ。

だが、あなたがたは「ここ」と「いま」のすばらしさを細かく経験することを選んだ。いまここで現実を創造する者としての聖なる自己を経験しようとした。それができるのは二つ、経験の二つの分野しかない。「時間」と「場所《スペース》」だ。このすばらしい思いつきに、あなたは文字どおり爆発的な喜びを感じた！　爆発的な喜びのなかで、あなたは自分の各部分のあいだに「場所《スペース》」を創造し、ある部分からある部分に移動するのにかかる「時間」を創り出した。

こうして、あなたはひとつひとつを眺めるために、自分自身をまさしくばらばらに分解した。幸せのあまり「ばらばらに」なったと言ってもいい。それ以来、あなたはばらばらになった自分を拾い集めているのだよ。

そう、わたしの人生は、そうだった！　ようやく、ばらばらな自分をひとつにまとめようとしているところです。そこに何か意味があるのだろうかと考えながら。

あなたが自分をばらばらにできた、つまり不可分のものを分解できたのは、時間という仕掛けのおかげだ。この仕掛けを使って自分を創造しつつ、もっと徹底的に見つめ、経験しようとしたのだ。

顕微鏡でモノを観察すると、それがほんとうは個体ではなくて、数百万もの現象の複合体であることがわかる。いっぺんにさまざまなことが起こり、それが大きな現象として現れていることがわかる。あなたは、魂を観察する顕微鏡として「時間」を利用しているのだ。

岩のたとえ話をしよう。

――あるとき、無数の原子、陽子、中性子、原子よりさらに小さな粒子がびっしりと詰まった岩があった。この粒子は一定のパターンでつねに勢いよく走りまわり、「ここ」から「あそこ」へと「時間」をかけて移動していたが、スピードがあまり速いので、岩自身はぜんぜん動いているように見えなかった。岩はただ、存在していた。日光を浴び、雨に打たれ、まったく動かずにいた。

「この、わたしのなかで動いているものは何だろう？」と岩はたずねた。

「あなただよ」と〈遠くからの声〉が答えた。

「わたしですか？」岩は聞き返した。「そんなはずはない。わたしは動いていませんよ。誰が見たってわかるでしょう」

「そう、遠くから見ればね」と声は応じた。「ここから見ると、あなたは静かで、どっしりと動かないように見える。だが、近寄って見れば――すぐそばで観察すれば――あなたをつくりあげているすべてが動いているのがわかるよ。特定のパターンの信じられないスピードで時空を移動し、『岩』と呼ばれるあなたをつくり出している。あなたは魔法のようだね！　動いているのに、動いていない」

「しかし」と岩はたずねた。「それじゃ、どっちが幻想なんですか？　ひとつの静かな岩ですか？　それともばらばらに動いている部分ですか？」

これに対して、声は問い返した。「それでは、どちらが幻想なのだろう？　ひとつの静かな神か？　それともばらばらに動いている部分か？」

いいかね、この岩の上に、わたしは教会を築く。「歳月の集合の岩」だ。これが、あらゆるものに通じる永遠の真実だ。このささやかな物語で、わたしはすべてを説明した。これが宇宙論だ。

生命は一瞬一瞬の連なりであり、信じられないほど速い動きだ。この動きは、存在するすべての不動性に、まったく影響を及ぼさない。岩の原子と同じで、その動きがあなたの目の前の静止状態を創っている。

この距離から見れば、ばらばらなものは何もない。ありえない。「存在するすべて」、あるのはそれだけでほかには何もない。わたしは、動かない動かし手だ。

「存在するすべて」を見るあなたの限られた視点からは、動かない「ひとつ」の存在ではなく、ばらばらな部分、つねに動きつづけるおびただしい存在が見える。どちらの観察も正しい。どちらの現実も「事実」だ。

では、わたしが「死んでも」、それは死ではなくて、ただ大宇宙の認識のなかへ移動するだけなんですね。そこでは「時間」も「場所《スペース》」もなく、あのときもこのときもなく、前も後ろもないんですね。

そのとおり。わかったようだね。

では、わたしにも説明させてみてください。

どうぞ。

大きな視点から見れば、ばらばらなものはない。「向こう側」から見れば、部分ではなくて全体が見える。足もとの岩のように、完全で完璧な全体として存在している。ところが、岩を意識したほんの一瞬にも、岩のなかではさまざまなことが起こっている。信じられないスピードで、岩の各部が動いている。その部分部分は何をしているのか？　岩を岩としてつくりあげているんです。

岩を見ても、そのプロセスは見えない。理屈ではわかっても、すべては「いま」、目の前にある。岩は岩になりつつあるのではなくて、岩としてある。たったいま、目の前に岩がある。

だが、岩のなかの分子よりもっと小さな粒子の意識になると、猛スピードで「ここ」から「あそこ」へと移動している自分を経験する。岩の外から「何もかも一瞬のうちの出来事だよ」と声をかけられれば、嘘《うそ》だ、ほらを吹いちゃいけない、と思うでしょう。ところが、遠くから見れば、岩の各部分がばらばらで、しかも猛スピードで走りまわっているなんて、それこそ嘘だと思う。遠くからは、近くでは見えないものが見える。つまり、すべては「ひとつ」で、すべての動きがじつは何も動かしてはいないことがわかる。

そうそう、そのとおり。よくわかったじゃないか。あなたが言うのは、生命とはすべて視点の問題だということだ。あなたの言葉は正しい。この真実を見つめていけば、神の大きな現実もわかってくるだろうし、全宇宙の秘密の鍵《かぎ》も見つかるだろう。すべては同じだということだ。

宇宙は神の身体の分子なんですね！

そう、あたらずといえども遠からずだな。

そして、いわゆる「死」のあと、わたしたちの意識は大きな現実に戻っていくんですか？

そう。だが、あなたがたが戻っていく大きな現実は、さらに大きな現実にとっては小さな現実でしかないし、そのまた大きな現実は、さらに大きな現実にとって小さな現実でしかない。これは、いつまでもいつまでも続く。世界には終わりはない。わたしたちは神、「存在」であり、つねに自己を創造している。つねにいまの存在になるという行為のさなかだ……いつか、いまの存在ではなく、べつの何かになるまでは。岩でさえも、いつも岩ではない。ただ「いつも岩」のように見えるだけだ。岩である前は、ほかの何かだった。何万年ものプロセスを経て化石化して、岩になった。かつてはべつのものだったし、いつかはべつのものになる。あなたも同じだよ。いつも、いまの「あなた」だったのではない。べつの何者かだった。今日、ここにあなたが立派に存在しているが、じつは……「ふたたびべつの何者か」になる。

すごいですね。まったくすごいな！　そういう話は聞いたことがなかった。生命の宇宙論全体を、理解できるように説明してくださったんですね。ほんとに驚いたな。

ありがとう。ほめてくれて、うれしいよ。わたしも、ベストを尽くしている。

まったく、呪《のろ》わしいほどの（damned）腕前ですよ。

これこれ、ここでそういう言葉はまずいのじゃないか。

あ、失礼しました。

なあに、からかったのさ。ちょっと、気分をほぐそうと思っただけだ。少しぐらい、ふざけたってかまわない。わたしが「失敬だと機嫌を損ねる」ことなどありえない。わたしのかわりに、失敬だと機嫌を損ねる人間はいるが。

ああ、それは知ってます。で、さっきの話に戻りますが、やっと何もかもわかった気がしますよ。

というと？

さきほど「どうして、魂が身体のなかに宿っているときには『時』が存在し、魂が解放されると存在しなくなるのか？」とおたずねしたのがきっかけで、すべてが説明されました。――「時間」というものは視点にすぎず、「存在」しないが「存在しなくなる」こともない。魂の視点が変わり、究極の現実をちがうかたちで経験するだけだ――そうでしょう？

まことに、そのとおり！　わかったようだね！

また、もっと大きなこともおっしゃった。大宇宙で魂は、思考と創造の直接的なつながり、考えることと経験との直接的なつながりに気づくと。

そう。大宇宙のレベルでは、岩と同時に岩のなかの動きが見える。原子の動きと原子が創造している岩のみかけとのあいだに、「時間のずれ」はない。原子が動いていても、岩は「存在する」。それどころか、動いているからこそ存在する。原因と結果が同時に起こっている。「同時に」動きがあり、岩が「ある」。「死」を迎えたとき、魂はそのことを悟る。要するに視点が変わるのだ。もっと多くが見えるし、理解できる。

死後には、理解に限界がなくなる。岩を見、同時に岩のなかを見られる。いまの時点では非常に複雑な生命現象に見えるものでも、「もちろん、そうだろう」と思う。すべてが、非常にはっきりする。

そのときには、またべつの神秘について考えるだろう。宇宙の車輪を回っていくにつれて、もっともっと大きな現実、もっともっと大きな真実に出会う。

だが、視点が思考を創り、思考がすべてを創るという真実さえ覚えていれば、それに、身体を離れる前にこの真実を思い出せば、あなたの人生はがらりと変わる。

思考をコントロールするには、視点を変えればいい。

そのとおり。視点を変えれば、考えが変わる。この方法を覚えれば、思考をコントロールできる。経験を創造するには、思考のコントロールこそすべてだ。これをつねに祈ることだと言うひともいる。

さっきもそうおっしゃいましたね。でも、祈りをそんなふうに考えたことがなかったな。

考えたらどうなるか、想像してみたらどうだ? 思考をコントロールし、方向づけすることが、最高のかたちの祈りだと思えば、良いこと、正しいことだけを考えるだろう。たとえ深い闇に包まれていても、否定的なことや闇にこだわらなくなる。ものごとが荒涼として見えるときでも、いや、そのときこそ、完璧さだけを見るようになる。

いつでも、話はそこへ戻りますね。

わたしは、道具《ツール》を与えようとしている。この道具があれば、人生を変えられる。過去に起こったこと、いま起こっていること、これから起こること、すべての出来事は、あなたの内なる思いや選択、思考、そして自分とは何者か、何者でありたいかという決断がかたちとして現れたものだ。だから、自分でいやだと思う人生を嘆くのはやめなさい。かわりにその人生を変え、そんな人生にしている条件を変えることを考えなさい。闇を見つめなさい。だが、呪わないこと。それよりも、闇に射す光になり、闇を変えなさい。

人びとの前で明るく光り、その光で闇のなかにいるひとたちを照らしなさい。そうすれば、みんながほんとうの自分を悟るだろう。

光の担い手になりなさい。あなたの光は、あなた自身の道を照らすだけではない。世界を照らす。

だから、輝きなさい。明るい智恵をもつ者よ！　輝きなさい！　いちばん暗い時が、いちばんすばらしい贈り物になるかもしれない。自分が贈られたら、ひとにも贈りなさい。このうえなくすばらしい宝物、つまりそのひと自身を贈ってやりなさい。人びとにそのひと自身をとり戻してやること、それをあなたの務めに、最大の喜びにしなさい。いちばん深い闇にいるひとにも、その人自身をとり戻してやりなさい。いや、そういうひとにこそ、とり戻してやりなさい。

世界はあなたを待っている。世界を癒《いや》しなさい。いま、あなたのいる場所で。できることはたくさんある。迷子になったわたしの羊を見つけなければならない。だから、良き羊飼いになり、彼らをわたしのもとへ連れ戻しなさい。

4

ありがとうございます。使命と課題をお与えくださったことに感謝します。目標をお与えくださったことに感謝いたします。あなたが指示してくださるのは、いつも、わたしがほんとうに行きたいと思う方向です。だから、あなたのもとへ来るのです。だから、この対話を愛し、祝福するのです。この対話で、わたしは自分の内部に神性を発見し、他者のなかにも見いだすようになりました。

わが愛する者よ、あなたのその言葉で、天国は喜びに沸いているよ。

わたしがあなたのところへ来たのも、そしてわたしを呼ぶすべての者のところへ行くのもそのためだ。この本を読んでいる人びとのもとへ行くのも、そのためだ。この対話は決して、あなたひとりのものではない。世界中の何百万人ものひとたちのものだ。この本は奇跡的な方法で、最も必要としている人びとに、最も必要なときに届いている。そして、そのひとたちを、それぞれの時期に最もふさわしい智恵へと導く。みな、そのひとたち自身が呼び寄せているのだ。

ここにあなたを導いたのはあなた自身だ。

さて、あなたがさっきいだいた疑問に、一緒にとりくもうか。

それじゃ、死後の生命について話していただけますか？　死後、魂《たましい》に何が起こるかをさっき説明してくださいました。できるだけ、たくさんのことを知りたいのです。

では、あなたの得心がいくまで、その話をしよう。

前に、あなたが起こってほしいと思うことは何でも実現すると言ったね。あれはほんとうだ。身体に宿っているあいだも、身体から離れたあとでも自分の現実を創造している。最初はそれに気づかず、意識すらしないかもしれない。そのとき、あなたがたの経験は二つのエネルギーのいずれかによって創られる。コントロールのきかない考えか、集合的な意識か。

コントロールのきかない考えが集合的意識よりも強ければ、その度合いに従って、そちらを現実として経験する。集合的意識が受け入れられ、吸収され、内部化されていれば、その度合いに従って、それを現実として経験する。現在の人生で現実と呼ばれるものを創造するのと同じことだ。

生命にはつねに、三つの選択肢がある。

①コントロールのきかない考えに「いま」を創造させる。

②自分の創造的意識に「いま」を創造させる。
③集合的意識に「いま」を創造させる。

じつは、これが皮肉なところなんだよ。いまの人生では、個々の認識にもとづいて意識的に創造するのはむずかしいだろうし、まわりを見て、自分の考えが間違っていると思うかもしれない。だから、集合的意識に屈服してしまう。それが自分にとって役に立つかどうかは、まったくべつだ。

ところが、あなたがたが「来世」と呼ぶ世界に入ったとたんに、集合的意識に屈服するほうがむずかしくなる。なにしろ、まわりには信じられないようなものが見えるのだから。そこで、自分の認識にこだわりたくなる。それが自分にとって役に立つかどうかは、まったくべつだ。

ほんとうは、低い意識にとりまかれているときに、自分の考えを大事にしたほうが身のためだし、高い意識にとりまかれているときには、まわりに屈服したほうが身のためだ。だから、高い意識をもったひとを探し求めるほうが賢い。どんなひとと道連れになるかということが、大切なのだ。このことは、いくら強調しても強調しすぎることはない。

その点、あなたがたが「来世」と呼ぶ世界では、まったく心配はいらない。あっというまに高い意識をもった存在、それに高い意識そのものに囲まれる。それでも、自分がどんなに大きな愛に包まれているか、気づかないかもしれない。すぐにはわからないかもしれない。だから、何でも「思いのまま」だと考えるかもしれない。なんだかわからないが、とにかく猛烈に幸運だと思うかもしれない。だが、それは死後の意識を経験しているのだ。自分でも気づかずに、死後を予想しているひとたちもいる。生まれてからずっと、死後、何が起こるのだろうと考えてきたひとたちだ。「死」のときには、その考えが現実になる。そこでふいに、自分が何を考えてきたのかに気づく(realize)。現実化する(make real)。現実化するのは、自分のいちばん強い考え、いちばん情熱的にいだきつづけてきた考えだ。生命とはそういうものなのだよ。

それでは、地獄に行くこともありうるわけですね。生涯、地獄はきっと存在する、神が「生者と死者」に審判をくだし、「麦ともみ殻を」、「ヤギと羊を」分け、神に背いた者は必ず「地獄へ」行くと信じていた者は、ほんとうに地獄へ行くんじゃありませんか! 彼らは地獄で永遠の業火に焼かれるんだ! どうすれば、のがれられますか? この対話で地獄などはないとくり返しおっしゃった。だが同時に、わたしたちは自分で自分の現実を創り出す、どんな現実でも思考によって創造できるともくり返された。だから、地獄の業火も呪《のろ》いも、それを信じる者には存在するんじゃありませんか。

究極の現実のなかには、究極の現実しか存在しない。だが、自分が選んで下位の現実を創り出すこともある。それはあなたの指摘どおりだ。そのなかには、あなたが言ったような地獄の経験もある。地獄を経験できないなんて言ったことはないよ。地獄は存在しないと言ったのだ。あなたがたの経験のほとんどは存在しないが、それでも経験している。

いやあ、嘘《うそ》みたいだ。友人のバーネット・ベインが、まさに、そのとおりの映画を制作したんですよ。いまは一九九八年八月七日です。この部分は二年前の対話にあとから書きこんでいますが、原稿を出版社に送る直前にもう一度読み返していて、気づいたんです。おいおい！　ここで話したとおりの映画にロビン・ウィリアムズが出演しているじゃないか、と。『奇蹟の輝き』という映画ですが。

よく知っているよ。

ほんとですか？　神さまは映画を見るんですか？

神が映画をつくるんだよ。『オー・ゴッド！』という映画を見たことがないのかね？

そりゃ、ありますよ。でも……。

それでは、神は本を書くだけだと思っていたのかな？

すると、ロビン・ウィリアムズの映画は真実なんですか？　つまり、あのとおりなんですか？

いやいや。神性に関しては、どんな映画も本も説明も、文字どおりの真実ではない。

それじゃ、聖書はどうですか？　聖書も文字どおり、真実じゃないんですか？

ちがう。そんなことはもう、わかっていると思っていたがな。

それじゃ、この本はどうなんですか？　この本は、文字どおりの真実でしょう！

いや。こんなことは言いたくないが、あなたは自分というフィルターを通して、これを世に出している。だいぶフィルターの通りがよく、きれいになったのは認めるがね。あなたは、とても良いフィルターになったよ。だが、フィルターであることに変わりはない。

わかってます。もう一度、確かめたかっただけなんですよ。こういう本や映画を、文字どおりの真実だと受けとるひともいますからね。そういうのは、やめてもらいたいんです。

あの映画の脚本家やプロデューサーは、不完全なフィルターを通して大きな真実を語っている。彼らが言いたかったのは、死後、自分が経験すると期待し、選択するとおりのことが現実になるだろう、ということだ。その点は、じつに効果的に表現したね。さて、さっきの話に戻ろうか？

はい。地獄はないが、それでも地獄を経験するのだとしたら、どこにちがいがあるんですか？

自分が創り出した現実にとどまっているかぎりは、ちがいはないね。だが、永遠にその現実を創っているわけではない。「一〇億分の一秒《ナノセカンド》」しか経験しないひともいる。だから、そういうひとたちは、個人的な想像のなかの悲しみや苦しみも経験しないだろう。

でも、生まれてからずっと、「そういう場所があって、そこへ追いやられるようなことを自分はした」と信じていたとしたら、どうすればその場所をいつまでも創りつづけなくてもすみますか？

知識と理解だ。この世では、前の瞬間に獲得した新しい理解がつぎの瞬間を創り出すように、「来世」でも、前の知識や理解が新しい瞬間を創り出す。そして、「来世」で瞬時に理解できることがひとつある。経験は選べるということだ。それがすぐにわかるのは、来世ではたちまち結果が生じるからだ。だから、自分の思考とものごとのつながりも、思考が経験を創り出すことも、間違いようがない。自分が自分の現実を創り出していると気づくだろう。

それで、幸せな経験をするひともいるし、恐ろしい経験をするひともいるんですね。深い経験をするひとも、薄っぺらな経験をするひともいる。また、死後について、じつにさまざまな物語がある理由もわかります。臨死体験者のなかには、平和と愛があふれていて、死の恐怖はまったくなかったというひともあれば、ほんとうに恐ろしかった、たしかに闇と悪の力に出会ったというひともいます。

魂は、精神の最も強い示唆に応えて、経験を再創造する。魂がしばらくその経験にとどまると、非常に現実的になる。身体に宿っているときのように、その経験にとどまりつづけていることもある。だが、それもほんとうは現実ではないし、永遠でもない。また、すぐに適応して経験とは何かを見抜き、考えを新しくして、新しい経験に移る魂もある。

死後の世界には特定のあり方というのはない、そうおっしゃりたいのですか？　わたしたち自身の精神と関係ない永遠の真実、そういうものはないんですか？　死後も、わたしたちは神話や伝説やもっともらしい経験を創っては、さらに次の現実へと進みつづけるんですか？　いつになったら、束縛からのがれられるんでしょう？　いつになったら、究極の真実を知ることができるんですか？

自分がそうしようと思ったときに。それが、ロビン・ウィリアムズの映画のテーマだっただろう。ここでのテーマでもあるね。

そう、「唯一の偉大な真実」は存在する。究極の現実はある。だが、その現実とはかかわりなく、いつもあなたがたの選択どおりになる。なぜなら、究極の現実とは、あなたがたが神聖な被造物で、自分が経験を創り出してそれを体験しているということだから。

個々の自分の現実を創造するのはやめて、もっと大きな統一された現実を理解し、経験したいと思えば、すぐにそうなる。そう願って「その意思と知識をもって死んだ」者は、ただちに「ひとつであるもの」を経験をする。ほかの者は、自分がそう望んだとき、はじめて経験する。

魂が身体に宿っているときも、まったく同じだ。

すべては自分の望み、選択、創造しだいで、究極的には創造不可能なものを創造するかどうかが大切になる。つまり、すでに創造されていることを経験できるかどうかだ。

これが創造された創造者だ。動かない動かし手だ。アルファでありオメガ、前であり後ろ、すべてがもつ、いまで過去で永遠であるという側面だ。それをあなたがたは神と呼ぶ。

わたしはあなたがたを見捨てはしない。だが、わたし自身を押しつけもしない。あなたがたは、好きなときにわたしのところへ戻ってくるだろう。身体をもっているいまでも、身体から離れたあとでも、そうしたいと思ったときに、「ひとつであるもの」に戻り、個々の自分を捨てるだろう。同時にその気になれば、個々の自分という経験を再創造するだろう。

あなたがたは、「存在するすべて」のどの側面でも、好きなように経験できる。ごく小さな部分でも、最大の面でも。小宇宙も大宇宙も経験できる。

つまり粒子も岩も経験できるんですね。

そう、そのとおりだよ。わかったようだね。

人間の身体にいるときには、全体ではなく小宇宙の部分を経験している（だが、いちばん小さい部分ではないよ）。身体から離れたときには（「霊《いのち》の世界」と呼ぶひともいるね）、量子的飛躍《クオンタム・リープ》によって視点が拡大される。突然に、いまは理解できないことがすべて理解できる。すべてになれる。

そのときには、大宇宙の見方で、もっと大きな大宇宙があることもわかる。つまり、「存在するすべて」は自分が経験している現実よりもさらに大きいことがわかる。そのとき、あなたがたは畏敬《いけい》と期待と驚きと興奮、喜びと恍惚《こうこつ》感に満たされるだろう。わたしが知って理解していることが、あなたがたにもわかるからだ。つまり、ゲームは永遠に終わらない。

わたしは、真の智恵に到達することができるでしょうか？

「死」ののち、あなたは過去の問いの答えをすべて知るかもしれない。そして、存在するとは夢にも思わなかった新たな問いを受け入れるかもしれない。

あなたは、もう一度、人間の生命を経験しようとするだろうか？　ほかのかたちを選ぶだろうか？　「霊の世界」で経験しているレベルにとどまろうとするだろうか？　さらに進んだ知識や経験を選ぶだろうか？　「自分のアイデンティティを喪失」して、「ひとつであるもの」の一部になるだろうか？　何を選ぶか？　何を選ぶ？　何を？

わたしはいつも、それをたずねている。宇宙はつねにそれを探っている。宇宙は、あなたの最大の願いをかなえ、最大の欲求を満たしてやることしか知らない。毎日、毎時、宇宙はそれを実行している。あなたはそれを意識していない。わたしは意識している。わたしとあなたは、そこがちがう。

　教えてください……わたしが死んだら、すでに亡い親類縁者や愛していたひとたちが会いに来て、何が起こっているのか教えてくれるのでしょうか？　そうなる、と言うひともいますね？　「先に逝《い》ったひとたち」と再会しますか？　そして、永遠に一緒にいられるんですか？

　あなたは何を選ぶ？　そうなることを選ぶかね？　それなら、そうなるだろう。

そんな。混乱してきましたよ。わたしたちはみんな自由な意思をもっていて、それは死後まで続く、そうおっしゃるんですか？　それなら、愛していたひとたちとわたしの意思が一致しなくてはだめですね。わたしと同じ考え、同じ欲求をもってくれなければだめだ。でないと、わたしが死んだとき、待っていてはくれないでしょう？

それに、わたしが永遠に彼らと一緒にいたいと思っても、誰かが前進したいと考えたら、どうなるんですか？　誰かがもっと上に進みたい、「ひとつであるもの」と一体になりたいと考えたら？　そうしたら、どうなります？

宇宙には矛盾はない。あなたが言う状況になったとしたら、あなたが選んだとおりになる。

どっちも？

どっちも。

しかし、どうしてそうなるのかな。聞いていいですか？

いいとも。あなたは、わたしが一か所にいる、あるいは一か所にしかいないと思っているかね？

いいえ。あなたは一時にあらゆるところに存在する。神は遍在する、とわたしは思っています。

そう、そのとおりだ。わたしがいない場所、そんなものはない。それはわかるね？　それでは、どうして、自分はべつだと思う？

だって、あなたは神ですよ。わたしは、生命に限りある、ただの人間です。

おやおや。まだ、「生命に限りある、ただの」人間だと、思いこんでいるのかな……。

わかりました、わかりましたよ……。議論の都合上、そういうことにしましょう。わたしも神である、少なくとも、神と同じものでつくられている。そうすると、わたしも時を超えて、あらゆる場所に存在できるとおっしゃるんですか？

意識が何を現実化するかという問題だ。それだけだよ。「霊《いのち》の世界」では、想像すれば経験できる。ある「時」、ある場所で、ある魂としての経験をしたいと考えれば、そのとおりになる。だが、自分の霊にもっと大きなことを経験させたい、一時に多くの場所にいたいと考えれば、それもそのとおりになる。それどころか、霊はどんな「時」、どんなところにでもいられる。なぜならば、ほんとうは唯一の「時」、唯一の「場所」しかないからだ。あなたがたはみんなそこにいる。だから、望みさえすれば、ひとつの部分でも複数の部分でも経験できるし、どんな時でも選べる。

それでは、わたしは親類縁者と一緒にいたいと考え、彼らのほうでは「すべてであるものの一部」になりたい、あるいはべつの場所にいたいと考えたら、どうなるんですか?

あなたとそのひとたちは必ず同じことを望む。あなたとわたし、あなたの親類縁者とわたし、みんな「ひとつ」で、同じなのだから。

あなたが何かを望むという行為は、わたしの行為でもある。あなたはわたし、望むという経験をしているわたしだ。だから、あなたの望みはわたしの望みだ。親類縁者とわたしも「ひとつ」、同じだ。

地球上でも、あなたがたはみな同じことを望んでいる。あなたがたは平和を望む。繁栄を望む。喜びを望む。満たされることを望む。自己を表現できて満足感を味わえる仕事、愛のある暮らし、健康な身体を望む。これを偶然だと思うかな? そうじゃない。それが生命の働きだ。そのことを説明しているのだよ。

さて、地球と霊の世界とのちがいは、ひとつしかない。地球では同じことを望んでいるのに、達成する方法についてはばらばらな考え方をしている。だから、同じものを求めて、てんでんばらばらな方向へ向かう! 考え方がちがうので、結果がちがってくる。この考えを、「支える思考」と呼んでもいい。これについては、一冊めの対話で話したね。

あなたがたの多くが共通にもっている「支える思考」のひとつは、「足りない」ということだ。愛が充分じゃない、お金が充分じゃない、食べ物が充分じゃない、衣服が、住まいが、時間が、良いアイデアが、何よりも活動するのに自分自身が充分じゃない。

この「支える思考」のせいで、あなたがたは、「足りない」ものを獲得しようと、あらゆる戦略を弄《ろう》する。望むものが何であろうと、みんなに行きわたるだけ充分にあるとわかれば、解決するのに。

あなたがたが「天国」と呼ぶところでは、「足りない」という考えは消えうせる。なぜなら、自分と望むものとのあいだに隔たりがないことに気づくからだ。

自分自身でさえ、充分すぎるほど豊富にあることに気づく。いつでも数か所にいられるのだから、兄弟が望むことを望まないはずがないし、姉妹が選択することを選択しないはずがない。兄弟姉妹が臨終のときにそばにいてほしいと思えば、駆けつけない理由はない。だって、駆けつけても、まったくほかの行動の妨げにはならないのだからね。このようにノーという理由がない状態、これがわたしがつねにいる状態だ。「神は決してノーと言わない」というのは真実だよ。わたしはいつも、あなたの望みどおりのものをすべて与える。時のはじまりからそうしてきたように。

それじゃ、いつでも誰にでも、望むとおりのものを与えてきたとおっしゃるんですか?

そうだ。愛する者よ、そのとおりだよ。あなたの人生はあなたの欲求の反映だし、何が実現できるかという信念の反映だ。望みが実現すると信じていなければ、与えられない。わたしはあなたの考えに反したことはしない。そんなことはできない。何かを得られないと信じることは、望まないのと同じだ。同じ結果を生むのだよ。

でも、地球上では、望むものをすべて手に入れることはできませんよ。たとえば同時に二か所にいることはできない。望んでもできないことは、ほかにもたくさんあります。だって、地球上でのわたしたちは、ほんとうに限られた存在なんですから。

あなたがそう考えているのはわかっている。だから、そのとおりになる。いっぺんに二か所にはいられないと思えば、そのとおりになる。だが、思考と同じスピードでどこにでも行けると思えば、しかもある「時」に複数の場所で物質的なかたちで現れることさえできると思えば、そのとおりになるかもしれない。

そりゃ、この情報が神からまっすぐに届いていると信じたいですよ。だが、そういうことを聞くと、頭がおかしくなってしまう。話についていけなくなる。だって、信じられないですからね。つまり、あなたが言ったことが真実だなんて思えない。そんなことを経験した人間はいませんよ。

とんでもない。あらゆる宗教の聖人や賢者は、どちらも経験したと言われているではないか。そのためには、高度の信念が必要だろうか？ 超自然的なレベルの信念が必要か？ 千年にひとりしか実現できないレベルの信念か？ そのとおり。それでは、不可能か？ それはちがうな。

でも、どうすればその信念を創造できますか？ どうすれば、そのレベルに到達できますか?

到達することはできない。ただ、そこにいることができるだけだ。言葉の遊びをしているのではないよ。ほんとうにそうなのだ。この種の信念(完全な知識と呼ぼうか)は、獲得しようとして獲得できるものではない。それどころか、獲得しようとすれば、かえってできない。単純に、あるかないかだけだ。そういうものだ。完全な知識はトータルな認識から生まれる。そこからしか生まれない。その認識を獲得したいと考えても、そうはならない。

たとえば、身長が一五〇センチしかないのに、一八〇センチで「あろう」とするようなものだ。なりたいと思って、一八〇センチになることはできない。ありのままの一五〇センチで「いる」しかない。だが、成長すれば一八〇センチになるだろう。一八〇センチならば、一八〇センチの者にできることは何でもできる。トータルな認識があれば、トータルな認識があるひとにできることは何でもできる。

だから、「信じようと努力」したりしてはいけない。そのかわりに、「トータルな認識」という状態になろうと努力しなさい。そうすれば、もう信念は必要ない。完全な知識が驚異的な作用をする。

いつか、瞑想《めいそう》していたとき、すべては「ひとつ」であるというトータルな認識を経験したことがあります。すばらしかった。うっとりしました。それ以来、もう一度経験したいと努力してきましたよ。でも、できなかった。そのせいだったのですね？　何かを求めているあいだは、得られないとおっしゃった。わたしがその状態を求めていたからこそ、その状態になれなかった。この対話全体で教えてくださっている知識と同じことなんでしょう。

そう、そう。わかったようだね。前よりはっきりしただろう。だから、同じことをくり返し、同じ場所へ戻っているのだ。三度でも、四度でも、いや五度でもくり返してあげるよ。

質問をしてよかったですよ。だって、「いっぺんに二か所にいられる」とか「したいことは何でもできる」という話は、ちょっとヤバイですからね。こういうことを言うと、エンパイア・ステート・ビルから「わたしは神だ！　見ろ！　わたしは飛べるのだ！」と叫んで飛び降りる人間が出てくるかもしれない。

そんなことをする前に、トータルな認識を実現したほうがいいな。自分が神だと他人に証明しなければならないとしたら、自分が神であることを知らないのだ。すると、「知らない」という状態が現実になる。つまり、墜落してぺちゃんこになるね。神は誰にも自分を証明しようとはしない。そんな必要はないからだ。神は神である、それだけだ。自分が神と「ひとつ」であることを知っている者、神とともにある経験をしている者は、誰にも証明する必要がないし、証明したいとも思わない。まして、自分に証明しようなどとは考えない。

だから、「あなたが神の子なら、十字架からおりて、証明してみせるがいい！」とあざけられても、イエスと呼ばれたひとは何もしなかった。だが、三日後、ひっそりと静かに、証人も見物人も証明すべき相手も誰もいないところで、彼はもっと驚くべき大きなことを行った。以来、世界はそれについて語りつづけている。そして、その奇跡にあなたがたは救済を見いだした。なぜなら、そこで示されたのはイエスの真実であるだけでなく、あなたがたの真実であり、ひとから言われ、自分も信じてきた自分自身についての偽りから救い出してくれたからだ。

神はつねに、あなたがたを最高の考えに導く。

たったいまも、地球には高い考えを実践しているひとがたくさんいる。そのなかには、物質を出現させたり消したり、自分自身を出現させたり消したり、ひとつの身体で「永遠に生き」たり、同じ身体に戻ってもう一度生きることまでふくまれる。これもみな、すべて信念で可能になる。彼らの知識によって可能になる。ものごとはどうなっているのか、本来、どうあるべきかについて、変わらぬ明晰《めいせき》さをいだいているから可能になる。過去に、人びとが地上の姿のままでこれらをなしとげたとき、あなたがたはそれを奇跡と呼び、その人びとを聖者、救世主だと思った。しかし、彼らはあなた以上であるわけではない。あなたがたすべてが聖者であり救世主だ。それが、彼らのメッセージなのだ。

だって、そんなことがどうして信じられますか？　そりゃ、ほんとうだと信じたいと心の底から思いますよ。しかし、信じられません。

ほんとうだと信じることはできない。ただ、わかるだけだ。

どうすれば、わかりますか？　どうすれば、そうなれるんですか？

自分が選ぶものを、ひとに与えなさい。それができなければ、ひとがそうなるのを助けなさい。誰かに、あなたはすでにそうなっていると語りなさい。彼らをたたえなさい。敬意を表しなさい。

導師《グル》の教えを受ける価値はそこにある。そこが、肝心なところだ。西欧では、「導師《グル》」という言葉には、マイナスのエネルギーがたくさんつきまとっている。侮蔑《ぶべつ》的な言葉にすらなっている。導師《グル》といえば、ほら吹きと同列に扱われている。導師に従うのは、力をゆだねることだと思われている。

導師をたたえるのは、力をゆだねることではない。力を得ることだ。導師をたたえるとき、偉大なる師に敬意を表するときには、「あなたが見えます、わかります（I see you）」と言う。そして、相手のなかに見えるものは、自分のなかにも見える。それは内なる現実の外部的な証拠だから。内なる真実の外部的な証明だから。自分の真実だからだ。これが、あなたが書いている本のなかでもたらされる真実だ。

わたしは、自分が本を書いているなんて思っていません。著者はあなた、神で、わたしはただの筆記者です。

神は著者だ——そしてあなたも著者だ。わたしが書くのと、あなたが書くのと、何もちがいはない。ちがいがあると考えているあいだは、肝心なことがわからないだろう。だが、ほとんどの人間はこの教えを見過ごしている。だから、わたしは次つぎに新しい師を送り出す。みんな昔の師と同じメッセージをたずさえている。教えを個人的な真実として受け入れるのをためらう気持ちはわかるよ。もし、あなたと神は「ひとつ」であると——神の一部であるとすら——主張して歩き、話したり書いたりしたら、世界はあなたをどう扱えばいいかと途方に暮れる。

ひとは好きなように思えばいいですが。わたしにわかるのは、こういうことです。わたしは、ここで与えられ、三冊の対話で語られている情報を受けとる価値のある人間じゃない。この真実のメッセンジャーに、自分がふさわしいとは思えないんです。いま三冊めにとりかかっていますが、出版されないうちから、このわたし、さんざん過ちを重ね、自分勝手なことをしてきたわたしは、すばらしい真実の担い手になる価値なんかないことがわかっているんです。

だが、それこそが、この三冊の最大のメッセージなのかもしれませんね。神は、どんな者からも身を隠さず、誰にでも、いちばん価値のない者にすら語りかけるというメッセージだ。わたしにすら話しかけるのであれば、神は真実を求めるすべての男、女、子供の心にまっすぐに話しかけるでしょう。だから、誰にでも希望はある。神に見捨てられるほどひどい人間は誰もいない。神が顔をそむけるほど許しがたい人間は誰もいない。

あなたはそう信じているのか？　いま書いたとおりに信じているのかな？

そうです。

では、そうなるだろう。

だが、いいかね。あなたには価値がある。誰にでも価値があるように。価値がないというのは、人類に浴びせられた最悪の非難だ。あなたは過去をもとに自分の価値を決めるが、わたしは未来をもとにあなたの価値を決める。

未来、未来、つねに未来だ！　人生、生命は未来にあるのであって、過去にはない。未来にこそ真実があるのであって、過去にはない。これまでしてきたことは、これからすることにくらべれば重要ではない。これまで犯してきた過ちは、これから創造するものにくらべれば何の意味もない。

あなたの過ちを赦《ゆる》そう。すべての過ちを赦そう。あなたの間違った情熱も赦そう。間違った意見も、見当ちがいの理解も、有害な行動も、自分勝手な決定も赦そう。すべてを赦そう。

ほかのひとは赦してくれなくても、わたしは赦す。ほかのひとは罪悪感から解放してくれなくても、わたしは解放する。過去を忘れて前進し、新しい何かになることを誰も認めてくれなくても、わたしは認める。あなたは過去のあなたではなく、いつも、いつまでも新しいあなただと知っているから。

罪人は一瞬にして聖人になる。一秒で。ひと息で。ほんとうのところ、「罪人」などいない。誰も罪を犯すことなどできない。まして、わたしに対してはありえない。だから、あなたを「赦す」と言うのだよ。あなたにわかる言葉を使っているのだ。

ほんとうはあなたを赦すのではない。これからも、赦さなければならないことなど何もない。だが、あなたを解放することはできる。だから、いま解放しよう。いま。ふたたび。おおぜいのほかの師の教えを通じて、過去に何度も解放してきたように。


では、どうしてわたしたちはいままで耳を傾けなかったんでしょう? どうして、あなたの偉大な約束を信じなかったんでしょうか?


それは、神が善だと信じられなかったからだ。だから、わたしの善については忘れなさい。かわりに、単純な理屈を信じなさい。

あなたを赦す必要がないのは、あなたがわたしに逆らって機嫌を損ねたりするはずがないからだ。わたしが傷ついたり、破壊されたりすることはありえないのに、あなたがたはそうできると思っている。なんという幻想だろう! なんと途方もない妄想だろう!

わたしを傷つけることはできない。どんなことがあっても、わたしは傷つかない。わたしは傷つきえないものだからだ。そして傷つきえないものは、ひとを傷つけることもできないし、傷つけようともしない。そんな必要はないのだ。わたしは無礼だ、失敬だと機嫌を損ねたり、傷ついたり、損なわれたりしない。そんなことはありえない。

あなたも同じだ。ほかのすべてのひとも同じだ。ただ、あなたがたはみな、自分が傷つけられ、被害を受け、破壊されることがありうるし、そうされてきたと信じている。

被害を受けたと思うから、復讐《ふくしゅう》しないではいられなくなる。苦痛を経験するから、お返しとしてひとに苦痛を与えずにいられなくなる。だが、ひとを苦しめることを、正当化できるかな？ 誰かが自分を苦しめた（と想像した）ら、報復として傷つけていいのか？ 人間として互いにしてはいけないと言っていることなのに、正当化できれば自分はしてもいいのか？

それは狂気のさただよ。その狂気のせいで気づかないが、じつはひとを傷つけて苦痛を与える者は誰でも、自分は正当だと考えている。当人は、自分が望むことにてらして、正当な行動だと思っている。

あなたは彼らの世界観や道徳観、倫理観に、神学的理解に、それに決定や選択や行動に同意しないかもしれない——だが、当人は自分の価値観にてらして、それでいいと思っている。

あなたは彼らの価値観を「間違っている」と言う。だが、あなたの価値観が「正しい」と言うのはいったい誰だろう？ あなただけだ。あなたの価値観は、あなたが「正しい」と言うから正しい。それでも、あなたが自分の言葉を守れば、多少は筋が通るかもしれないが、あなた自身、何が「正しい」か、何が「間違っている」か、考え方をしじゅう変えている。個人でも社会でも同じことだ。

社会は数十年前に「正しかった」ことを、いまは「間違っている」と言う。そう遠くない過去に「間違っている」と思ったことを、いまは「正しい」と言う。何が正しく、何が間違っているか、誰にわかるのかね？　スコアカードがなくて、選手を知ることができるかな？

それでも、わたしたちはひとを批判しようとする。何が許され、何が許されないか、自分の考えが年中変化するのに、ちがう考えのひとを非難する。まったく、あきれたものですね。自分の気持ちすらきちんと決められないのに……。

それは問題ではないよ。何が「正しい」か、何が「間違っているか」、考え方が変化することは問題ではない。変わるべきなのだ。そうでなければ、成長しない。変化は進化の産物だからね。

問題はおおぜいのひとが、現在の価値観は正しい、完璧《かんぺき》だ、誰もがそれに従うべきだとしつこく考えつづけることだ。なかには、自己を正当化し、独善におちいっているひとたちもいる。

自分のためになるのなら、信念にこだわりなさい。信念をもちつづけなさい。迷わなくていい。何が「正しく」、何が「間違っている」と考えるか、それによって自分が決まるのだから。しかし、ひとにあなたの考え方を押しつけてはいけない。それに、現在の信念や習慣に「しがみつき」、進歩のプロセスをはばんでもいけない。

じつは、したくてもできないのだがね。生命は、あなたにおかまいなしに進んでいく。同じところにとどまるものは何もないし、変わらないものもない。変わらないとは、動かないことだ。動かないとは、死ぬことだ。

生命はすべて動きだ。岩でさえも動きに満ちている。すべてが動く。すべてだ。すべては次の瞬間には変わっている。変わらないものはない。同じところにとどまること、あるいはとどまろうとすることは、生命の法則に反した動きだ。それはばかげている。その闘いでは、つねに生命が勝つ。

だから、変化しなさい！　そう、変わりなさい！　何が「正しく」、何が「間違っている」かという考え方も変えなさい。あれこれについての意見も変えなさい。自分の組成、自分の構造、自分のモデル、自分の理論を変えなさい。

最も深い真実を変化させなさい。後生《ごしょう》だから（for goodness' sake：神のために）、自分自身を変えなさい。これは文字どおりの意味だよ。神のために、自分自身を変えなさい。ほんとうの自分について新しい考え方をするから成長する。誰が、何が、どこで、いつ、どのようにして、なぜということについて新しい考え方をすれば、謎《なぞ》が解決し、仕掛けがあばかれ、物語が完結する。そのとき、新しい、もっと大きな物語が始まる。すべてについての新しい考え、それこそエキサイティングな創造の場であり、あなたのなかの神が現れ、あますところなく現実化するところだ。

どんなに「良い」と思っても、もっと良いことがある。自分の神学やイデオロギー、宇宙観がどんなにすばらしくても、もっとすばらしくなれる。シェイクスピアが言うように、「天と地のあいだには、おまえの哲学では及びもつかないことがある」のだから。

だから、開かれていなさい。オープンでいなさい。古い真実が心地よいからといって、新しい真実の可能性を閉め出してはいけない。心地よさのゾーンが終わるところから、人生が始まる。

だが、性急にひとを批判しないこと。ひとの「間違い」は、昨日のあなたの「正義」だ。ひとの過ちは、いまは訂正した昨日のあなたの行動だ。ひとの選択と決定が「有害」で「他人を傷つけ」、「自分勝手」で、「許しがたい」としても、いままでのあなた自身もそうだったのだ。「どうしてそんなことをするのか、想像もできない」と思うのは、自分が来た道を、そしてお互いがこれから行く道を忘れているからだ。

それから、自分は邪悪だ、価値がない、とり返しがつかないと思っているひとたちに言っておこう。いつまでも迷っている者は誰もいないし、これからも決していない。全員が成長のプロセスにいるからだ。あなたがた全員が進化という経験のなかを進んでいる。

それが、わたしだから。

あなたがたを通して、わたしが進んでいるのだから。

5

子供のころ、こんなお祈りを教わりました。「主よ。わたしには、あなたをわたしの屋根の下にお入れする資格はありません。ただ、お言葉をいただかせてください。そうすれば、私の魂《たましい》は必ず癒《いや》されます」。あなたの言葉を聞いて、癒された気がします。もう、自分に価値がないとは感じません。あなたは、自信をもたせる方法をご存じだ。わたしも、全人類に贈り物を与えられるのなら、「あなたには価値がある」と思わせてあげたいですね。三部作の対話が完成しても与えつづけていけたらいいのですが。

そのときには、またべつの方法が見つかるよ。

そうだと、とてもうれしいですね。誰でも、ひとに何かを与えることができるでしょう。わたしは、それぞれのひとに価値があると思わせてあげたいのです。

それでは、その贈り物を与えなさい。ふれあうひとすべてに、あなたは価値があると思わせられるよう、努力しなさい。すべてのひとに、それぞれひととして価値がある、自分であるだけですばらしいのだと感じさせてやりなさい。この贈り物を与えていけば、世界を癒すことができるよ。

どうぞ、そのために力をお貸しください。

いつでも貸してあげるよ。わたしたちは友だちじゃないか。

ところで、わたしはこの対話がとても好きなんです。それで、以前おっしゃったことについて、ひとつうかがいたいのです。「生命と生命のあいだ」の生命について話していたとき、こんなふうにおっしゃいましたね。「いつでも自分が選んだときに、自己の経験をもう一度、創造することができる」と。あれは、どういう意味なんですか？

つまり、いつでも好きなときに「存在するすべて」から離れて、新しい「自己」、あるいは以前と同じ自己になれるということだよ。

すると、「自分」という認識、自意識を保持できる、そこへ戻れる、とおっしゃるんですか？

そう。あなたはつねに、自分が望むとおりの経験ができる。

それでは、この地球上の生命に、それも「死ぬ」前と同じ自分に戻ることができるんですか？

そうだよ。

肉体をもった自分に？

イエスの話を聞いたことがないのかな？

そりゃ、あります。でも、わたしはイエスではありませんし、彼のようになれるなんて思いません。

しかし、イエスは「これらのことを、そしてもっと多くを、あなたもなすであろう」と言ったのではなかったかね？

ええ。でも、そういう奇跡のことじゃないと思ってました。

それは気の毒だったな。だって、死からよみがえったのは、イエスだけではないのだからね。

こりゃ驚いたな（My god）、そんな罰当たりな。

キリスト以外の誰かが蘇生《そせい》したら、罰当たりなのかな？

いや、でも、そう言うひともいるでしょうね。

そう言う者は、聖書を読んだことがないのだろう。

聖書ですか？　聖書に、イエス以外の誰かが死後、よみがえったと書いてあるんですか？

ラザロの物語を聞いたことがないのか？

それは、ずるいですよ。だって、彼はキリストの力によってよみがえったんじゃないですか。

そのとおり。で、あなたの言う「キリストの力」は、ラザロにだけ働いたのだろうか？世界の歴史のなかで、たったひとりだけが対象だったのかな？いいかな。「死」からよみがえったひとは、おおぜいいる。「蘇生」などということは毎日、たったいまもどこかの病院で起こっている。

なんだ、そういうことですか。ずるいなあ。それは神学ではなくて、医学じゃないですか。

おやおや。神がかかわっているのは過去の奇跡だけで、現在の奇跡には無関係だというわけだ。

うーん……そうですね。一本、とられたな。だけど、イエスのように、自分の力で死からよみがえったひとは誰もいないでしょう！　そんなふうに「死」から戻ったひとはいませんよ。

ほんとうにそうかな？

ええ……たぶん……。

インドのキリストと言われているマハバタール・ババジのことを聞いたことがあるかね？

東洋の神秘をもち出すのはやめましょうよ。その手の話は信用しかねるというひとが多いですよ。

はっきりさせたいんですが。あなたは、魂が望めば霊的なかたちでも、物質的なかたちでも、いわゆる「死」から戻ってこられる、そうおっしゃるんですか？

ようやく、わかりかけてきたようだね。

しかし、それならどうして、もっとおおぜいのひとが戻ってこないんでしょう？　どうして、ニュースにならないんですか？　だって、そんなことが起こったら、世界的な大ニュースですよ。

実際にはおおぜいのひとが霊的なかたちで戻っている。それに、多くはないが、身体に戻っているひとたちもいるよ。

やっぱり！　そうでしょう！　そうなんだ！　だけど、どうしてなんですか？　蘇生するのがそんなに簡単なら、どうしてもっと多くの魂がそうしないんですか？

それは簡単かどうかの問題じゃないよ。望むかどうかの問題だ。つまり、以前と同じ物質的なかたちに戻りたいと望む魂はごくわずかだ、という意味だよ。身体に戻ることを選ぶにしても、ほとんどはべつの身体、べつの者に戻るね。そうすれば、新しい事業が始められる。新しい記憶を経験できるし、新しい冒険が可能になる。

一般に、魂が身体を離れるのは完了したからなんだよ。その身体でしようと思ったことは完了している。求める経験はすべて経験しつくしているんだ。

でも、たまたま、事故で死亡したひとはどうなんですか？　そういうひとも、経験が完了しているんですか。それとも「中断」されたんですか？

あなたはまだ、ひとが「たまたま」死ぬことがあると思っているのかね？

それじゃ、そういうことはないんですか？

宇宙には「たまたま」などということはない。「たまたま事故で」はありえないし、「偶然」もない。

それが真実だとしたら、死者を悼《いた》む必要はないでしょうね。

死者は悼んでほしいなどとは、さらさら思っていないよ。彼らが自らのより高度な選択によってどこへ行ったのかわかっていれば、彼らの出発を悼んだりはすまい。あなたがたの言う「あの世」を一瞬でも体験し、自分と神についての最も偉大な考えにふれることができれば、葬儀のとき心から微笑《ほほえ》むことができるだろうし、心は喜びに満たされるだろう。

葬儀のとき、わたしたちは失った者を悼んで泣くんです。二度と会えないと思うから、二度と愛するひとを抱きしめることも、触れることも、一緒にいることもできないと思うから、悲しいんですよ。

泣くのはよろしい。亡くなったひとへの愛に敬意を表することだから。だが、身体を離れた喜ばしい魂を待っている偉大な現実とすばらしい経験を知っていれば、その悲しみも長くは続かないはずだ。

「あの世」とはどんなところなんですか？　教えてください。

教えてあげられないこともあるがね。教えたくないのではなく、現在のあなたの状況、理解のレベルでは、言われてものみこめないからだ。だが、話せることもある。

現在の人生と同じように、「あの世」でも、三つのいずれかをすることになる。コントロールのきかない考えに創造をゆだねるか、選択的、意識的に経験を創造するか、「存在のすべて」の集合的意識を経験するかの三つだ。この最後の経験が、「再統合」あるいは「ひとつへの回帰」だ。

最初の道を行くにしても、たいていは（地球上とはちがって）そう長くは続けない。なぜなら、経験していることが好ましくないと思った瞬間に、新しい、もっと好ましい現実を創り出すからだ。ただ否定的な考えをやめさえすればいいのだから。

だから、「地獄」を経験することはありえない。自分でそれを選択すればべつだがね。その場合だって、自分の望みがかなうのだから「幸せ」なはずだ（「みじめ」でいるのが「幸せ」だというひとは、意外に多いのだよ）。つまり経験は、もういやだ、選択しないと思うまで続くのだ。

ほとんどの者は、経験が始まったとたんに、そこから離れて新しい経験を創造するだろう。じつは地上でも、まったく同じ方法で地獄をなくすことができるのだが。

第二の道をとって、意識的に経験を創造する場合には、もちろん「まっすぐに天国へ」行くだろう。天国を信じる者は天国を創造する。天国を信じていなくても、望むことが実現する。それがわかれば、欲求はますます向上するだろう。そして、いずれは天国を信じるようになる！

第三の道をとって、集合的意識の創造に身をゆだねれば、たちまち全的な受容、全的な平和、全的な認識、全的な愛に包まれる。それが集合的意識だから。そのとき、あなたは「ひとつであるもの」と一体になり、べつのものを存在させたいと考えるまでは、あなた自身と「これまで存在したすべて」のほかは何も存在しなくなる。これが、ニルヴァーナ

（涅槃《ねはん》）、「ひとつであるものと一体になる」経験だ。瞑想《めいそう》のさいにほんのつかの間、この信じられないほどの恍惚《こうこつ》感を経験するひとは多い。

この一体感を、無限という時のない時間を経験したあと、あなたはこの経験をやめる。なぜなら、「ひとつであるもの」以外の何かが存在しなければ、「ひとつであるもの」を「ひとつ」として経験できないからだ。これを理解したとき、あなたはふたたび分離、分裂という考えを創造する。こうして、あなたは宇宙の車輪の上を旅し、前進しつづけ、回転しつづける。いつまでも、いついつまでも、永遠に。あなたは「ひとつであるもの」に無限に回帰し、そのたびに無限の時間を経験する。そして、宇宙の車輪のどこにいても、「ひとつであるもの」へ戻る道具《ツール》をもっていることを知るだろう。

これを読んでいるいまでも、それができる。

明日、瞑想するときにも、それができる。

いつでも、それができる。

では、死ぬときの意識のレベルにいつまでもとどまっている必要はないとおっしゃるのですね？

そう。その気になればたちまち、べつのレベルに移動できる。そこで好きなだけ「時間」をかけられる。限られた視点、コントロールのきかない考えをもって「死」ねば、その状態がもたらす経験をするが、もしも、もういやだと思ったら、「目覚め」て（意識的になって）、自分で自分の現実を創造しはじめる。あなたがたはこの第一段階を振り返って、そこを「煉獄《れんごく》」と呼ぶ。第二段階、つまり望めば何でも思考と同じスピードで実現できる状態を、「天国」と呼ぶ。第三段階、つまり「ひとつであるもの」の至福を経験するところをニルヴァーナと呼ぶ。

それに関して、もうひとつ、うかがいたいことがあるんです。「死後」ではなくて、幽《ゆう》体離脱《たいりだつ》の経験についてなんですが、教えていただけますか？　いったい、何が起こっているんでしょうか？

あなたがたのエッセンスが物質的な身体から離れているんだよ。ふつうに夢を見ているときでも瞑想中でも起こるし、身体が深い眠りにおちいっているときには、最高のかたちで実現することが多い。

そういう「外出」のとき、魂はどこでも好きなところに存在できる。その経験について語るひとは、意識的に選択したという記憶をもっていないことが多い。「なぜか自分に起こった」こととして経験している。だが、魂が無意識に動くことはありえない。

もし自分が創造しつづけているだけだとしたら、どうして、ものごとが「示され」たり、「啓示」を受けたりできるんでしょうか？　啓示を受けるとすれば、それは自分の創造の一部ではなくて、わたしたちとは別個に存在しているはずだと思うのですが。そのあたりを、教えていただけませんか？

あなたと別個に存在するものは何もないし、すべては文字どおり、あなたの想像の産物、つくりごとだ。あなたは質問の答えがわからないと想像している。だから、わからない。だが、わかると想像したとたんに、わかるのだ。そういう想像をするのは、「プロセス」を進行させるためだよ。

「プロセス」ですか？

生命だ。永遠のプロセスだよ。

「啓示」を受けたと感じるとき、それが幽体離脱であっても、夢であっても、水晶のように澄んだ認識が訪れる魔法の瞬間であっても、要するにふいに「思い出し」ただけなのだ。自分がすでに創造していたものを思い出す。その記憶が非常に鮮やかなことがある。「神の顕現」だと感じることさえある。

そうした至高の経験をすると、「実生活」に戻り、ほかのひとが「現実」と呼ぶものと交じりあうのがとてもむずかしくなる。それは、あなたの現実が移行し、べつのものになっているからだ。拡大し、成長しているからなのだよ。そして、二度ともとのように収縮することはできない。瓶《かめ》のなかに魔法使いを押し戻そうとするのと同じで、不可能なのだ。

それで幽体離脱の経験をしたひと、「臨死」体験をしたひとは、別人のように見えるんでしょうか?

そのとおり。別人になるのは、彼らがたくさんのことを知ったからだ。だが、体験から遠ざかり、時間がたてばたつほど、もとのふるまいに戻ってしまう。知ったことを、また忘れてしまうからだ。

「思い出しつづける」方法はあるんですか?

あるよ。あらゆる瞬間に知識を行動に表すことだ。自分の知っていることに従って行動し、幻想の世界が見せるものに惑わされないことだ。その幻想が、どれほどほんものらしく見えようとも。

これが、すべての大いなる師〈マスター〉がしてきたこと、していることだ。彼らは見かけでは判断せず、自分の知識に従って行動する。思い出す方法は、もうひとつある。ひとに思い出させることだ。自分に望むことを、ひとにしてやることだ。

つまり、この本のなかでしているようなことですね。

そう、いまあなたがしていることだ。それも、長く続ければ続けるほど、必要性は小さくなる。このメッセージをおおぜいのひとに与えれば与えるほど、「自己」に与える必要性は小さくなる。

わたしの「自己」が他者と「ひとつ」で、ひとに与えることは、自分に与えることだからですね。

そうそう、いま、あなたはわたしに答えを与えている。もちろん、そのやり方でいいんだ。

すごい。わたしが神に答えを与えたなんて。クールですね。ほんとうにクールだ。

なるほど、そのとおりだな。

そうなんです。神さまに「なるほど」と言わせるなんて、まったくクールだ。

いいかね、いつかすべてのひとに、わたしたちが「ひとつ」として語る日が来るのだよ。

わたしにもそんな日が来るなら、あなたのおっしゃることを正確に理解しておきたいものです。そこで、何度も聞きましたが、もう一度、くり返しておたずねしたい。ニルヴァーナと言われる「ひとつであるものと一体」の状態に到達したとき、つまり「存在の源」に回帰したとき、わたしたちはそこにとどまらないんですか？　東洋の奥義や神秘的な教えと矛盾するように思えるんですが。

至高の無、あるいは「すべてと一体になった」状態にとどまろうとすると、そこに存在することが不可能になる。前にも説明したとおり、あることが存在するのは、そうでないことが存在するからだ。だから、「ひとつであるもの」の全的な至福に劣るものを創造しなければならない、創造しつづけなければならないのだよ。

でも、全的な至福のなかにいて、もう一度「ひとつであるもの」と合体し、「すべてであり／無である」存在になったとしたら、どうすれば、自分が存在するってことがわかるんでしょうね？　ほかには何も経験することがないんだから……理解できません。どうも、わたしの手には負えないなあ。

それが、わたしが神聖なるジレンマと呼ぶものだよ。つねに神につきまとうジレンマと同じものだ。そのジレンマを、神は神ではないもの（あるいは、神ではないと思っているもの）を創造することによって解決したのだ。神は自分の一部を分けて、自分を知らないという下位の経験をさせ、この瞬間もそれを続けさせている。そうすれば残りは、ほんとうの自分を知ることができる。

こうして、「神はあなたがたが救われるよう、そのひとり子を与えてくださった」のだよ。この神話がどこから生まれたか、これでわかっただろう。

すると、わたしたちはすべて神であり、誰もがつねに、「ひとつであるもの」から「分離」へ、そしてまた「ひとつであるもの」へと、永遠に終わらない旅を続けているんでしょうか。これが生命のサイクル、あなたが宇宙の車輪と呼ぶものなんですか。

まさにそのとおり。あたっているよ。あなたが言ったとおりだ。

だが、どうしてもゼロに、出発点に戻って、いつも最初からやり直さないといけないんですか？　これで「上がり」にする、賭け金二〇〇ドルをもらうよ、ということはできないんですか。

何にせよ、しなければならないことはない。神の経験を再経験するなかで、どこへ行きたいか、何をしたいかは、あなたが（つねに自由意思で）選択する。宇宙の車輪のどこでも好きな場所に移動できる。好きなところへ「戻れる」し、べつの次元、現実、太陽系、文明を選んで移ることもできる。神性との完全な合体に到達した者のなかには、悟りを開いた〈マスター〉として「戻る」ことを選ぶ者だっているよ。それに、この世を去るときに悟りを開いた〈マスター〉だった者が、自分自身として「戻る」こともある。導師《グル》や〈マスター〉が何十年か何世紀かのあいだにくり返しこの世に現れているという報告は、あなたも耳にしているにちがいない。

そうした報告をもとに、ひとつの宗派が築かれているくらいだ。たとえば、末日聖徒イエスキリスト教会などだね。だから、あなたは宇宙の車輪のどこでも好きな場所に戻れるのだよ。

そうだとしても、やっぱり気が重いですね。「休み」はないんですか？　ニルヴァーナにずっといるわけにはいかないんでしょうか？　わたしたちは永遠に「行ったり来たり」をくり返し、ハツカネズミがぐるぐると輪を回しつづけるように、永遠に、どこにも行き着かない旅を続けるんですか？

そうだ。それが偉大な真実だ。どこにも行き着けないし、何もすることはないし、いまのあなた以外に、あるべき「存在」はない。じつは、旅などないのだよ。あなたがなろうとしているのは、いまのあなただ。あなたが行き着こうとしているのは、いまのあなただ。〈マスター〉はそれを知っているから、あがくのをやめる。それから、あなたがあがくのをやめる手伝いをしようとする。だが、このプロセス——宇宙の車輪——は、決して気の重い回し車ではない。神の、そしてすべての生命の至高の荘厳さを、栄光のなかで再確認しつづけることだ。

それでも、やっぱり気が重いように感じますが。

それじゃ、あなたの気持ちを変えてあげようか。あなたは、セックスが好きかな？

ええ、もちろん。

よほどの変わり者はべつとして、たいていのひとはそうだね。それでは、明日から魅力を感じたり、愛したりした相手なら誰とでもセックスができる、と言ったら、どう思う？そうなったら幸福だと思うかね？

それは相手の意思に反しても、ということですか？

いやいや。あなたが身体で愛という人間的な体験を祝いたいと思えば、相手も必ず同じことを考えるようにしてあげる。相手もあなたに大きな魅力と愛を感じるんだよ。

わあ！　そりゃ――もちろん最高ですよ！

ただし、ひとつ条件がある。一回ずつ終わらせなければならない。切れめなく次つぎに、というわけにはいかないのだよ。そこで、この種の肉体的な結合のエクスタシーを経験するためには、たとえ一時的にせよ、誰かと性的に結ばれていないという状態も経験しなければいけないわけだ。

ははあ、おっしゃりたいことがわかってきましたよ。

そう。エクスタシーといえども、エクスタシーがないときがなければ、存在できない。霊的なエクスタシーだって、肉体的なエクスタシーと同じなんだよ。

生命の循環には、気が重くなることは何もない。喜びがあるだけだ。喜びと、さらに大きな喜びがあるだけだよ。〈マスター〉は、喜びより下の状態にいることはない。その〈マスター〉の状態を、いまのあなたは望ましいと思うだろう。

そこでは、エクスタシーを経験し終わっても、つねに喜ばしい状態でいる。喜びのために、エクスタシーを必要としない。エクスタシーが存在すると知っているだけで、喜びのなかにいられる。

6

ちょっと話題を変えて、地球の変化について話していただきたいのですが。でも、その前に、ひとつ気づいたことがあります。ここでは、くり返して話されることが、たくさんありますね。どうも、同じことを何度も聞いているように思うんです。

それはけっこう！　たしかにそうなんだ！　前にも言ったが、そのように仕組まれているのだよ。このメッセージはぜんまいのようなものだ。巻き戻った状態では、ひとつの輪がべつの輪に重なりあって、文字どおり「ぐるぐると輪を描いて」いるように見える。ほどいてみてはじめて、長いらせん状に伸びていることがわかるんだよ。

そう、あなたの言うとおりだ。何度も、ちがった言い方でくり返していることがたくさんある。同じ言い方でくり返すこともある。このメッセージが終わっても、あなたは中心の部分を文字どおりくり返すことができるだろう。くり返したいと思う日が来るだろうよ。

よくわかりました。ところで、わたしが「神さまとの直通電話」をもっていると思っているひとがたくさんいるんですが、彼らは、地球は滅亡する運命なのか、知りたがっています。前にもうかがいましたが、もっと直接的な答えがいただきたいんです。おおぜいのひとが予言しているように、地球には変化が起こるのでしょうか？　そうでないとしたら、超能力者たちが言うのは、つくりもののヴィジョンですか？　わたしたちは、祈るべきなんですか？　変えるべきなんですか？　わたしたちにできることがあるんでしょうか？　それとも、悲しいことに絶望するしかないんでしょうか？

その問題なら、喜んで話してあげるよ。ただし「先へ進む」わけではないね。時間についてのこれまでの説明のなかで、答えはすでに与えられているからね。

「将来起こることはすべて、すでに起こっている」という、あの説明ですか？

そうだよ。

でも、「すでに起こっている」すべてというのは、何なのですか？　どんなふうに起こったのですか？　何が起こったのですか？

すべてだよ。すべては、すでに起こっている。あらゆる可能性は事実として、完了した出来事として存在する。

どうしてそんなことが可能なのか、まだわからないんですが。

わかりやすく話してあげよう。子供たちがCD-ROMでゲームをやっているのを見たことがあるだろう？　そのとき、子供たちのジョイスティックの動きひとつひとつにどう応じればいいのか、どうしてコンピュータにわかるんだろうと思ったことはないか？

ありますね。不思議だと思いました。

すべてCD-ROMにある。コンピュータがあらゆる子供たちの動きにどう応じればいいのかを知っているのは、可能性のあるすべての動きとその適切な対応がすべて、CD-ROMに記録されているからだ。

いやあ、奇妙ですね。シュールだなあ。

すべての結末、結末にいたるすべての紆《う》余曲折《よきょくせつ》が、すでにCD-ROMにプログラムされていることがシュールかな?　ちっとも「奇妙」なことはないよ。それが技術じゃないか。で、ゲームの技術に感心するなら、宇宙の技術を考えてごらん!
宇宙の車輪をCD-ROMだと想像してみればいい。すべてのエンディングはすでに存在している。宇宙はただ、あなたがたが今度はどの動きを選択するかを待っている。あなたが勝つか、負けるか、引き分けてゲームが終了したら、宇宙は言うだろう。「もう一度、やりたいかい?」
CD-ROMはあなたが勝とうが負けようが気にしないし、「感情を害し」たりもしない。ただ、もう一度ゲームをするチャンスをくれるだけだ。すべてのエンディングはすでに存在する。あなたがどのエンディングを経験するかは、何を選択するかによって決まるのだよ。

すると、神さまはただのCD-ROMみたいなものなんですね?

わたしは、そうは言わないな。だが、この対話では、誰にでも理解できる概念で説明しようとしている。だからCD-ROMのたとえを使ったのだよ。生命は、多くの点でCD-ROMのようなものだ。すべての可能性が存在し、すでに起こっている。どれを経験するかは、あなたの選択しだいだ。

地球の変化についても、まったく同じことだよ。多くの超能力者が語る地球の変化は真実だ。彼らは「未来」への窓を開いて見たのだ。問題は、彼らが見たのはどの「未来」かということだな。CD-ROMのゲームの結末と同じで、いくつものヴァージョンがあるのだから。

あるヴァージョンでは、地球には大天変地異が起こる。あるヴァージョンでは起こらない。じつは、すべてのヴァージョンはすでに起こっている。思い出してごらん、時は――。

知ってます。知ってますよ。「時というものは存在しない」――。

そのとおり。すると、どうなる？

だから、すべてのことはいっぺんに起こっている。

そうそう、そのとおり。かつて起こったことはすべて、いま起こっているし、将来起こることはすべて、いま起こっている。だから、超能力者が予言する滅亡は真実なのかと考えるのなら、関心をすべてそこに集中してごらん。そうすれば、その滅亡を自分に引き寄せる。べつの現実を体験したいと思うなら、そちらのほうへ関心を集中すれば、その結果が引き寄せられるだろう。

すると、地球に変化が起こるのかどうかは教えてくれないんですね？

あなたがどうするのか、こっちが聞いているのだよ。あなたが、思考で、言葉で、行動で決定するんじゃないか。

コンピュータの二〇〇〇年問題はどうなんですか？「二〇〇〇年問題」が原因で、社会的、経済的システムに大変動が起こると言うひともいますね。そうなんですか？

あなたはどうする？　何を選ぶ？　その問題と自分は関係がないと思うかね？　それはちがうな。わたしはあなたの未来を予言しに来たわけではないし、予言するつもりもない。だが、これだけは言えるね。誰にでも言えることだが。あなたがたが慎重でなければ、いま向かっているところへ行き着くだろう。したがって、向かっている行く先が気に入らないなら、方向を変えることだ。

どうすれば、変えられますか？　どうすれば、そんな大きなことがらに影響を及ぼすことができますか？　超能力者や霊的な「権威」が予言する破局に対して、わたしたちは何をすればいいんですか？

内側へ入っていきなさい。内なる智恵を探ってごらん。内なる智恵が何をしろと呼びかけているか、聞いてごらん。そして、そのとおりに行動しなさい。

政治家や経済人に手紙を書いて、地球の破局につながる環境破壊を防ぐように頼めと言われたら、実行しなさい。コミュニティの指導者を集めて二〇〇〇年問題にとりくめと言われたら、実行しなさい。ただ自分の道を進み、毎日プラスのエネルギーを送って、まわりのひとたちがパニックにおちいって問題を起こしたりしないようにせよと言われたら、実行しなさい。

いちばん大事なのは恐れないことだ。いずれにしても、あなたがたは「死ぬ」ことはないから、恐れることは何もない。プロセスの展開を認識し、すべてはうまくいくと知っておだやかにしていること。

すべてのものごとの完璧《かんぺき》さにふれようと努めなさい。どこへ進もうとも、そこはほんとうの自分を創造するという経験にふさわしい場所なのだ、ということを覚えていなさい。これが平和への道だ。すべてのものごとに完璧性を見ること。

最後に、なにごとからも「のがれ」ようとしてはいけない。抵抗すると、相手はますます強くなる。

将来に、あるいは「予言」された将来に悲観するひとたちは、「完璧さのなか」にとどまれない。

ほかにもアドバイスしていただけますか？

祝いなさい！　生命を祝いなさい！　自己を祝いなさい！　予言を祝いなさい！　神を祝いなさい！　祝いなさい！　ゲームをしなさい。

瞬間瞬間が何をもたらすように思えても、その瞬間に喜びを見いだしなさい。喜び、それがほんとうのあなたであり、いつまでもそうなのだから。

神は不完全なものを創造することはできない。神が不完全なものを創造できると思っているのなら、それは間違いだ。だから、祝いなさい。完璧さを祝いなさい！　微笑《ほほえ》み、祝い、ただ完璧さだけを見て、ひとが不完全だと言うものに不完全なかたちでふれないように、注意しなさい。

それじゃ、地球の地軸の変動をわたしが防ぐことができると、あるいは隕石《いんせき》の衝突や地震による崩壊を、コンピュータの二〇〇〇年問題のパニックと混乱を防ぐことができるとおっしゃるんですか？

そういうことにマイナスの影響を受けることは防げるね。

わたしがおたずねしたのは、そういうことじゃないですよ。

だが、わたしが答えるのはそういうことだ。恐れずに将来に立ち向かいなさい。「プロセス」を理解し、すべてに完璧さだけを見なさい。その平和、おだやかさ、静けさは、ひとが「マイナス」だという経験や結果をあなたから遠ざけてくれるだろう。

もし、あなたのおっしゃることがすべて間違っていたら、どうなるんですか？　もし、あなたが「神」なんかじゃなくて、わたしの豊かな想像力が過熱したあげくの産物だとしたら？

ああ、またその問題に戻るのか？　それがどうした？　もっと良い生き方が考えられるかね？

わたしが言っているのは、全地球的な災厄が起こるという恐ろしい予言に対しても、静かに安らかに、おだやかに落ち着いていなさい、そうすれば、最善の結果になるだろう、ということだよ。

考えてごらん。たとえ、わたしが「神」でなくても、ただの「あなた」であっても、もっと良いアドバイスがあると思うかい？

それは、ないでしょうね。

では、いつも言うことだが、わたしが「神」であってもなくても変わりはない。それなら、その智恵を生かしなさい。ほかにもっと良い方法を考えついたら、そのとおりにすればいい。

いいかい、ここで語っているのが、ほんとうはただのニール・ドナルド・ウォルシュだとしても、どの問題であれ、もっと良いアドバイスはたぶん見つからないだろう。だから、こう考えたらいい。語っているのは神か、さもなければニールは非常に利口な男だ、とね。どんなちがいがある？

ちがいはですね、神が語っていると納得できれば、もっと注意深く耳を傾ける、ってことです。

おいおい、ばかな。わたしは百ものちがったかたちで、千回もメッセージを送ってきたのに、あなたはほとんど、無視してきたではないか。

ええ、まあそうでしょうね。

まあ？

いいですよ。そのとおりでした。

それでは、今回は無視するのはやめなさい。この本をあなたにもたらしたのは誰だと思う？　あなた自身だ。だから、神の言葉に耳を傾けられないのなら、自分自身の言葉に耳を傾けなさい。

あるいは、親切な超能力者に。

あるいは、親切な超能力者に。

また、からかっているんですね。でも、それでもうひとつ、お聞きしたいことを思い出しました。

わかっている。超能力者のことだろう。

どうして、わかったんですか？

わたしは超能力者だから。

へえ、そうか、そうでしょうね。あなたは、すべての超能力者の母だ。チーフだ、トップだ、大物ですよ。あなたこそヒーロー、ボス、隊長、取締役会長だ。

そうそう……わかってるじゃないか。

ようし、やったぞ。

クールだ、兄弟。では、続けようか。

それでですね、わたしが知りたいのは、「超能力」とは何かってことなんです。

あなたがたはみんな「超能力」をもっている。じつは、誰でももっている、「第六感」なのだよ。超能力とは、限られた経験からもっとひろい視界に出ていく能力のことだ。そして、戻ってくる。限られた人間が感じると思うよりもっと多くのことを感じること、自分が知っているはずだと思うよりもっと多くのことを知ることだ。自分のまわりのもっと大きな真実から真実をくみあげる力、異なるエネルギーを感じる力だ。

その能力は、どうすれば増強できますか？

「増強」というのは良い言葉だ。その能力は筋肉のようなものだからね。誰でももっているが、とくに増強させようとする者もいるし、放ったらかしで使いものにならない者もいる。

超能力の「筋肉」を増強させるには、鍛えなければいけない。使いなさい。毎日、使いなさい。

いまでも、筋肉はあるが小さい。弱い。活用されていない。だから、直観はときどきしか「当たらない」し、あなたはそれに従って行動しようとしない。何かについて「勘」が働いても、無視する。夢を見たり、「インスピレーション」を感じても、注意しないで見過ごす。あなたがこの本の「直観」に注意をはらってよかった。そうでなければ、いま、この言葉を読むこともなかったのだからね。あなたはこの言葉がたまたま訪れたと思うのか？　偶然だと？

「超能力」を増強する第一歩は、それをもっていることを知って、使うことだ。あらゆる勘、あらゆる感情、あらゆる予感に注意をはらいなさい。注意をはらうこと。それから、「知った」ことをもとに行動する。それについては、精神に口出しをさせてはいけない。不安だからと、遠ざけてはいけない。恐れげもなく直観どおりに行動すればするほど、直観が役に立つようになる。直観はつねにあるのに、あなたが注意をはらっていないだけだ。

でも、わたしが言うのは、いつでも駐車スペースを見つけられるといったたぐいの超能力じゃないんですよ。本物の超能力について聞きたいんです。未来を見る能力とか。他人についてわかるはずがないことがわかる能力とか。

わたしも、その話をしているよ。

そういう超能力は、どんなふうに働くんですか？　超能力をもったひとの言うことは、聞いたほうがいいですか？　超能力者が予言をしたら、わたしの未来は決まってしまうんでしょうか。それとも、自分で変えられますか？　部屋に入っていったとたんに、こちらのことがわかってしまう超能力者というのは、どうしてあんなことができるんでしょう？　もし……。

ちょっと待ちなさい。あなたは四つのちがう質問をしている。ひとつずつ、とりあげていこう。

超能力現象には三つのルールがある。それを知れば、超能力がどんなふうに働くか、わかるだろう。

①思考はすべて、エネルギーである。

②ものごとはすべて、動いている。

③すべての時は、現在である。

超能力者とは、この現象が引き起こす経験、つまり振動に自分を開いているひとだ。ときには、心に画像が浮かぶ。ときには、思考が言葉になる。

超能力者は、このエネルギーをうまく感じとる。最初は簡単ではない。このエネルギーは非常に軽くて、移ろいやすく、かすかだから。髪がそよいだ気がする夏の夜の微風のようなものだ。遠くで聞こえた気がするが、定かではないかすかな音のようなものだ。目のすみにちらりと映ったと思うが、そちらを見ると消えている一瞬のイメージのようなものだ。ほんとうにあったのかな？　超能力の初心者がつねにいだく疑問がそれだ。すぐれた超能力者は、決して疑問をいだかない。疑問をいだいたら、答えが消えてしまうから。疑問をいだくというのは精神の働きだが、超能力者は精神を働かせるのをとてもきらう。直観は精神には存在しない。超能力者になるには、精神から離れ、常軌《じょうき》を逸していなければならない。直観とは心に、魂《たましい》にあるものだから。

直観とは、魂の耳だ。

魂だけが、生命のほんのかすかな振動を「聞き分け」、エネルギーを「感じ」、波動の存在を意識して、それを解釈する繊細な道具《ツール》をもっている。あなたがたには、五つではなく六つの感覚がある。嗅覚《きゅうかく》、味覚、触覚、視覚、聴覚……そして知覚だ。

「超能力」とは、こんなふうに働くのだよ——。何かを考えると、思考はエネルギーを放出する。思考はエネルギーなのだ。超能力者の魂は、そのエネルギーを感じとる。真の超能力者はそれを解釈せず、どんな感じかをそのまま口にする。だから、超能力者にはあなたの考えがわかるのだ。

あなたのいままでの感情のすべてが、魂のなかに残っている。魂は、感情の総和だ。貯蔵所だよ。貯蔵してから何年もたっていても、真の超能力者は、その「感情」をおりおりに感じとることができる。それは、「いま、すべてがある」からだ——。

時などというものはないから——。

だから、超能力者はあなたの「過去」について語れる。

「明日」もまた存在しない。すべては、たったいま起こっている。すべての出来事がエネルギーの波を放出し、宇宙の感光板に消えない映像を焼きつけている。超能力者は「明日」の映像を、いま起こっていることのように見たり、感じたりできる。ほんとうに、いま起こっているのだからね。だから、「未来」を語る超能力者もいるのだ。

物理的には、どう作用しているのか？　たぶん、自分でも気づかずに、超能力者は激しい集中力によって自分の超微粒子を放出しているのだろう。「思考」と言ってもいい。それが身体を離れ、はるか彼方まで飛んでいき、それから向きを変えて、遠くからまだ経験されていない「いま」を見る。

超微粒子の時間旅行ですか！　超微粒子の時間旅行か！

そう言うこともできるね……。どうやらＳＦチックなコメディになったらしいな。

いやいや、そんなことはないです。まじめに聞きますよ……約束します。どうか続けてください。

よろしい。超能力者の超微粒子は、集中することによって得られたイメージのエネルギーを吸収し、身体にもち帰る。超能力者は「その映像を獲得する」――ときには身ぶるいしつつ。あるいは「感情を感じとり」、できるだけデータを「処理」せずに、単純に、即座に、それを表現しようとする。超能力者は、自分が「考えた」ことや、「見た」こと、「感じた」ことに疑問をいだかず、できるだけ手をふれずに、ただそのまま「通過」させる。何週間かして、見たり「感じ」たりした出来事がほんとうに起こったら、超能力者は未来が見えると言われる。たしかに、そのとおりなのだ！

そうだとしたら、「予言」があたらない場合はどうなのですか。実現しなかった、という場合は？

超能力者は「未来を予言」しているのではなく、ただ、「永遠のいま」のなかに垣間みた「可能性」のひとつを話しているにすぎないからだよ。何を見るかは、リーディングをする超能力者が選択する。彼は、簡単にべつの選択をするかもしれない。予言と矛盾する選択をね。

「永遠の時」には「可能性」のすべてがある。すべては何百万ものちがった方法ですでに起こっている。あとは見方を選択するだけだ。要するに見方の問題なのだよ。見方を変えると、思考が変わり、思考が現実を創造する。どんな結果を期待しても、すべてはすでに存在している。あなたはどう見るか、どう知るかを決めるだけだ。じっさい、あなたが祈る前に、祈りは「かなえ」られているのだよ。

それでは、祈っても、すべてがかなうわけではないのはどうしてですか?

そのことは一冊めの対話で話したね。求めるものをつねに得られるとは限らないが、自分が創造するものはつねに得られる。創造は思考に従い、思考は見方に従う。

しかし、驚きですよね。前にもうかがいましたが、やっぱり驚いてしまうなあ。

そうだろう? だから、何度も話しあうほうがいい。何度も聞いているうちに、あなたの精神が慣れてくる。そして、「もう驚かなく」なる。

すべてがたったいま起こっているなら、わたしが「いま」、そのうちのどの「部分」を経験するかは、何によって決まるんですか？

あなたの選択――信念をもった選択で決まる。その信念を創造するのは、あなたの考えであり、その考えは見方によって決まる。つまり、自分が「どう見るか」によって決まる。超能力者は、あなたが選択した「明日」を見て、それが現実化するのを見る。しかし、真の超能力者は、必ずそうなるわけではない、と言うはずだ。あなたは「選びなおす」ことができるし、そうすれば結果も変わる。

それどころか、わたしはすでにした経験を変えていますよね。

そのとおり！ わかってきたようだね。パラドックスを生きるという意味を、理解してきたらしい。

でも、「すでに起こっている」としたら、それは誰に対して「起こった」んでしょう？

わたしがそれを変化させたら、その変化を経験する「わたし」はどのわたしなんですか？

時間の流れのなかを移動していく「あなた」は、ひとりではない。もう一度、二冊めの対話を読み返すといい。それから、ここで話されたことと組み合わせて考えれば、理解が深まるよ。

わかりました。ごもっともです。だが、超能力者について、もう少しうかがっていいですか？ 自分には超能力があるというひとのなかで、ほんものとにせものは、どうすれば見分けられますか？

誰でも「超能力者」だから、すべて「本物」だよ。気をつけなければならないのは、彼らの目的は何か、ということだ。あなたを助けようと思っているのか、それとも自分が豊かになりたいのか。

豊かになろうとする超能力者――いわゆる「プロの超能力者」――は、超能力で何かをしてあげると約束することが多い。「去っていった恋人をとり戻してあげる」「富と名声をあげる」、体重を減らしてあげる、なんてものまであるね！ 何でもしてあげる、と彼らは言う。ただし、料金を払えば、とね。上司や恋人、友人など、他人の心を「読んで」教えてあげようと言う者すらいる。そういうときは、「何かもってきなさい。スカーフでも、写真でも、手書きの文書でもいい」と指示するだろう。

たしかに、彼らは他人について話してくれる。かなりのことを話してくれる場合も多い。誰でも跡を残しているからだ。「心霊的な指紋」、エネルギーの痕跡《こんせき》だね。そして、ほんとうに繊細な者は、この痕跡を感じとる。だが、誠実な者なら、自分の超能力で去ったひとをとり戻したり、他人の気持ちを変化させたり、何らかの結果を創造してあげるとは、決して言わない。生涯をかけて、恵まれた超能力を増強し、活用しようとしている真の超能力者は、決して他人の自由意思を踏みにじってはならないこと、他人の考えに侵入してはならないこと、他人の心霊的スペースを侵害してはならないことを知っているからだ。

「正しい」とか「間違っている」とかいうことはない、そうおっしゃいましたよね？　なぜ急に、「決して」してはならないなんて、おっしゃるんですか？

わたしが「つねに」とか「決して」というのは、あなたが何をなしとげたがっているかを考えて言っているのだよ。

あなたがひたすら進歩し、霊的に成長し、「ひとつであるもの」へ回帰したがっていることを、わたしは知っている。あなたは、真の自分についていだく最も偉大なヴィジョンの最も壮大なヴァージョンとして、自分を経験したがっている。あなた個人としても、人間という種《しゅ》としても同じだ。

何度も言ったが、わたしの世界には、「正しい」とか「間違っている」ということはないし、「せよ」とか「するな」ということもない。

しかし、物質的宇宙に組みこまれた自然の法則はある。そのひとつが、因果関係の法則だ。

因果関係の法則のなかで、最も重要なのは、つぎのようなことだ。

自分が引き起こした結果は、結局、自分自身が体験する。

それは、どういうことなんですか?

他人に経験させたことは、いつか、必ず自分が経験する、ということだよ。ニューエイジのコミュニティでは、もっとおもしろい言い方をしているね。

「行ったものは、必ず戻る」ですか。

そうそう。イエスの教えとして知っているひともいる。自分にしてほしいと思うように、ひとにしてやりなさい。イエスは、因果関係を教えているのだ。第一の法則と呼んでもいい。「いかなる社会の正常な展開にも介入してはならない」という、カーク、ピカード、ジェインウェイという歴代艦長に与えられた宇宙艦隊規約第一条のようなものだな。

ええっ、神さまは『スタートレック』のファンだったんですか！

何をたわごとを言っているのだろうね？　エピソードの半分は、わたしが書いたのだ。

制作者のジーンには聞かせないほうがいいですね。

おいおい。ジーンに話してくれと言われたのだよ。ジーン・ロッデンベリーはもちろん、カール・セーガンとも、ボブ・ハインラインとも話しているよ。

しかしですね、そういう軽口ばっかりだと、対話全体の信頼性が損なわれてしまいますよ。

なるほど。神との対話はきまじめでなくてはならないのだね。

少なくとも、信頼できないとね。

ジーンやカール、ボブをもち出すと、信頼できなくなるのかな？　彼らにそう言ってやらないといかんね。さて、真の超能力者と「にせもの」とを見分ける方法に戻ろうか。真の超能力者は艦隊規約第一条を知って、実践している。だから、「昔、別れた恋人」をとり戻してほしいとか、ハンカチや手紙から誰かのオーラを「読んで」ほしいと言っても、真の超能力者なら、こう答えるだろう。

「すみませんが、それはできません。他人が歩いている道をじゃましたり、ひとのことに介入したり、のぞき見たりはしないのですよ。他人の個人的、私的な情報をお教えするわけにはいきません」

そういう「サービス」をしてあげると言う者がいたら、それはあなたの人間的な弱点や欠点を利用して金を巻きあげようとする「いかさま師」だと考えていい。

でも、失踪《しっそう》したひとを探し出して人助けをする超能力者はどうなんですか？　誘拐された子供とか、家出したまま、どんなに帰りたくてもプライドがじゃまして帰れないティーンエイジャーとか。それに、捜査に協力して（死者も生者もふくめ）失踪人の居場所をつきとめるという、昔ながらの超能力者の場合は？

もちろん、それは考えれば明白だろう。真の超能力者が避けているのは、他者に自分の意思を押しつけることだ。真の超能力者は、ひとのためになろうとしているのだよ。

それじゃ、死者と話したいと頼むのはかまわないんですか?「先に逝《い》った」ひとたちと接触しようとしても、いいんでしょうか?

どうして、そうしたい?

何か、わたしたちに言いたいことがあるかもしれないからです。

「向こう側」にいる誰かが何かを知らせたいと考えれば、必ず方法を見つける。だから、心配しなくていい。「先に逝った」おじ、おば、いとこ、兄弟、姉妹、父母、配偶者、恋人、みんなそれぞれの旅を続け、完全な喜びを経験し、完全な理解をめざして進んでいる。彼らが——あなたがどうしているか見たい、彼らが元気でいると知らせたいと——あなたのもとへ戻りたくなれば、ちゃんと戻ってくるからだいじょうぶ。だから、「徴《しるし》」に気をつけて、受けとめなさい。気のせいだ、「希望的観測」だ、偶然だと切り捨てたりしないこと。

知りあいの女性が、瀕死《ひんし》の夫を看病しているとき、こう頼んだそうです。どうしても逝ってしまうのなら、お願いだから帰ってきて、だいじょうぶだよと知らせてね……。夫は、そうすると約束し、二日後に亡くなりました。それから一週間もしないある夜、目覚めた彼女は、誰かがベッドの自分のそばに座っていると感じたんです。目を開けてみると、誓ってもいい、そこに夫がいたと言うんですよ。ベッドの足もとのほうに座って、微笑みかけていたそうです。でも、またたきしてもう一度見ると、夫は消えていた。あとになってその話をした彼女は、きっと幻覚を見たのね、と言っていました。

そう、よくあることだ。反論しようのない、はっきりした徴を受けとっているのに、無視してしまう。あるいは、気のせいだ、幻だと切り捨ててしまう。この本についても、同じことだよ。

イエスの復活を疑ったトマスと同じで、見て、感じて、触れなければ、信じようとしない。だが、あなたがたが知りたいことは、見ることも感じることも触れることもできない。べつの領域のことがらだから。あなたがたは、そこに向かって開かれていない。まだ、用意ができていない。だが、焦らなくていい。生徒の準備ができたとき、教師が現れるのだから。

そうなんですね。ところで、さっきの話に戻りますが、向こう側の誰かと接触したくて、超能力者のところへ行ったり、降霊会に参加したりしないほうがいいんですか？

こうせよとか、するなとは言わない。そんなことをして何になるか、と言いたいだけだ。

でも、向こう側のひとに聞きたいんじゃなくて、言いたいことがあったら、どうなんでしょう？

あなたが言うことが彼らに聞こえないとでも思うのかね？　「向こう側」にいる誰かについて、ほんのわずかでも考えれば、とたんに、彼らの意識はあなたのもとへ飛んでくる。「逝った」ひとについて、何かを思ったり考えたりすれば、そのひとのエッセンスは必ず気づく。霊媒《れいばい》を使って接触する必要などない。愛こそが、コミュニケーションの最高の「霊媒《メディア》」だよ。

なるほど。でも、「双方向」コミュニケーションはどうなんでしょう？　霊媒は役に立ちますか？　だいたい、可能なものなんでしょうか？　それとも、ほら話ですか？　危険な企てですか？

あなたの言っているのは、霊《いのち》とのコミュニケーションだね。もちろん可能だ。危険かって？　怖がっていれば、何だって「危険」だよ。何かを恐れれば、恐怖の対象を創造してしまう。しかし恐れねばならないことなど、何もない。愛する者は決して遠く離れはしない。一瞬の考えより遠くへは決して行かないし、あなたが必要とするときはつねにそばにいて、相談に乗ったり、慰めたり、助言したりしてくれる。愛する者が「だいじょうぶ」かどうかと案じて、強いストレスを感じていれば、必ず徴《しるし》、合図、ちょっとした「メッセージ」を送って、すべてうまくいっているよ、と知らせてくれる。

彼らに呼びかける必要すらない。この世であなたを愛していた者の魂は、あなたの霊のフィールドに小さなトラブルや乱れを感じたとたん、引きつけられ、引き寄せられて、飛んでくる。新しい世界で得られる可能性について知れば、彼らはまず愛する者を助けよう、慰めようとする。だから、あなたもほんとうに彼らに向かって自分を開いていれば、そばに来て慰めてくれるのを感じるはずだ。

亡くなったひとが部屋にいたと「誓ってもいい」と言うひとたちの言葉は、ほんとうなんですね。

もちろんだとも。愛する者の香水の匂いを嗅《か》いだり、葉巻の香りがしたり、よくハミングしていた歌がかすかに聞こえたりすることもある。あるいは、故人の持ち物がいきなり現れる。ハンカチや財布、カフス、宝石などが「なぜか、突然に」出てくる。椅子のクッションのすきまや、古い雑誌の下で「見つかる」。おや、こんなところに。とくべつな絵や写真が、故人を思い出して偲《しの》び、悲しくなったちょうどそのとき、目にふれる。そういうことは、「たまたま起こる」のではない。そういうものは、「ちょうど、故人を偲んでいるときに」、たまたま「なぜか、突然に」出てくるのではない。いいかね、宇宙には偶然はないのだよ。そういうことはよくある。しょっちゅう起こっている。

さて、あなたの質問に戻ろうか。身体から離れた存在とコミュニケートするのに、いわゆる「霊媒」や「チャネリング」が必要か？　いや、必要はない。役に立つか？　役に立つこともあるだろう。それは、超能力者あるいは霊媒によるし、彼らの動機による。

高い報酬を払わなければ、「チャネリング」や「仲介」をしないと言われたら、とっとと逃げ出しなさい。そんな相手は金だけが目当てかもしれない。何週間も、何か月も、それどころか何年も、「ふりまわされて」、「霊界」と接触したいというあなたの欲求や願いを利用されても、不思議ではない。ただ助けるためだけに――霊がそうであるように――いるなら、そういうひとは、自分の仕事を続けるのに必要なもの以外はいっさい要求しない。そういう超能力者や霊媒が助けてくれると言うなら、こちらもできるだけの援助をすることだ。相手の法外な寛容さにつけこんで、充分に応えられるのがわかっているのに、わずかしか、あるいは何も提供しないというのはいけない。

ほんとうに世界のために役立ちたい、ほんとうに智恵と知識を、洞察と理解を、思いやりと優しさを分かち合いたいと思っているひとを探しなさい。大いにそのひとたちの力になってあげなさい。最高の敬意をはらいなさい。できるだけ多くを提供しなさい。彼らこそ、光の担い手なのだから。

7

ずいぶん、たくさん話をしましたね。じつにいろいろな話が出ました。このへんで話題を変えてもいいですか？

あなたは、いいのかな？

ええ、やっと、調子が出てきました。この三年間、聞きたかった質問をみんな、したいんです。

それならいいよ。どうぞ。

ありがたい。それでは、もうひとつの神秘的な謎《なぞ》、輪廻転生《りんねてんしょう》について、教えていただけますか？

もちろん。

輪廻転生なんてインチキな教義だと言っている宗教もたくさんありますね。人生は一度だけだと。

知っている。それは正しくないな。

だけど、こんなに重要なことを、どうして間違えるんでしょうか？

人間には不安をよりどころにした宗教がたくさんあって、崇拝され恐れられる神を中心にした教義が説かれている。まず、そこを理解しなくてはいけないよ。地球の社会が母系制から父系制につくりかえられたのは、不安を通してだった。初期の聖職者たちも、人びとの「邪《よこしま》な生き方を改め」させ、「神の言葉に従わせ」るのに、不安を利用した。教会は不安を利用して教会員を獲得し、コントロールしたのだ。ある教会などは、毎週日曜日に教会へ通わなければ神の罰を受けるとさえ主張した。教会へ通わないことは罪だと宣言してね。

それも、ある特定の教会に通わなければいけないという。ちがう宗派の教会へ行くことも罪なのだ。これは単純素朴に、不安を利用してひとをコントロールしようという試みだ。

驚くのは、この方法が有効だったということだな。くそったれめ（hell）、まだ、有効なんだよ。

ちょっと、ちょっと、あなたは神さまでしょう。きたない言葉はやめましょうよ。

誰がきたない言葉を使った？　わたしは、事実を言ったまでだよ。hell、地獄がまだ有効だ、とね。神が人間と同じように情け容赦がなく、自分勝手で、狭量で、復讐心《ふくしゅうしん》が強いと信じているかぎり、ひとはいつまでも地獄を信じ、地獄に落とす神を信じるだろう。昔、ほとんどのひとは、そんなことをすべて超越した神が想像できなかった。だから、「復讐心の強い恐ろしい神を畏《おそ》れよ」という教会の教えを受け入れたのだ。ひとはもともと善であり、適切に行動する、それが理にかなっているということが、信じられなかったらしい。だから、自分を律するために、神は怒り、罰を与えるという教義を教える宗教を創り出さなければならなかった。輪廻転生という考え方をすると、その教義がめちゃくちゃになるからね。

どうしてですか？　どうして、教義がそれほどおびやかされるんですか？

教会は、善行を積め、さもないと……とおどしていた。そこへ、輪廻転生を説く者が現れて、「このあとにもチャンスはあるし、さらにそのあとにもチャンスはある。まだまだ、チャンスはあるのだよ。心配しなくていい。ベストを尽くしなさい。恐怖にすくむことはない。今度はもっとがんばろうと決心して、進めばいい」と言った。当然、初期の教会はそんなことに耳をかすはずがない。だから、二つの行動に出た。まず、輪廻転生の教義は異端だと否定した。それから、告解《こっかい》の秘蹟《ひせき》を編み出した。告解は教会に通う者にとって、輪廻転生と同じことを約束してくれた。つまり、もう一度チャンスをくれたのだよ。

そこで、告解、つまり懺悔《ざんげ》をしないかぎり、神の罰を受けるという考え方ができあがったんですね。懺悔をすればだいじょうぶ、神が懺悔を聞いて赦《ゆる》してくださる、と。

そう。だが、そこに落とし穴があった。罪の赦しは、直接に神から来るのではなかった。教会を通じて与えられた。「罪の償い」にこうしなければならぬと聖職者が言い渡したのだ。ふつうは、罪人は祈りなさいと言われた。これで、教会員をつなぎとめておく理由が二つできたわけだ。

告解が良い切り札だと気づいた教会は、まもなく告解をしないのは罪だと宣言した。誰でも、少なくとも年に一度は告解をしなければならない。もし、しなければ、神の怒りにふれる理由がまた増える。こうして、教会は次つぎにルールをこしらえた。ほとんどは恣意《しい》的で気まぐれな規則だが、どれも神の永遠なる断罪の力を盾《たて》にしていた。もちろん過ちを懺悔すれば神に赦され、罪はまぬかれた。

ところが、べつの問題が生じた。それなら、懺悔さえすれば何をしてもいいのだろう、と人びとが考えた。教会は困ってしまった。人びとの心から不安と恐れが消えたからだ。ひとは教会に通わなくなり、教会員が激減した。年に一度「告解」をしにやって来て、悔い改めて祈りを捧《ささ》げ、罪を浄《きよ》めてもらって、またいつもの暮らしに戻ってしまう。問題は明らかだった。もう一度、人びとの心に不安と恐れをたたきこまなければならない。そこで、煉獄《れんごく》が考え出された。

煉獄ですか？

煉獄だ。そこは地獄と似ているが、ただし永遠ではない。この新しい教義は、たとえ懺悔しても神はあなたの罪を罰するのだと宣言した。この教義では、神は不完全な魂《たましい》のそれぞれに、犯した罪の数と種類に応じた苦難を言い渡す。「大罪」と「軽い罪」とがあった。大罪を犯して、死ぬ前に懺悔をしなければ、即座に地獄行きだ。

こうして、また教会に通うひとは増えた。集まる金も増えた。とくに献金が増えたね。煉獄の教義には、金を払えば苦しみをまぬかれるという方法もふくまれていたからだ。

はあ……？

教会の教えによれば、とくべつの免罪符をもらうことができる。ただし、これも神から直接ではなく、教会のお偉方を通してだけ入手できる。この免罪符があれば、犯した罪の「報い」である煉獄の苦しみをまぬかれる。少なくとも、軽減はされる。

「態度神妙なるにつき、減刑」というわけですね？

そう。もちろん、減刑してもらえる者はごくわずかだ。だいたいは、教会に大金を寄付した者だな。ほんとうに莫大な献金をすると、全免償というものをもらえる。煉獄にとどまる必要がまったくなくなる。天国への直通切符だ。

この神からの特別の恵みが得られるのは、さらにわずかだ。王族かな。それに、超がつく金持ちだ。この全免償とひきかえに教会の懐に入った金や宝石、土地は莫大なものだった。だが、こういう特権から締め出された大衆（mass）には、欲求不満と恨みがつのった。

「mass」と言っても、ミサ（mass）のことじゃないよ。

貧しい農民は司教から免償をもらうことは望めなかった。だから、一般信者はこのシステムへの信頼を失い、教会に通う者はまた減りそうになった。

で、今度は何をしたんですか？

「九日間の祈り」のロウソクを考え出した。

教会に行って、「煉獄にいる哀れな魂」のためにロウソクを一本ともし、「九日間の祈り」を捧げると（これは決まった順序であげる祈りで、かなりの時間がかかる）、亡くなった愛する者の「刑期」を何年か減らすことができる。死者はもともと神が定めたよりも早く、煉獄から出られるわけだ。

人びとは自分のためには何もできないが、少なくとも亡くなった者のために祈れるようになった。もちろん、ロウソクがともされるたびにコインが一枚か二枚、献金されれば、それも役立つだろう。たくさんの赤いガラスの向こうで、たくさんの小さなロウソクがちらちらとともり、たくさんのコインが献金箱に落とされた。みんな、煉獄にいる魂に課した苦しみを、わたしに「軽減」させたいからだ。

まさか！　驚いたな。それで、人びとはそのからくりにぜんぜん気づかなかったんですか？　それもこれも、教会の必死の試みで、教会は彼らが神と呼ぶ「ならず者」から身を守ろうと必死な信者をつなぎとめておこうと必死なのだ、ということがわからなかったんでしょうか。

そう、そのとおり。

教会が、輪廻転生は偽りだと宣言したのも当然ですね。

そうだよ。だが、あなたがたを創造したとき、わたしは、一度の生涯しか送れないようには創らなかった。そんなのは、宇宙の年齢にくらべれば無限に小さな時間でしかない。そのわずかなあいだに、必ず犯す間違いを犯し、それから最善を望むには短すぎる。そうしてみようかと考えないでもなかったが、それでは、自分の目的がどこにあるのかわからなくなる。

あなたがただってわかっていない。だから、「神の働きは謎だ。神の驚異は成就される」と言う。だが、わたしは謎の働きはしていない。わたしのすることにはすべて理由があり、その理由はきわめてはっきりしている。

輪廻転生はわたしの目的にぴったりだ。あなたがたの度重なる生涯を通して、さらにわたしが宇宙に置いた何百万もの意識ある被造物を通して、ほんとうの自分を創造し、経験するという目的に。

それじゃ、べつのところにも生命体がある……。

もちろん、あるとも。この巨大な宇宙にいるのがあなたがただけだと、ほんとうに思うか？　しかし、その話はいずれする。そう約束しよう。そこで、あなたがたの魂の目的とは、存在するすべてとしての自分を経験することだ。わたしたちは進歩する。わたしたちは……なりゆく者だ。

何になるのか？　それはわからない！　到達するまでは、わかりはしない！　だが、わたしたちにとって、この旅は喜びだ。そして「そこに到達」し、真の自分についての高い考えを創造したとたんに、さらにもっと大きな思考、もっと高い考えを創り出す。こうして旅は永遠に続く。聞いているかな？

聞いてますよ。もう、一字一句くり返せるくらいです。

よろしい。

さて……あなたがたの人生のかなめ、目的は、ほんとうの自分とは何かを決定し、ほんとうの自分になることだ。それを、毎日実行する。それが、あなたがたの営みだ。経験するほんとうの自分に喜びを感じていれば、あなたがたはその創造にこだわり、少しずつ修正しながら、完成に近づけていく。

パラマハンサ・ヨガナンダは、自分が考える真の自分の「完成」にきわめて近づいた人物だ。彼は自分自身について、またわたしとの関係について、明確な考えをもっており、生涯をかけて、それを「外界に向かって表現」した。彼は自分の現実のなかで自分自身を経験し、自分自身を知ろうとした。

ベイブ・ルースも同じだよ。彼も、自分自身について、またわたしとの関係について、明確な考えをもっていて、生涯をかけて、それを外界に向かって表現した。このレベルの生き方をしているひとは、そう多くはない。たしかに、ヨガナンダのような〈マスター〉とベイブ・ルースでは、自分自身についての考えはまったくちがうが、それでも、二人はそれを外界に向かって見事に表現してみせた。

二人はまた、わたしについての考えもまったくちがっていた。それは確かだ。わたしが何者かについても、わたしとの真の関係についても、意識のレベルがまったくちがっていた。ひとりは生涯のほとんどを平和でおだやかな場所で過ごし、ひとにも深い平和とおだやかさをもたらした。もうひとりは心配したり、動揺したり、しょっちゅう腹を立てたりした(とくに、思いどおりにならないときは怒った)し、周囲のひとたちの人生を動揺させた。だが、どちらも善良な心の持ち主だった。ベイブ・ルースほどやわらかな心の持ち主はなかったよ。両者のちがいは、ひとりは肉体的には文字どおりゼロであり、また自分がもっている以上のものは望まなかったのに対し、もうひとりは「すべてをもって」いたのに、ほんとうに欲しいものはついに手に入れられなかったことだ。

ベイブ・ルースことジョージ・ハーマンの生涯がそれで終わりなら、悲しむべきことだろうが、しかしベイブ・ルースの身体に宿っていた魂は、進化と呼ばれるプロセスを終わったわけではない。自分のために創り出した経験や、他人にさせた経験について見直し、もっともっと大きなヴァージョンの自分を創り出していくために、今度はどんな経験をするか決めているのだよ。

この二つの魂の話は、終わりにしよう。事実、二人はつぎの経験をしている最中だからね。

というと、二人はべつの身体に転生したっていうことですか?

転生、つまりべつの物質的な身体に戻ることだけが選択肢だと考えたら、間違いだろうね。

ほかの選択肢と言いますと？

じつは、彼らは何でも好きなものになれる。「死」と呼ばれる出来事のあとに何が起こるか、もう説明したね。もっといろいろと知りたいと思う魂もある。そんな魂は、ほかの魂が（「古い魂」と言ってもいい）教える「学校」へ行く。そこで、何を教わるか？　教わるべきことは何もない、ということを教わるのだよ。何も教わる必要はない。ただ、ほんとうの自分とは何者かを思い出せばいい。

彼らは、ほんとうの自分を経験するには行動化し、自分になればいいとやさしく示されて、思い出す。

ほかの魂はすでに、（あるいは「あの世」に到達してまもなく）このことを思い出している（わかりやすいように、できるだけあなたの慣れている言葉で、話をしているのだよ）。そのような魂は、なりたい「存在」になる喜びをすぐに経験したいと思う。彼らは、数百万、数千万ものわたしの側面のどれかを選んで、その場でそれを経験する。その経験のために物質的なかたちに戻ることもある。

どんな物質的なかたちでもいいんですか？　それじゃ、動物に戻る魂もありうるわけですね。メウシが神かもしれないんですね？　つまり、聖なるメウシですか？　聖なるメウシか！

（えへん）

すみません。

どうも、あなたは一生、お笑いを演じてきたようだな。その点ではなかなかいい線をいっているよ。

まいったな。一本、とられましたね。シンバルでもあったら、ジャーンと打ち鳴らすところだな。

ありがとう。さて、まじめな話だがね、ご同輩……。あなたの基本的な質問、つまり魂は動物として戻れるかという問いの答えは、もちろんイエスだ。だが、実際問題として戻るだろうか？　たぶん、それはないだろうな。

動物には魂があるんですか？

動物の目を見つめたことがあれば、わかるはずだ。

それじゃ、うちのネコがおばあちゃんの生まれ変わりではないと、どうしたらわかるんですか？

わたしたちが話しているプロセスは進化だよ。自己の創造であり、進化だ。進化は一方向に進む。上へ。とにかく上へ。魂の最大の望みは、自分自身のさらに高い側面を経験することだ。だから、ニルヴァーナと呼ばれる場所、存在のすべてとの全的な一体化を経験するまで、決して下には向かわず、つねに進化の過程の上へ向かう。存在のすべて、つまりわたしと一体化するまで。

でも、魂がもっともっと高い自分を経験したいと願っているなら、どうして、わざわざ人間に戻ったりするんですか？ それじゃ、「上へ」向かうことにはならないんじゃありませんか。

魂が人間のかたちに戻るとしたら、それは、さらに進化するためだよ。人間という存在の進化のレベルは、じつにさまざまだ。ある者は何度も何百回も人生をやり直しながら、上に向かって進化していく。だが、魂の最大の望みである上昇は、低位の生命のかたちに戻ったのでは達成できない。だから、そこへ戻ることはありえない。魂がついに存在のすべてと再会し、ひとつになるまでは。

それじゃ、毎日、システムに「新しい魂」が参加して、低位の生命のかたちをとるんですね。

いや。すべての魂は、いっぺんに創られている。すべてがいま、ここにある。魂はまた、特定のレベル、特定の生命のかたちで「リサイクル」することもできる。もし、輪廻転生がなく、物質的なかたちに戻れなければ、魂はなしとげたいと思うすべてを一生でなしとげなければならない。一生とは、宇宙の時計ではかれば、一瞬のそのまた一〇億分の一よりも短いのだよ。だから、もちろん輪廻転生はある。それが真実であり、目的にかなっており、完璧《かんぺき》なのだ。

わかりました。でも、まだこんがらがっていることが、ひとつだけあるんです。時間などというものはないとおっしゃいましたよね。すべてはいま、ここで起こっていると。そうなんですか？

そうだよ。

それに、わたしたちは宇宙の時空のつながりのなかで、「すべての時に」、異なるレベルで、あるいはさまざまなポイントで存在するともおっしゃった。

そう、そのとおり。

すると、わからなくなるんですよ。宇宙の時空のつながりのなかで、「わたし」のひとつが「死に」、そしてべつの人間として戻ったとしたら……すると……どれがわたしなんですか？　いっぺんに二人の人間として存在することになりますよね。それを永遠にくり返したとすれば（だって、そうおっしゃるんでしょう）、わたしはいっぺんに何百人もの人間になってしまう！　宇宙の時空のつながりの、何百万ものポイントに何百万人ものわたしの何百万ものヴァージョンがいることになりますよ。

そうだね。

理解できませんよ。そんなこと、とても理解できない。

いや、もうあなたはよく理解している。非常に進んだ概念なのに、あなたはよくついてきているよ。

しかし……それが事実だとしたら、不死である「わたし」の一部は、いまという永遠のなかで、宇宙の車輪の何十億ものポイントに何十億ものちがったかたちで何十億もの方法で進化していることになる。

それも、そのとおり。それが、わたしのしていることだよ。

いやいや、わたしが言っているのは、わたしのことなんです。わたしが言うのは……。

あなたの言いたいことはわかっている。あなたは、わたしが言ったとおりのことを言ったのだ。混乱するのは、まだ、わたしたちがひとりではなく複数だと思っているからだよ。

え、ちがうんですか？

ここには、わたしたちはひとりしかいない。これまでも、ひとりしかいたことがない。そこに、気づいたんじゃなかったのかな？

それじゃ、わたしは自分に向かって話しているとおっしゃるんですか？　それでは、あなたは神ではないと？

そうは言ってないよ。

それじゃ、あなたは神なんですか？

そうだね。

でも、あなたが神で、あなたがわたしなら、わたしは神……わたしは……神じゃないですか！

汝《なんじ》は神なり。そうだよ、そのとおり。ようやく、ばっちり理解できたじゃないか。

しかも、わたしは神であるだけじゃない……すべての者だということになる。しかし……それじゃ、わたし以外は誰も、何も存在しないってことですか？

わたしと父とは一体であると言わなかったかな？　わたしたちはみな一体であると？

ええ。でも……。文字どおりの意味でおっしゃったのだとは思いませんでしたよ。もののたとえだと思いました。哲学的な話で、事実ではないと思ってました。

事実だよ。わたしたちはすべて一体、ひとつだ。それが、「わたしのきょうだいの最も小さなひとりに対してしたのは――わたしに対してしたのである」ということの意味だ。これで、わかったかな？

はい。

ようやく、わかったか。ようやく、やっとわかったか。

しかし、お言葉を返すようですが……。誰かと一緒にいるとき、たとえば妻や子供たちといるとき、わたしと彼らは別人だと感じます。彼らは「わたし」じゃないと思うんですが。

意識とはすばらしいものだ。何千にも何百万にも、分割することができる。わたしは、無限の「かけら」に自分を分割した。それぞれの「かけら」が自分を振り返り、自分は何者かと考えられるように。

しかし、なぜ、わたしはこの忘却の期間、不信の期間を通らなくてはいけないんでしょうか？　だって、まだ完全には信じられないんですよ！　まだ、忘却のなかをうろうろしているんだ。

そう、自分に厳しくしなくていい。それもプロセスの一環だから。それでいいのだよ。

それでは、どうしていま、教えてくださるんですか？

それは、あなたが楽しめなくなっているからだ。人生がもう楽しみではなくなりはじめているからだ。あなたは、プロセスに足をとられ、それがプロセスに過ぎないことを忘れかけている。

だから、あなたはわたしを呼んだ。来てくれと頼んだ。理解を助けてくれ、偉大な秘密を明かしてくれと求めた。あなたが自分に隠しつづけている、ほんとうのあなたは何者かという真実を。

だから明かしてあげたのだよ。これで、あなたはふたたび思い出した。それが意味をもつだろうか？　あなたの明日の行動を変えるだろうか？

傷ついた者を癒《いや》し、不安におののく者をなだめ、貧しい者のニーズを満たし、成就した者のすばらしさを祝い、あらゆるところにわたしのヴィジョンを見るだろうか？　いま、真実を思い出したことで、あなたの人生は変わるだろうか？　他の者の人生を変えてやれるだろうか？　それとも、また忘却に戻るかな？　身勝手におちいり、この目覚めの前に考えていたちっぽけな自分にふたたび戻って、そこにとどまるだろうか？　どっちになるだろうね？

8

生命というのは、永遠にいつまでも続くんですね、そうなんでしょう？

もちろん、そうだよ。終わりはない。

輪廻転生《りんねてんしょう》は事実なんだ。

そうだ。望めばいつでも、死すべきかたちに戻れるよ。「死ぬ」ことができる物質的なかたちに。「戻るかどうか」、「いつ戻るか」、それは自分で決める。

いつ去るかも自分で決めるんですか？　いつ死ぬかを自分で選ぶんですか？

どんな魂《たましい》でも、意思に反した経験が訪れることはない。そもそも不可能なのだ。魂がすべての経験を創造しているのだから。魂に欠けているものは何もない。すべてをもっている。すべての智恵、すべての知識、すべての力、すべての栄光。魂は、あなたのなかで決して眠らず、決して忘れない部分だ。

魂は、身体が死ぬことを望むか？　いや。魂はあなたが決して死なないことを願っている。だが、身体を離れることはある。身体のかたちを変えて、物質的な身体のほとんどを残していく。そのかたちにとどまる目的はもうないと悟った瞬間に。

わたしたちが決して死なないことを魂が願っているとしたら、なぜ、わたしたちは死ぬんですか？

死にはしない。かたちを変えるだけだ。

そうならないようにと魂が願っているなら、どうして、そうなるんですか？

魂はそんなことを願ってはいない！　あなたは「移ろいゆくかたち」だ！　特定のかたちにとどまっても、もう何の役にも立たなくなったとき、魂はかたちを変える。自分の意思で、喜んでかたちを変え、宇宙の車輪の上を進む。大きな喜びを感じながら。

悲しみつつ死ぬ魂はないんですか？

魂は死なないよ、決して。

いや、そうではなくて、現在の物質的なかたちの変化、つまり「死」を悲しむ魂はないんですか？

身体も決して「死なない」。魂とともにかたちを変えるだけだ。だが、あなたが言いたいことはわかる。だから、あなたがたの言葉を使って説明しようか。「あの世」で自分が何を創造したいか、はっきりわかっていれば、あるいは死後は神のもとに戻り、一体となるというはっきりした信念をもっていれば、魂は決して「死」を悲しんだりしない。その場合の死は、輝かしい瞬間、すばらしい経験だ。魂は自然なかたち、本来のかたちに戻る。信じられないほど軽くなる。全的な自由、融通無碍《ゆうずうむげ》だ。「ひとつであるもの」の認識、それは至福だ。その変化を魂が悲しむことはありえない。

それでは、死は幸せな経験だとおっしゃるんですか？

そうありたいと思う魂にとっては、つねに幸せな経験だよ。

魂がそんなに身体から離れたいのなら、なぜ、さっさと離れてしまわないんですか？一緒にいるのが不幸なら、どうして、もたもたしているんでしょう？

魂が「身体から離れたがっている」とは言わなかったよ。離れるときは、喜んで離れると言ったのだ。それとこれとは、べつのことだ。何かをしていて幸せで、それからべつのことをしてまた幸せだ、というのはありうるだろう。二つめのことが楽しいからって、最初のことが不幸なわけではない。
身体とともにいる魂は不幸ではないよ。それどころか、現在のかたちのあなたといることを、楽しんでいる。しかし、そこから離れることもまた楽しいということは、充分にありうる。

死について、わたしが理解してないことがたくさんあるようですね。

そう。だから、考えたくないんだよ。しかし、人生のどんなときでも、その瞬間を意識したとたんに、死と喪失について考えずにはいられないはずだ。そうでなければ、まったく人生がわかっていないことになる。半分を知っているにすぎない。

どの瞬間も始まったとたんに終わる。それがわからないと、その瞬間のどこがこのうえなく大切なのかわからず、平凡なひとときにしか思えないだろう。どんな交流も、「はじまりが始まった」瞬間に「終わりが始まる」。そのことをよく考え、深く理解してはじめて、すべての瞬間の、そして人生そのものの貴重さが充分にわかるだろう。

死を理解しなければ、生命は与えられない。理解するだけではいけない。生を愛するように、死を愛する必要がある。

これが最後だと思えば、誰かと一緒のひとときが輝くだろう。どの瞬間も、経験するのはこれが最後だと思えば、はかり知れないほど重いものになるだろう。死から目をそむけているから、自分自身の生命を考えなくなるのだよ。

何かを深く見つめれば、相手を見抜くことになる。何かを深く考えれば、それを見抜くことになる。そうすれば、幻想は消え、真の姿が見えてくる。そのときはじめて、ほんとうに楽しむことができる。そこに喜びを加えることができる（楽しむ、とは、相手に喜びを加える：en-joy ということだ）。

そうすれば、幻想さえ楽しめる。幻想だとわかれば、それも楽しみの半分になる！　本物だと考えるから苦しみが生じる。

死もまた幻想だとわかれば、「死よ、汝《なんじ》の針はいずこにある？」と言える。それどころか、死を楽しむことだってできるよ！　誰かの死を楽しむことさえできる。

死は決して終わりではなく、つねにはじまりだ。死は閉じられたドアではなく、開かれたドアだ。生命が永遠であることを理解すれば、死は幻想で、その幻想があなたの意識を身体に集中させ、身体が自分だと信じさせていることがわかる。だが、あなたは身体ではない。だから、身体が朽ちても、あなたとは何のかかわりもない。

死は、真の生命とは何かを教えている。生命は、避けられないのは死ではなく、移ろいゆくことだと教えている。移ろいゆく、それだけが真実だ。不変なものは何もない。すべては変わる。一瞬一瞬に、一時一時に。

これがダルマ（法）であり、ブッダだ。これが、ブッダの法（ダルマ）だ。これが教えであり、師だ。これが教訓であり、〈マスター〉だ。すべてはひとつしかない。それをほぐしたのはあなただ。あなたの生が展開するようにと、ほぐしたのだ。

花が散るのを見て、あなたは悲しむだろう。だが、花は樹《き》全体の一部で、変化してまもなく果実をつけるのだとわかれば、花の真の美しさが見える。花が開いて落ちるのは、樹が果実をつける準備だとわかれば、生命が理解できる。そこを注意深く見つめれば、生命とはそれ自身のメタファーであることがわかるだろう。

あなたは花ではなく、果実でさえない。あなたは樹だ。あなたは、わたしのなかに深く根を張っている。わたしはあなたが芽生える土であり、あなたの花も果実もわたしに還って、わたしはさらに肥沃《ひよく》な土になる。こうして、生命は生命を生み、決して死を知ることはない。

美しいですね。ほんとうに美しい。ありがとうございます。

ところで、気にかかっていることがあるんですが、話していただけますか？　自殺についてなんです。どうして、自分の生命を終わらせることにはタブーがつきまとうんでしょうか？

ほんとうだね。どうしてだろう？

それじゃ、自殺は悪いことじゃないんですか。

あなたを満足させるような答えはできないな。なぜなら、問い自体に間違った概念が二つ、ふくまれているからだ。二つの間違った前提のもとに、二つの誤りがあるからだよ。

第一の間違いは、「正邪」があるという考えだ。第二の間違いは、殺害が可能だということだ。だから、あなたの質問は、ばらばらになってしまう。

「正邪」というのは、人間の価値システムの哲学的両極であって、究極の真実とは何の関係もない。しかも、あなたがたは、自分にあうように価値観を変化させる（進化していく存在として、それは当然のことだ）。それなのに、その段階の一歩一歩で、変化なんかさせていない、自分たちの社会が信頼できるのは、中核に変化しない価値観があるからだと主張する。だから、あなたがたの社会は、パラドックスの上に築かれているわけだ。価値観はつねに変化しているのに、変化しない価値観、そこにこそ——価値があると主張しているのだから！

このパラドックスが引き起こす問題への答えは、砂に水をかけてコンクリートをつくろうとするのではなく、砂の変化をたたえよ、ということだ。砂の城があるうちはその美しさをたたえ、潮が寄せてきて新しいかたちができたら、今度はそれをたたえればいい。あなたがてっぺんに上れるような新しい砂の山ができたら、砂の変化をたたえ、新しいお城をつくりなさい。だが、その山も城も永続するものではなく、変化の記念碑であることを覚えていなさい。

現在のあなたの栄光をたたえなさい。だが、昨日のあなたを非難しないこと。明日のあなたを排除しないこと。

「オーケー」か「オーケーじゃない」かは、いちばん最近の好みや想像の表現にすぎない。たとえば自殺についても、地球上の人びとの大半はいま、自殺は「オーケーじゃない」と想像している。同じく多くのひとは、自殺を助けることも「オーケーじゃない」とまだ主張している。

どちらの場合も、「法律に反する」と言われる。そんな結論になったのは、たぶん、生命の終わりが比較的に早いからだろう。もっと長期的に生命を終わらせる行動は、結果は同じでも違法ではない。だから、誰かが銃で自殺すれば、家族には保険金が支払われない。だが、タバコで死ねば、保険金が支払われる。医師が自殺を幇助《ほうじょ》すれば殺人だと言われるが、タバコ会社なら商売ですむ。

あなたがたの場合は、単に時間の問題らしいね。自己破壊が「正しいか、正しくないか」は、その行為を誰がしたか、そしてどれほど早く完了したかによって決まるらしい。死が早ければ早いほど、「正しくない」度合いも増すのだね。死がゆっくりであれば、「オーケー」のほうへ近づく。

ところが、何がほんとうに人道的かということになると、社会は正反対の結論を出す。「人道的」という言葉の定義からすれば、死は短いほど良いはずだ。ところが、人道的な行為をしようとする者は罰せられ、狂気じみたことをする者は褒賞を受ける。際限のない苦しみを神が求めていると考えるのも、また、苦しみを迅速に人道的に終わらせるのは「正しくない」と考えるのも、狂気のさただ。

「人道的な行為を罰し、狂気に褒賞を与えよ」。こんなモットーは、理解に限界がある者の社会でしか考えつかないね。

だから、あなたがたは発ガン物質を吸入して自分のシステムを毒し、化学物質で処理された食物を口にしてシステムを毒し、呼吸する大気を汚染しつづけてシステムを毒している。何千もの異なる瞬間に何百もの異なる方法で自分のシステムを毒し、しかも、そういう物質が身体に良くないと承知している。長い時間がかかるから、この自殺は罰せられない。もっと即効性のある毒だったら、倫理と法に反すると言われる。迅速に自分を殺すことが、ゆっくりと自分を殺すよりも倫理に反するわけではないのだよ。

それじゃ、神は自殺したひとを罰したりしないんですか?

わたしは罰したりしない。愛するのだ。

よく言うじゃありませんか。苦しみから「のがれ」ようと、あるいはつらい状況に終止符を打とうとして自殺したひとは、「あの世」で同じ苦しみ、同じ状況にぶつかるだけで、のがれたことにも、終止符を打ったことにもならない、って。

「あの世」で経験することは、そこに入るときの意識の反映だ。あなたがたはつねに自由意思をもった存在であり、選びなおせばいつでも経験を変えることができる。

それじゃ、愛する者が物質的な生命を終わらせたからといって心配しなくていい、彼らはオーケーなんだってことですか？

そう。だいじょうぶ、彼らはオーケーだよ。

あなたがたの社会では、自分たちの倫理的構造の矛盾がわかっていないことが多い。ゆるやかに寿命を縮めるのは良いが、即効性のある方法はとんでもない、というのは矛盾だよ。

たしかに、明々白々という感じがします。どうして自分でわからなかったんでしょうね？

真実を知ったら、何とかしなければいけなくなるからだ。それは、いやなんだよ。だから、見て見ぬふりをするしかないのさ。

でも、真実を知って何とかするのが、どうしていやなんですか？

何とかするためには、自分の楽しみをあきらめねばならない。楽しみはあきらめたくないんだよ。

緩慢な死の原因の大半は、楽しいことか、楽しいことの結果だ。そして、楽しいことの大半は、身体を満足させることだ。それは、あなたがたの社会が原始的だというしるしだよ。あなたがたの生命は、だいたい身体的な楽しみを求め、経験することを中心に成り立っている。

もちろん、どんな存在でも、楽しみを経験したいと思う。そのこと自体は、原始的でもなんでもない。いろいろな社会のちがいは、何を楽しみと考えるかということだ。ピューリタンの言うことが正しいのではないし、身体的な楽しみのすべては否定されるべきだというのでもない。ただ、もっと高次の魂の楽しみを中心にできあがっている社会では、身体の物質的な楽しみがほとんどを占めてはいない。もっと高次の社会や存在は、楽しみももっと高次なのだ。

ちょっと待ってください！　それは、価値判断みたいに聞こえますよ。あなたは、神は、価値判断をしないんじゃなかったですか。

エヴェレストはマッキンリーよりも高いというのは、価値判断かね？　サラ伯母さんは甥のトミーよりも年上だというのは、価値判断かな？　これは価値判断だろうか、それとも観察だろうか？

わたしは高次の意識のほうが「良い」とは言わなかった。じっさい良いわけでもない。四年生のほうが一年生よりも良いわけではないのと同じだ。わたしはただ、四年生とは何かを観察しているだけだよ。

で、地球のわたしたちは四年生じゃないんですね。一年生なんだ。そうでしょう？

わが子よ、あなたがたはまだ幼稚園の年長組にもなっていない。まだ、年少組だよ。

そう言われると、むっとするのはどうしてなんでしょうか？　人類が見下されたように感じるのはなぜなんでしょうね？

それは、あなたのエゴが自分ではないもの、自分ではない存在にどっぷりとつかっているからだよ。ほとんどのひとは、観察したままを言われるとむっとする。自分がもっていたくはないものを観察された場合にはね。

しかし、何かをしっかりともつまでは、それを手放すことはできない。何かを捨てるには、まず所有しなければならないのだよ。

受け入れないものは、変えることができない。

そのとおり。

悟りは、「ありのまま」を批判せずに受け入れることから始まる。それが、「ありのままの存在」を引き受けるということだ。ありのままの存在、そこに自由が見いだされるだろう。抵抗すれば、相手はますます強くなる。見つめれば、相手は消える。幻のかたちを保てなくなるからだ。あなたはありのままを見る。「ありのまま」はつねに変化しうる。変わらないのは、「存在しないもの」だけだ。だから、ありのままを変えたければ、それを引き受けなさい。抵抗してはいけない。否定してはいけない。否定するのは、宣言することだ。宣言するとは、創造することだ。

あることを否定するのは、相手を再創造することだ。相手をそこに据えつけることになるからだ。受け入れれば、あなたは相手をコントロールする立場になる。否定したものは、コントロールできない。だから、あなたは否定した相手にコントロールされる。

あなたがた人類の大半は、まだ幼稚園の年長組でさえないということを受け入れたがらない。人類がまだ幼稚園生だと、受け入れたがらない。受け入れないから、いつまでもそこにいなくてはならない。

あなたがたは、自分は（高度に進化して）いないということにどっぷりとつかっているから、ほんとうの（進化していく）自分になれない。だから、自分で自分に逆らい、自分と闘っているのだよ。そのために、進化が遅々としている。もっと迅速に進化する道は、ないものではなく、あるものを認めることから始まる。

そして、ひとから聞かされてもむっとしなくなれば、「ありのまま」を受け入れたということですね。

そのとおりだ。あなたの瞳は青いと言ったら、むっとするかな？　社会が高度になればなるほど、喜びも高度になる。あなたが何を「喜び」と考えるかで、進化のレベルがわかる。

「進化した」というのは、どういうことなんでしょうか？　何を意味しているのですか？

あなたという存在は、ミクロの宇宙《コスモス》のなかの万有《ユニバース》だ。あなたとあなたの物質的な身体は、七つの中心に凝集している生のエネルギーでできている。チャクラについて勉強してごらん。チャクラについて書いた本は何百冊もある。あれは、わたしが以前に人類に与えた智恵なのだ。低いチャクラを楽しませ、刺激するものと、高いチャクラにとっての喜びとはべつだ。物質的な存在のなかで、生命エネルギーを高く引きあげれば引きあげるほど、意識も高度になる。

するど、蒸し返すようですが、独身主義の勧めのように聞こえますね。性的な情熱を表現するのはいけない、というように思えます。意識が「高度に進化した」ひとたちは、ひととの交わりにおいて、根のチャクラ、つまり最も低い第一のチャクラを「働かせ」ないんでしょう。でも、あなたは人間のセクシュアリティは祝われるべきもので、抑圧されるべきものではないとおっしゃった。

そのとおり。

すると、わからなくなります。だって、矛盾していませんか。

世界は矛盾に満ちているのだよ、息子よ。矛盾がないことが、真実の必要条件ではない。ときには、矛盾のなかにより大きな真実がある。それがつまり、神聖なる二分法だ。

それでは、その二分法について教えてください。なにしろ、わたしはこれまでずっと、根のチャクラから「クンダリーニ（生命力）のエネルギーを引きあげる」ことが望ましい、どうすれば「引きあげる」ことができるか、といろいろと聞かされてきたんです。性的なエクスタシーなしに暮らす神秘主義者の人生を正当化するおもな理由が、それでした。死というテーマからははずれますね。話をそらして申しわけないと思うんですが……。

何を申しわけながっているのかな？　この対話の「テーマ」は、人間らしい人間とは何か、この宇宙での生命とは何か、だろう。それが唯一のテーマなのだから、この話ももちろん無関係ではない。死について知りたいというのは、生について知りたいということだ。わたしたちの話が発展して、生命を生み出し、これを荘厳にことほぐ行為そのものに及ぶなら、それはそれでいい。

さて、ひとつはっきりさせておこうか。「高度に進化」したからって、必ずしも性的な表現がすべて沈黙させられ、すべての性的なエネルギーが引きあげられるわけではない。そうだとしたら、「高度に進化した」存在はいなくなってしまう。すべての発達進化がとだえてしまうからね。

それは、わかりきったことですが。

そうだ。だから、聖《きよ》らかなひとたちはセックスをしないとか、それが聖性の証《あかし》だと言うひとがいたら、それは、生命の働きを理解していない。わかりやすく説明しよう。人類にとって良いことか悪いことかを知る物差しが欲しいのなら、単純な質問をしてみるといい。誰もがそれをするようになったら、どうなるか？　これは、とても簡単な、非常に正確な物差しだ。

誰もがそれをして、その結果が人類にとって究極的な恵みをもたらすなら、それは「高度に進化した」ことだ。誰もがそれをしたら人類に災厄がもたらされるなら、それはあまり「高度な」ことではないから、推奨しかねる。そう考えれば、真の〈マスター〉は、独身主義が〈マスター〉への道だとは言わない、ということもわかるだろう。性的禁欲が「高度な道」で、性的表現は「低次の欲求」だという考えが、性的な経験をはずかしめ、性にまつわる罪悪感や機能不全の原因になっている。

だが、性的禁欲に反対する理由が、生殖を妨げるということなら、その目的をとげたらセックスはもう必要ないということになりませんか？

ひとは生殖に対する責任を果たすためにセックスをするのではない。それが自然なことだからするのだ。遺伝子に組みこまれているからする。生物学的な指令に従っているのだ。

たしかに！　種《しゅ》の存続のための行為に駆りたてるのは、遺伝子のシグナルですね。だが、種の存続が確保されたら、「そのシグナルを無視する」のが「高度な」あり方じゃないんですか？

あなたは、シグナルを誤解している。生物学的な指令は、種の存続を保証せよということではなくて、あなたという存在の真の性質である「ひとつであるもの」を経験せよ、ということだ。「一体」が成就された結果、新しい生命が創られるのであって、それが「一体化」を求める理由ではない。生殖だけが性的表現の理由で、セックスは「出産システム」にすぎないのなら、もう必要はないだろう。試験管のなかで生命の化学的要素を合体させることもできる。

だが、それでは魂の最も基本的な衝動が満たされない。基本的な衝動は生殖よりももっと大きなもの、ほんとうの自分を再創造することに関係しているからだ。

生物学的な指令は、もっと生命を生み出せということではなく、もっと生命を経験せよということだ。そして、生命の真のあり方、つまり「ひとつであるもの」として経験せよということだ。

だから、子供をつくるのはとっくにやめていても、セックスをするなとはおっしゃらないわけですね。

当然だね。

だが、子供をつくらないなら、セックスもやめるべきだ、と言うひともいますよ。それでもなお続けるカップルは、基本的な肉体の欲求に負けているんだ、って。しかも、セックスは「高度」なことではなくて、動物的なふるまい、人類の高貴な性質にもとる行動だとも言います。

そこで、またチャクラ、エネルギーの中心の問題に戻るな。さっき、「物質的な存在のなかで、生命エネルギーを高く引きあげれば引きあげるほど、意識も高度になる」と言ったね。

ええ！　それは、「ノー・セックス」というように聞こえます。

ちがう、そうではないよ。ちゃんと理解すれば、そうは思わないだろう。さっきのあなたの言葉に戻って、はっきりさせようか。

セックスは決して卑しいことでも、汚れたことでもない。その考え方は、あなた方の文化によって刷りこまれたもの、外から押しつけられたものだ。

欲求を満たす情熱的な性経験があさましいとか、粗野だとか、「尊厳にもとる（聖《きよ》らかでない）」ということは、まったくない。身体的衝動は「動物的なふるまい」ではない。身体的衝動は、システムに組みこまれている。わたしが組みこんだのだ。そんなふうに創ったのは誰だと思う？

しかし、身体的な衝動は、複雑な対応が混じりあった関係のひとつの要素にすぎない。あなたがたは三つの部分、七つのチャクラから成り立っていることを思い出してごらん。この三つの部分のすべてで、七つの中心のすべてで同時に相手に応じるとき、探し求めている最高の経験ができる。その最高の経験、それが、あなたがたが創造された目標だ！

こうしたエネルギーのどれも、聖らかでない(unholy)ものはない。しかし、そのひとつだけを選び出せば、それは全体ではない(un-whole-y)。全体ではないと、あなたは自分以下の存在になる。それが、聖らかでない(unholy)という言葉の意味だよ。

そうか！　なるほど。わかりました！

「高度」であろうとする者は禁欲せよ、という戒めは、わたしの戒めではない。それは、勧めだ。勧めは戒めではないのに、あなたがたは勘違いをしている。

わたしの勧めとは、セックスをしないことではなくて、全体ではない(un-whole)ことはやめなさいということだった。

セックスでも、朝食でも、仕事でも、浜辺を散歩するのでも、縄跳びをするのでも、良い本を読むのでも、何をするにしても、あなた全体として、あなたの総体として行いなさい、ということだ。

低いチャクラだけでセックスをするなら、それは根のチャクラだけを働かせることであり、経験の最も栄光に満ちた部分を獲得しそこなう。だが、あなたの総体である七つのチャクラすべてを働かせて愛し合うなら、絶頂の経験をすることができる。それが、聖らかでないはずがあるだろうか？

ごもっともです。わたしも、そんな経験が聖らかでないとは想像できません。

それに、あなたの物質的身体のなかで、生命エネルギーを最高のチャクラまで引きあげなさいという勧めは、それをいちばん下のチャクラと切り離したほうがいいという勧めでも、命令でもない。

エネルギーをハートのチャクラ、あるいは頭（王冠）のチャクラまで引きあげても、根のチャクラのエネルギーがなくなるのではない。それどころか、もし根のチャクラにエネルギーがなければ、ばらばらになる。

生命のエネルギーを高い中心に引きあげたときには、他者との性的経験を選んでもいいし、選ばなくてもいい。選ばないとしても、聖なる宇宙の法に反するからではない。そのほうがより「高度」だからでもない。他者との性を選んだとしても、それで根のチャクラのレベルに「落ちる」わけではない。

あなたのエネルギー、生命力をそのときに可能な最高レベルに上げなさい。そうすれば、あなたも引きあげられる。これは、セックスをするかしないかとはまったく関係がない。何をしようとも、意識を引きあげる、それが大事なのだ。

わかりました！　理解できましたよ。だが、どうすれば意識を引きあげられるかがわかりません。どうすれば、チャクラを通って生命エネルギーを引きあげられるか、わからないのです。だいたい、ほとんどのひとは、そういうセンターがあることも知らないのではありませんか。

「霊性の物理学」についてもっと知りたければ、勉強するのは簡単だよ。そういう情報は以前に、非常にはっきりしたかたちで与えてある。ディーパック・チョプラの本を読んでごらん。彼は、いまの地球ではもっともわかりやすく説明しているひとりだ。彼は霊性の謎《なぞ》も、科学も理解している。

ほかにもすばらしいメッセンジャーはいるよ。身体のなかで生命力を引きあげる方法だけでなく、物質的な身体から離れる方法を書いた本まである。

そういう本を読めば、身体から離れることがどんなに楽しいか、思い出せる。そうしたら、死を恐れないということも、理解できるだろう。二分法が理解できるようになる。身体とともにいる喜び、そして身体から離れる喜びがわかるよ。

9

人生は学校のようなものなんですね。子供のころには、毎年、新学期に学校が始まるのが待ちきれませんでした。でも、学年末には、学校が終わると思ってわくわくしましたよ。

そうそう！ そのとおり！ うまいことを言う。まったくそのとおりだよ。ただし、人生は学校ではないがね。

ええ、覚えています。以前は、人生は「学校」で、わたしたちはこの世に「学びに」来たんだと思ってました。一冊めの対話で、そうではないと教えてもらって、非常に助かりましたよ。

それはよかった。はっきりとわからせてあげることが目的だから。さて、魂《たましい》が必ずしも「生」を嘆いていなくても、「死」後、喜びに満ちあふれるのはなぜなのか、わかっただろう。

だが、前にもっと大きな質問をしたね。あそこに戻らなければならない。

とおっしゃいますと？

あなたは、「身体と一緒だと魂がそんなに不幸なら、どうしてさっさと離れてしまわないのだろう？」と言った。

ああ、はい、言いました。

魂は離れるのだよ。それも、前に説明した「死」の場合だけではない。だが、不幸だから離れるのではなく再生したいから、若返りたいから、身体から離れる。

すると、しょっちゅう離れるわけですか？

毎日。

魂は毎日、身体から離れているんですか？　いつですか？

魂がもっと大きな経験をしたいと思ったとき。その経験で若返る。

ただ、離れるんですか？

そう。魂はいつでも身体から離れる。一生を通じて何度でも。だから、眠りというものを編み出したのだ。

眠っているとき、魂は身体から離れるんですか？

もちろん。それが眠りだ。人生を通じて、魂はときおり若返ろうとする。身体と呼ぶ運搬車をごろごろとひきずっていく燃料を補給すると言ってもいい。身体に宿ることが、魂にとって楽なことだと思うかな？ とんでもない！ 単純かもしれないが楽ではない！ 喜びではあっても楽ではない。魂にとっては、いままででいちばんむずかしいことなのだ。

あなたには想像もつかない軽やかさと自由を知っている魂は、もう一度その状態になりたくてたまらない。学校は好きだが、早く夏休みが来ないかな、と待ちこがれる子供のように。道連れが欲しくてたまらなくても、ずっとほかのひとといると、ひとりになりたいと思うおとなのように。

魂は本来の状態に戻りたいと思う。魂は軽くて、自由だ。それに、安らかで喜びに満ちている。同時に何の制約も苦痛もない。完璧《かんぺき》な智恵、完璧な愛だ。

魂はこれらのすべてであり、それ以上だ。だが、身体とともにあるときには、それをめったに経験できない。だから、折りあいをつけることにした。選んだ自分を創造し、経験するために必要なだけ、身体にとどまろう。ただし、そうしたいと思ったら、身体から離れよう！　そして、眠りと呼ばれる経験を通じて、毎日それを実行している。

眠るのは、身体が休息を必要としているからだと思っていました。

それは間違いだ。逆だよ。魂が休息を求めている。だから身体が「眠りに落ちる」のだ。魂は身体の制約にうんざりし、重さにうんざりし、自由のなさにうんざりすると、文字どおり身体から抜け出す（ときには、立ったままでも）。

「燃料を補給」しようと思うと、魂は身体から抜け出す。真実でないこと、偽りの現実、想像上の危険に飽きあきし、つながりと確信と休息と、精神の目覚めをもう一度味わいたいと思ったときだ。

最初に身体を擁した魂は、これは非常にむずかしい経験だと感じる。とても疲れるのだ。とくに、新しく到着した魂は疲れる。だから、赤ん坊はしょっちゅう眠っている。ふたたび身体に宿ったときのショックがうすれると、だんだん耐性がついてくる。そうすると、身体にとどまる時間がだんだん長くなる。同時に、精神と呼ぶ部分が忘却に落ちこんでいく。これは、予定どおりだ。魂が、前ほどひんぱんではなくても、あいかわらず毎日、身体を離れて飛びまわっても、精神はもう思い出に戻っていかなくなる。それどころか、魂が自由に飛びまわっているとき、精神は困惑しているかもしれない。

そこで、存在全体が自問する。「わたしはどこにいるのだろう？ わたしはここで何を創造しているのだろう？」。この疑問のために、夢は断続的で行きあたりばったりの旅になる。ときには、怖い旅にもなる。それが「悪夢」だ。

逆の場合もある。魂はよく覚えている場所に着く。精神も目覚める。すると平和と喜びがあふれてくる。魂が身体に戻ってくると、あなたもその平和と喜びを感じる。

こうした若返りの経験を重ねると、あなたという全存在がほっとする。自分は身体に宿って何をしているのか、何をしようとしているのかを思い出すと、魂はそうひんぱんには身体から抜け出さなくなる。目的と理由があって身体に宿ったことがわかるからだ。目的を追求し、そのために身体とともにいる時間を最大限に活用しようとするからだ。

大いなる智恵をもっている者は、あまり眠る必要がない。

するとと、どのくらい眠る必要があるかで、そのひとの進歩レベルがわかるんですか？

だいたいはね。だいたいのところはわかる。ときには、ただ楽しむだけのために、魂が身体を離れることもあるから。精神の目覚めや身体の若返りが目的ではなく、「ひとつであるもの」を知るという無上の喜びを再創造するために、身体を離れることもある。だから、必ずしも眠りが少ないひとほど進歩しているのでもない。しかし、身体で何をしているのかに目覚めたひとほど（そして、自分は身体ではなく、身体とともにいるのだと気づいているひとほど）身体とともに長くいられる。だから、「眠りが少なくてすむ」ように見えるのは、偶然ではない。

ときには、身体とともにいる忘却の状態と魂の一体感を、同時に経験しようとするひとたちもいる。そういうひとたちは訓練によって、身体とともにいながら、自分の一部を身体から切り離す。こうして、人間としては目を覚ました状態でいながら、真の自分を知るという無上の喜びを経験する。

どうして、そんなことができるんですか？　どうすれば、できますか？

これは認識の問題だ。前にも言ったように、全的な認識は行動ではなく、状態だ。そうする、のではなく、そうあるものなのだ。全的な認識の問題なのだよ。

どうすればそうなるんですか？　どうすればいいんですか？　きっと、道具《ツール》があるはずですよね。

毎日の瞑想《めいそう》は、最良の道具のひとつだ。瞑想によって、生命エネルギーを最高のチャクラに引きあげることができる――さらに、「目覚めた」ままで身体から離れることさえできる。

瞑想していると、身体が目覚めた状態のままで、全的な認識を経験する用意ができる。この準備ができている状態を「真の目覚め」と呼ぶ。だが、瞑想は単なる仕掛け、あなたが言う「道具《ツール》」にすぎない。真の目覚めを経験するには、座って瞑想しなければならないとは限らない。立って行う瞑想もある。歩く瞑想もある。行動する瞑想もある。セクシュアルな瞑想もある。

瞑想とは「真の目覚め」の状態だ。

この状態で立ち止まるというのは、道のなかばで足を止めること、どこかへ向かうのをやめること、何かをするのをやめること、立ち止まってその場に「いる」こと、ただその場で本来の自分でいることだ。

ほんの一瞬でも立ち止まることは、祝福に値する。まわりをゆっくりと見まわせば、通り過ぎるだけではわからなかったことに気づく。雨上がりの深々とした土の匂い。愛するひとの左耳にかかる巻き毛。遊ぶ子供たちを見る楽しさ。この状態を経験するのに、身体から離れる必要はない。これが、真の目覚めの状態だ。

この状態で歩いていれば、すべての花の香りを吸い、すべての鳥とともに羽ばたき、一歩ごとの足もとの感触を実感できる。美と智恵を発見する。智恵は、美がかたちづくられるところにある。美は、すべての生命によってあらゆるところにかたちづくられている。探す必要はない。向こうからやって来る。

この状態で「行動」すれば、何をしてもそれが瞑想になり、あなたからあなたの魂への、そしてあなたの魂からすべてへの贈り物になり、捧《ささ》げ物になる。皿を洗えば、手をひたす湯の温かさを楽しみ、湯と温かさの両方に感動する。コンピュータを使っていれば、指の動きに応じて目の前のモニターに現れる文字を見て、思いどおりに動く心身の力にわくわくする。夕食のしたくをすれば、食べ物を与えてくれた宇宙の愛を感じ、お返しに自分の愛のありったけを食事にこめる。その食事がごちそうだろうと、質素だろうと、それはかまわない。缶詰のスープだって、愛によって美味になる。

この状態で性的なエネルギーの交換を経験すれば、ほんとうの自分の最高の真実を知る。

恋人の心があなたのホームになる。恋人の身体はあなたのものになる。あなたの魂は、もう自分がほかから離れているとは想像しなくなる。準備ができたとき、あなたははっきりと目覚める。微笑《ほほえ》みがそこへ連れていってくれる。シンプルな微笑みだ。一瞬、すべてを止めて、ただ微笑む。何かに向かって微笑むのではない。ただ、良い気分だから微笑む。心が秘密を知っているから微笑む。魂が秘密を知っているから微笑む。そのために微笑む。たくさん微笑む。その微笑みが、どんな痛みも癒《いや》してくれる。

あなたは道具《ツール》を教えてくれと言う。だから教えてあげよう。呼吸しなさい。これも道具だ。長く、深く呼吸しなさい。ゆっくりと、おだやかに呼吸しなさい。生命という無を、満ちあふれるエネルギーを、満ちあふれる愛を静かに呼吸しなさい。あなたが呼吸しているのは、神の愛だ。深く呼吸しなさい。そうすれば感じられる。深く、深く呼吸しなさい。そうすれば、泣きたくなるほどの愛があふれ出す。うれしくて、泣きたくなる。神に出会うから。神があなたをあなたの魂に紹介してくれるから。

一度、これを経験すれば、人生は一変する。ひとは、「山の頂上に立った」り、最高のエクスタシーを感じた経験を語る。そういう経験をすると、ひとはすっかり変わる。

ありがとうございます。わかりました。簡単なことですね。簡単で、純粋なことですね。

そう。だが、いいかな。何年も瞑想しても、この状態を経験できないひともいる。ひとがどれほど開かれているか、どのくらいの意思をもっているか、それが大事だ。それに、どんな期待ももたずにいられるか、ということも大事だね。

瞑想は、毎日すべきなのでしょうか?

なにごとにおいても、「すべき」だの、「すべきでない」だのと考えなくてよろしい。何をすべきかではなく、何を選ぶかが問題だ。

目覚めた状態で歩いていきたいと思う魂もある。この世ではたいていのひとが眠ったまま無意識に歩いている。そういうひとは、意識せずに一生を送る。だが、目覚めて歩いている魂は、べつのルート、べつの道を選ぶ。すべての平和と喜び、無限の自由、「ひとつであるもの」がもらたす智恵と愛を経験したいと思う。身体から離れて、(眠りに)「落ちる」のではなく、身体を引きあげたいと願う。そうした経験をした魂を「よみがえった」と言う。いわゆる「ニューエイジ」の言葉では、「意識向上」のプロセスと言うね。

使う言葉はどうでもいい(言葉は、いちばんあてにならないコミュニケーションだから)。つまりは、目覚めて生きるということだ。そうすれば、全的な認識に到達する。では、全的な認識に到達したらどうなるか？　そのとき、完全にほんとうの自分に目覚める。日常の瞑想は、そこへ達する方法のひとつだ。しかし、努力し、献身しなければならない。外的な報酬ではなく、内的経験を求めようという決意が必要だ。このことも、覚えておくといい。沈黙は秘密を蔵している。だから、最も美しいのは、沈黙の音だ。それが魂の歌だ。魂の沈黙ではなく世界の騒音を信じると、迷ってしまうよ。

それでは、毎日瞑想するというのは、良い考えなんですね。

良い考え？　そうだな。だが、いま言っただろう。魂には、さまざまな歌い方がある。沈黙の美しい音は、あちこちで聞こえるかもしれない。祈りのなかに沈黙を聞く者もいる。仕事の歌を歌う者もいる。静かな黙想に秘密を求める者もいれば、もっとにぎやかな環境を選ぶ者もいる。悟りに達すれば、あるいは、間欠的にでも経験すれば、世間のただなかにいても騒音は聞こえなくなり、気も散らなくなる。人生のすべてが瞑想になる。人生のすべては瞑想であり、神性に思いをいたす場である。これが真の目覚めであり、覚醒だ。この経験をすれば、人生のすべてが祝福される。闘いも苦しみも不安もなくなる。ただ経験があるだけだ。そこに好きなレッテルを貼《は》ればいい。すべてに完璧というレッテルを貼ることもできるだろう。

だから、人生を瞑想に、人生の出来事のすべてを瞑想にしなさい。眠りながらではなく、目覚めて歩きなさい。無意識にではなく意識して歩き、疑いや不安にわずらわされず、また罪悪感や自責にとらわれず、大いなる愛を与えられているという輝かしい確信をもちつづけなさい。

あなたは、つねにわたしと「一体」である。いつでも、いつまでも歓迎される。お帰り、と。

なぜなら、あなたのホームはわたしの心であり、わたしのホームはあなたの心だから。そのことは死ぬときにきっと気づくが、生命あるときもそれを見つめるといい。そうすれば、死などはないこと、生と呼ばれ、死と呼ばれるものは、どちらも終わりのない同じ経験の一部であることがわかるだろう。

われわれは存在するすべてであり、存在したすべてであり、将来存在するすべてであり、終わりのない世界である。

アーメン。

10

わたしはあなたを愛しています。ご存じですか？
知っている。そして、わたしもあなたを愛している。知っているかな？
わかりはじめました。ほんとうに、わかりはじめましたよ。
けっこう。

11

魂《たましい》について、話していただけますか。

いいとも。あなたの限られた理解の範囲内で説明してみよう。だが、「筋が通らない」と思うことがあっても、イライラしないように。この情報は、あなた独自のフィルターを通している。そのフィルターは、あまりたくさん思い出さないために、自分でつくったフィルターなのだから。

もう一度、うかがいますが、どうしてそんなことをしたんでしょう。

すべてを思い出したら、ゲームが終わってしまうからだよ。この意識のレベルでは、どうしても謎《なぞ》のまま残ることがある。それでいいのだ。だから、すべての謎を解こうとしないこと。とにかく、いっぺんに解きたがらないほうがいい。宇宙にもチャンスを与えなさい。そのうち、自然に明かされていくから。なりゆくという経験を楽しむことだ。

急がば、まわれ。父がよく、言ってましたっけ。

お父さんは賢明なすばらしいひとだった。

そうは言わないひとも多いですがね。

ほんとうの彼を知っているひとは、そう多くなかった。

母は知ってました。そして、父を愛していた。父を許していました。

そう、愛していた。そう、許していた。ひとを傷つけるような言動もすべて理解し、愛し、許していた。その意味で、お母さんは祝福されるべき、すばらしいお手本だった。

そうですね。で……魂について話していただけますか？

そうしよう。何が知りたい？

最初はわかりきった質問なんですよ。答えはわかっていますが、いい出発点になると思うんです。人間には魂があるのですか？

ある。あなたという存在の第三の側面だ。あなたは身体と精神と霊魂の三つの部分からなる存在だ。

自分の身体がどこにあるかはわかります。見えますから。それに、精神のありかもわかると思います。身体のなかの頭と呼ばれる部分にあるんでしょう。でも、魂のある場所となると……。

おやおや。ちょっと、お待ち。あなたは勘違いをしている。精神は頭にはないよ。

ないんですか？

ない。脳は頭蓋《ずがい》のなかにある。だが、精神はない。

じゃ、どこにあるんですか？

身体のすべての細胞に。

わあ……。

精神と呼ばれているのは、じつはエネルギーだ。そのエネルギーとは……思考だよ。思考はエネルギーであって、モノではない。あなたの脳はモノだ。物質的な、生化学的なメカニズムだ。唯一ではないが、最も大きくて高度な身体のメカニズムだ。そのメカニズムで思考というエネルギーを物理的な衝撃《インパルス》に変換する。つまり翻訳だね。あなたの脳は変換器なのだよ。脳だけではなく、身体全体がそうだ。すべての細胞に小さな変換器がある。生化学者はよく、たとえば血液細胞のような細胞は知性をもっているように見える、と語る。実際にそうなのだ。

それは、細胞だけでなく、もっと大きな身体器官も同じですね。地球上の男性はみな、べつの意思をもっているように思える器官のことをよく知っている……。

そう、そして、その器官に影響されて選択したり、意思決定したりするとき、男性がどれくらい突拍子もないことをするか、女性はみなよく知っている。

それを利用して男性をコントロールしている女性もいます。

否定はできないな。また、その部分で行う選択や意思決定で、女性をコントロールする男性もいるよ。

否定できませんね。

その茶番をどうすれば止められるか、知りたいか？

もちろん！

前に、七つのチャクラのすべてを通るように生命エネルギーを引きあげるという話をしたね。あれは、このことを意味していたんだよ。

あなたが言った局所よりももっと大きなところで選択や意思決定を行えば、女性にコントロールされたりしないし、女性をコントロールしたいとも思わないはずだ。女性がそんな手段で男性をあやつったりコントロールしたがる唯一の理由は、ほかに方法がないように見えるからだ。少なくとも、これほど効果的な方法はないと思っている。しかも、男性はコントロールのきかない存在になりがちだ。

だが、男性がもっと高い性質を示せば、そしてその部分に女性が訴えるなら、「両性間の闘い」は終わるだろう。地球のどんな闘いも同じだが。

だからといって男性も女性もセックスをあきらめろとか、セックスは人間の低次の性質だと言っているのではない。高いチャクラに引きあげ、人間全体をつくりあげている他のエネルギーと結びつけていない性的エネルギーだけではいけない、という意味だ。そんなセックスでは、人間全体を反映する選択はできないし、結果も出ないということだ。全体としてのあなたはすばらしいが、一部だけではすばらしいとは言えない。

ふーむ。わかるような気がします。

そうだろうね。人類がぶつかる最大の問題はいつ学ぶかではなくて、すでに知っていることをいつ実行に移すかだ。そうだろう?

すると、精神はすべての細胞にあると……。

そう。そして脳にはいちばんたくさん細胞があるから、脳に精神があるように見える。
だが、脳は主たる処理センターではあっても、唯一のセンターではない。

なるほど、よくわかりました。それでは、魂はどこにあるのですか？

どこだと思う？

第三の目の奥ですか？

いや。

胸の中心、心臓のあるところ、胸骨の奥ですか？

いや。

わからないな。降参です。

あらゆるところだよ。

あらゆるところですか？　精神のようにですか。

おやおや。ちょっと待ちなさい。精神はあらゆるところにあるわけじゃないよ。

ちがうんですか？　身体のあらゆる細胞にあるとおっしゃったと思いましたが。

それは「あらゆるところ」ではない。細胞と細胞のあいだにはスペースがある。それどころか、あなたの身体の九九パーセントはスペースだよ。

そこに魂があるんですか？

魂はあらゆるところにあり、あなたのまわりにもある。魂があなたを包んでいる。

待ってください！　今度はこっちにも言わせてください！　身体は魂が宿るところだっ

て教わりましたよ。「あなたの身体は、あなたの存在の寺院である」という、あの言葉はどうなるのですか？

言葉のあやだよ。そういう言い方をすれば、あなたがたは身体以上の存在で、身体よりも大きい何かがあるということを理解させるのに役立つ。たしかにそうなのだ。文字どおりの意味でね。魂はあなたの身体より大きい。魂は身体とともに運ばれるのではなく、身体をなかに入れて運んでいる。

お話はわかりましたが、どうも、のみこめないんです。

「オーラ」のことを聞いたことがあるかな？　あなたがたの言葉、あなたがたの理解で、その存在の大きさ、複雑さを思い描くうえでは、あれが最も魂に近いだろう。魂はあなたをたばねているものだ。神の魂が宇宙を包んでたばねているように。

ほう。すると、いままで教えられてきたのとまったく逆なんですね。

まあまあ、落ち着きなさい、わが息子よ。逆転は始まったばかりだ。

魂がいわば「わたしたちの内外の空気」みたいなもので、すべての魂が同じだとしたら、ある魂はどこで終わり、どこからべつの魂が始まるんでしょうか？　いや、ちょっと待ってください……。

わかったかな？　あなたはすでに答えを知っているのだよ！

べつのひとの魂が「終わって」、わたしたちの魂が「始まる」場所なんて、ないんだな！　リビングルームの空気が「終了し」、ダイニングルームの空気が「始まる」ところなどないのと同じですね。みんな同じ空気なんだ。みんな同じ魂なんですね！

あなたは宇宙の秘密を発見したんだよ。

そして、わたしが身体を包む存在であるように、あなたが宇宙を包んでいるのなら、あなたが「終わって」、わたしたちが「始まる」場所もないことになる！

（おっほん）

いくらでも、咳《せ》きばらいしてください。わたしにとっては、奇跡のような啓示なんです！　つまり、すでにわかってはいたんでしょうけれど……でも、いまやっと、わかったんです！

それはよかった。よかったじゃないか、そうだろう？

どうしていままでわからなかったかと言えば、身体がきちんとした容器で、「この身体」と「あの身体」ははっきりと区別でき、魂は身体に宿っているものだと思っていたので、「この魂」と「あの魂」も区別できると考えていたからなんですよ。

そうそう、当然そうだろうね。

ところが魂が身体の内にも外にもあらゆるところにあるのなら、（おっしゃったように「オーラ」でもあるなら）、あるオーラがどこで「終わり」、べつのオーラが「始まる」か？　いまはじめて、物理的な意味で、ある魂が「終わり」はせず、べつの魂が「始まり」もしないことがわかりました。「わたしたちはひとつである」というのが物理的にも真実であることが、納得できましたよ！

ワーオ！　言えるのはそれだけだね。

いままでは、超物理的な真実だと思ってました。だが、物理的な真実なんですね！　バーン、いま宗教は科学になったぞ！　しかし、ちょっと待ってくださいよ。ひとつの魂が終わってべつの魂が始まる場所がないとすれば、個別の魂なんてないことになりはしませんか？

そうでもあるし、そうではないともいえる。

またまた、神さまらしい回答ですね。もっとはっきり教えていただけませんか。

ここらでひと休みしないか。ずいぶん急いで書きつづけて、手が疲れただろう。

夢中で筆記して、という意味ですね。

そうだな。ここで、ひと息つくとしよう。さあ、深呼吸をしてごらん。いずれ、すべてを説明してあげるから。

いいですよ。――さあ、続けてください。もう準備は整いました。

神聖なる二分法のことは何度も話したね、覚えているかな？

ええ。

これもそのひとつなんだよ。というか、最大のものだ。宇宙で悠々と生きていこうと思うなら、神聖なる二分法を学び、充分に理解することが大事だ。神聖なる二分法とは、一見矛盾する二つの真実が同じ場で同時に存在しうるということだ。

いまの地球上の人びとには、受け入れがたいだろう。彼らは秩序が好きで、自分たちの考えに合わないものは頭から拒否する。だから、二つの現実があり、それが矛盾しているように見えると、片方は間違っている、インチキだ、真実ではないと決めつける。

だが（あなたがたのいる相対性の領域とは逆に）絶対の領域では、「存在するすべて」というひとつの真実が、相対的には矛盾する効果を生み出す。

この神聖なる二分法は、人間の経験のなかでもよくあるのだよ。さっきも言ったとおり、これを受け入れなければ、悠々と生きていくことはまず不可能だ。しょっちゅう不平を言い、怒り、のたうち、むなしく「正義」を求めつづけなければならない。あるいは、正反対の力を融和させようと、むだな努力をしなくてはならない。だがそんな力は融和するはずがない。それどころか、もともと両者が緊張しているから、好ましい効果が生まれているのだ。

じつを言えば、相対性の領域はこの緊張によってたばねられている。たとえば、善と悪の緊張だ。究極的な現実のなかでは、善もなければ悪もない。絶対の領域にあるのは愛だけだ。だが、相対性の領域で、あなたがたは悪と「呼ぶ」経験を創造した。善悪の両極を創造し（いまも毎日、創造しつづけ）、片方を使って、べつの側を経験できるようにした。

これが、神聖なる二分法だ。

さて、それでは最大の神聖なる二分法について話そう。

あるのは「ひとつ」だけだから、「魂はひとつ」しかない。しかし、「ひとつ」のなかには多くの魂がある。——ここで、二分法が働く。いま、魂のあいだに分離はないと説明したね。魂は生命エネルギーで、すべての物質的な客体の内外に（オーラとして）存在する。それがすべての物質的な客体を「たばねて」存在させているとも言える。「神の魂」が宇宙をたばね、「人間の魂」が個々の身体をたばねている。

身体は魂の容器、「家」ではなくて、魂が身体の容器なんですね。

そうそう。

そして、魂と魂を「分ける境界線」はない。「ある魂」が終わって、「べつの魂」が始まる場所はない。すべての身体をたばねているのは、ほんとうはひとつの魂です。

そのとおり。

ところが、ひとつの魂は、個々の魂の集まり「のように感じられる」。

実際にそうなのだ。わたしが意図して、そうした。実際には魂のあいだに分離はないが、「ひとつの魂」をつくっているものが、さまざまな速度、さまざまな密度の物理的現実として現れるのも真実だ。

さまざまな速度、ですか？　どうして、速度が関係するんですか？

生命はすべて振動だ。あなたが生命と呼ぶもの（神と言っても同じだが）は、純粋なエネルギーだ。このエネルギーはつねに振動している。波動だ。異なる速度で振動する波は、異なる密度あるいは光を生み出す。これが、物理的な世界の「効果」を創り出す。実際には異なる物質的客体、モノだね。だが、モノはそれぞれであっても、それを生み出すエネルギーは同一だ。

あなたが使ったリビングルームとダイニングルームの空気にたとえてみようか。「リビングルームの空気」が終わって、「ダイニングルームの空気」が始まる場所などない、とあなたは言った。だが、「リビングルームの空気」の密度がだんだん下がる場所はある。だんだん「うすく」なり拡散するところだ。「ダイニングルームの空気」も同じだね。ダイニングルームから離れれば、それだけ、食べ物の匂いはうすくなる！

ところが、家の空気はすべて同じ空気だ。ダイニングルームに「分離した空気」があるわけではない。しかし、ダイニングルームの空気は「べつの空気」のように思える。だいち、匂いがちがう！

空気はべつべつの性格をもつから、異なる空気のように思える。だが異なりはしない。同じ空気がちがうように感じられるだけだ。リビングルームでは暖炉の匂いがするし、ダイニングルームでは食べ物の匂いがする。部屋に入っていって、「うわぁ、むっとするなあ。空気を入れよう」ということだってある。まるで、そこに空気がないように。もちろん、空気はたくさんあるのだがね。そのときあなたは、空気の性質を変えようと思っているのだ。だから、外の空気をなかに入れる。だが、それもまた同じ空気だ。空気はひとつで、すべてのものを出たり入ったりしている。

なるほど。わたしにもはっきりと「つかめる」ように、説明してくださってうれしいです。

ありがとう。努力はしているつもりだ。先へ進んでもいいかな。

どうぞ。

家の空気のように、生命エネルギーも（「神の魂」と呼んでもいい）、べつべつの物質的な客体をとりまき、べつの性質を示している。じつは、このエネルギーが一定の方法で合体して、客体のかたちができあがる。

エネルギーの粒子が集まって物理的なモノになると、非常に凝縮する。つきかためられ、まとまる。すると、ひとつひとつべつの単位の「ように見え」、「感じられる」。ほかのエネルギーとは「べつの」「異なった」ものらしくなる。だが、同じエネルギーがべつのふるまいをしているだけなのだ。べつのふるまいをするから、「存在するすべて」が「多くの存在」として現れることが可能になる。

凝縮して物理的なモノになる「エネルギーのかたまり」のひとつひとつ、それが、あなたがたが「魂」と呼ぶものだ。つまり、わたしというエネルギーが分かれて、たくさんのあなたがたになった。これが、神聖なる二分法だよ。わたしたちはただひとつである。わたしたちはたくさんいる。

ワーオ、すごいですねえ。

そうだろう。続けようか?

いや、待ってください。なんだか、飽きてきて……はい、もういいです。さあ、続けてください!

オーケー。さっきも言ったとおり、エネルギーが集まると非常に密度が高くなる。だが、凝集したポイントから遠ざかるとだんだん拡散する。「空気」はだんだんうすくなる。オーラは消えていく。エネルギーは決して完全には消滅しない。そんなことは不可能だ。エネルギーは「存在するすべて」だから。だが、非常に薄く、かすかに、まるで「存在しない」ようにはなる。そしてべつの場所で（存在のべつの部分で）、また集まって「かたまり」になり、物質と呼ばれるものをかたちづくる。それが、べつべつの「単位」のように見える。二つの単位はばらばらのように見えるが、じつは分離などしていない。これは非常に単純で基本的な話だ。物理的な宇宙全体の奥はそうなっているのだよ。

ふう。だが、ほんとうにそうなんでしょうか？　でっちあげでないと、どうしてわかりますか？

科学者はすでに、すべての生命は同じものでできていることを発見している。彼らは、月から岩を持ち帰ったが、それが木々と同じものからできていることを発見した。木々を分解すると、あなたと同じものからできていることがわかる。いいかね、わたしたちはすべて同じだ。わたしたちはすべて、同じエネルギーだ。それがちがった方法で凝集して、異なるかたち、異なるものを創っている。

何でもそれ自体では、モノ（matters）にはなれない（重要ではない）。何であれ、それだけではモノ（matters）ではありえない（重要性をもちえない）。

イエスは、「父がおられなければ、わたしはなにものでもない」と言った。すべての父、それは純粋な思考だ。生命エネルギーだ。あなたがたが「絶対的な愛」と呼ぶものだ。

これが神であり、女神であり、アルファであり、オメガであり、はじまりであり、終わりである。それがすべてのなかのすべて、動かざる動かし手、第一の源である。時のはじまりからあなたが理解しようとしてきたのがこれだ。これが偉大なる神秘、終わりのない謎、永遠の真実だ。

わたしたちはただひとつだ。したがって、それがあなたである。

12

ここに記された言葉を読んでいると、畏敬《いけい》の念でいっぱいになります。こうしてわたしのもとにいてくださることを感謝します。わたしたちみんなと一緒にいてくださることを感謝します。この対話の言葉を何百万人もの人びとが読んできましたし、これからも読むでしょう。あなたがわたしたちの心に来てくださったことで、このうえない贈り物を与えられたのです。

親愛なる者たちよ、わたしはいつもあなたがたとともにいた。あなたがたが、ここで実際にわたしを感じることができて、ほんとうにうれしい。わたしはいつもあなたがたとともにいた。あなたがたから離れたことはない。わたしはあなたであり、あなたはわたしであって、わたしたちは決して離れない。それは不可能だからだ。

だが、ときにはひどく孤独だと感じます。たったひとりで闘っているとしか思えないときがあります。

それは、あなたがわたしから離れたからだ、わが子よ。あなたは、わたしについての認識を捨てた。わたしを認識しているかぎり、決して孤独になることはない。

どうすれば、認識していられるでしょうか？

ひとに認識させるようにしなさい。改宗させるのではなく、実例を示して認識させなさい。ひとの人生のなかで、わたしと同じように愛の源になりなさい。ひとに与えれば、自分にも与えることになる。わたしたちは、「ただひとつ」なのだから。

ありがとうございます。前にもそうおっしゃった。源となりなさい、自分が何かを経験したいと思ったら、他者の暮らしのなかでその経験の源となりなさい、そうおっしゃいましたね。

そう。それが偉大な秘密だ。神聖な智恵だ。自分にしてほしいと思うように、ひとにしてやりなさい。地上で安らかで喜びに満ちた人生を築こうとしてぶつかる問題、紛争、困難のすべては、あなたがたがこの単純な教えを理解せず、従わないためなのだよ。

わかりました。そんなふうにはっきりと、わかりやすくくり返してくだされば、わかります。もう二度と「失う」ことのないようにしますよ。

与えるものを「失う」ことはありえない。そのことを、いつも忘れないように。

ありがとうございます。ところで、魂《たましい》について、もう少しおたずねしてもいいですか。

あなたがたの人生について、もうひとつ、一般的なことを言っておきたいな。さっき、たったひとりで闘っているとしか思えないときがある、と言ったね。

ええ。

何と闘っている？

あれは、言葉のあやですよ。

いや、そうではないだろう。あれは、あなたが（ほかの多くのひとたちも）人生をどう考えているかを正直に示していると思うよ。あなたがたは、人生は「闘い」だと考えている。ここで何かの闘いが行われていると思っている。だが、本来はそうではないし、そんな必要はまったくないのだ。

失礼ですが、それはちょっと信じられません。

信じないから、現実がそうならないのだよ。あなたが信念を現実にするのだから。いいかね、あなたがたの人生は決して闘いではないし、いまもこれからも、そんな必要はない。

わたしは、最も偉大な真実を創り出す道具《ツール》を与えた。だが、あなたがたはそれを活用しようとしない。もっと正確に言えば、間違った使い方をしている。その道具というのは、創造のための三つの道具だ。これについては、以前にくわしく話したね。覚えているかな。

思考、言葉、行為ですね。

そのとおり。よく覚えていた。いつか、わたしがつかわした霊的な師、ミルドレッド・ヒンクリーに、こう言わせたことがある。「あなたがたは、舌先三寸で宇宙を創造する力をもって生まれてきたのですよ」とね。この言葉は驚くべき意味をもっている。べつの師が語った真実と同じようにね。

「あなたがたが信じることが、あなたがたに行われますように」

この二つは、思考と言葉について言っている。べつの師は、行動についてこんなふうに言っているな。

「はじまりは神である。終わりは行為である。行為は創造する神、あるいは体験された神である」

あなたがおっしゃったんですよ。

あの一冊めの対話は、あなたを通してもたらされたのだ、息子よ。すべての偉大な教えは、わたしがインスピレーションを与え、人間を通して伝えられた。インスピレーションによって動かされる者、それを恐れげもなく大衆と分かち合う者、そういうひとたちは、わたしがつかわした最も偉大な師だよ。

わたしが、そのなかにふくまれるのかどうか、自信がありませんが。

あなたがインスピレーションを受けた言葉は、何百万人もの人びとと分かち合うべきものだ。何百万人もだ、息子よ。対話は二四か国語に翻訳された。全世界にひろがった。偉大な師かどうかを、あなたはどんな物差しで判断するのかな?

言葉ではなく、そのひとの行動を物差しにします。

それは、大変に賢明な答えだ。

この人生のわたしの行動は、うまくわたしを語っていないし、師という資格が得られるようなものでないのは、もちろんです。

そんなことを言うと、これまで現れた師の半分は資格がないと否定することになる。

どういう意味ですか?

『奇跡のコース』という本のなかで、ヘレン・シュクマンを通して言ったことだ。ひとは学ばなければならないことを教える。自分が完璧《かんぺき》でなければ、完璧になる方法を教えることはできないと思うのかね？　たしかに、あなたもひと並みに過ちと呼ぶことをしてきたが──。

ひと並み以上です……。

わたしとともに、この対話をもたらすという偉大な勇気も示した。

あるいは、とんでもない愚かさを。

どうして、そう自分を卑下する？　あなたがたは、みんなそうだ！　誰もかれもがそうだ！　自分自身の偉大さを否定し、自分のなかで経験できる「わたし」を否定する。

そんなことはないですよ！　わたしは、否定したことはありません！

まあ、最近はね……。あなたに告げよう。オンドリが鳴く前に、あなたは三度、わたしを否定するだろう。

自分自身を真実よりも小さいと考えるのは、すべて、わたしを否定することだ。自分自身を貶《おとし》めるのは、すべて、わたしを否定することだ。

「自分なんかまだまだ」とか、あれこれ欠陥があるとか、何にしても不十分だという役割を演じつつ行う行為はすべて、まったく（indeed）否定である。思考だけなく、言葉だけでなく、行為における（in deed）否定である。

ほんとうの自分についての最も偉大なヴィジョンの最も壮大なヴァージョンだけで、自分の人生を表現しなさい。さて、あなたの最も偉大なヴィジョンとは何だろうね？それは、いつの日か自分は偉大な師になるということではなかったかな？

そうです……。

それなら、そうなりなさい。そうなっているのだよ。あなたがまた否定するまでは。

もう、二度と否定しませんよ。

じゃあ、証明してごらん。

証明？

証明してごらん。

どうやって？

こう言うのだ。「わたしは偉大な師である」。そら、言ってごらん。

うーん……。わたしは……しかしですねえ、問題は、これがすべて公になることです。ここで書いていることはすべて、印刷されるんですよ。ペオーリアのひとも、これを読むことになる。

ペオーリアか！　ふん！　北京はどうだね！

いいですよ、中国でも印刷されるでしょう。そこが重要なんです。全世界が見つめ、待ちかまえているなかで、対話をするのはどんなことか、みんなにわかってもらおうとしました。一冊めや二冊めのときとは違うんです。あれは無心に行われた対話だ。本になるなんて、知らなかったんです。

いや、あなたは知っていたよ。心の奥底では知っていた。

そう、そうなればいいな、とは思ってましたよ。だが、いまはわかっている。そうなると、この便箋《びんせん》に書くのもちがってくるんです。あなたは、わたしは偉大な師だと言えとおっしゃる。そんなこと、人前で言うのはむずかしいですよ。

それでは、こっそりと自分を宣言しろと言えというのかな？　それで、自分に力を与えることができると思うのかね？　自分自身を宣言しなさいと言ったのは、まさにここが公の場だからだ。公の場で言うことが大事なんだよ。公然たる宣言は、最も高いかたちのヴィジョンだ。

ほんとうの自分についていだく最も偉大なヴィジョンの最も壮大なヴァージョンを生きなさい。それを生きるには、まず宣言することから始めなさい。公然と。それを実現する第一歩は、そう述べることだ。

それでは、謙遜《けんそん》はどこへ行ってしまうんですか？　礼儀はどうなってしまうんですか？

それじゃ、会うひとごとに自分自身についての最も偉大な考えを宣言してまわることになりませんか？

偉大な〈マスター〉はみんなそうしてきた。

ええ、でも、傲慢《ごうまん》ではないでしょう。

「わたしは生命であり、道である」というのが「傲慢」かね？　あなたが言ったら傲慢なのか？　あなたは二度とわたしを否定しないと言ったが、一〇分前から否定しているではないか。

あなたを否定しているんじゃありません。わたし自身の最も偉大なヴィジョンについて話しているんですよ。

あなたの最も偉大なヴィジョンとはわたしだ！　自分の最も偉大な部分を否定すれば、わたしを否定することになる。いいかね、明日、夜が明ける前に、あなたは三度わたしを否定するだろう。

ただし、そうでない場合はべつとして。

ただし、そうでない場合はべつとして。そのとおり。それを決めるのは、あなただ。あなただけが、選択できる。ところで、あなたは私的に偉大な〈マスター〉であったひとをひとりでも知っているかな？　ブッダ、イエス、クリシュナ、みんな公然と師であった、そうだろう？

ええ。でも、あんまり知られていなくても偉大な師はいますよ。わたしの母がそうでした。前に、偉大な師であるためには、必ずしもひろく知られる必要はないっておっしゃったじゃありませんか。

あなたのお母さんは、先触れだった。メッセンジャーだ。道を用意する者だよ。彼女はあなたに道を示し、道を用意した。だが、あなたもまた師だ。

あなたの知っているお母さんは良い師だったにしても、自分自身を否定してはいけないとは教えなかったようだな。だが、あなたは、ひとにそれを教えるのだよ。

ああ、そりゃそうなりたいですよ！　もちろん、そうしたいです！

「したい」と思うのはやめなさい。「欲しい」と思うことは、「したい、欲しい」という状態を宣言するだけのことだ。あなたはそこにとどまってしまう。欲しがっている自分のままで。

わかりました！　いいですよ！　わたしは「したい」とは思わない、それを選びます！

そのほうがいい。そのほうが、ずっといいな。さて、あなたは何を選ぶ？

ひとに、自分自身を否定するなと教えることを選びます。

けっこう、ほかに何を教える？

ひとに、決してあなたを、神を否定するなと教えることを選びます。あなたを否定することは自分自身を否定することであり、自分自身を否定することはあなたを否定することですから。

よろしい。そしてあなたは、いきあたりばったりに、ほとんど「偶然」にまかせて教えることを選ぶかな？　それとも、目的をもって、立派に教えるか？

目的をもって教えることを選びます。母がしたように立派に。母は「決して自分を否定してはいけない」と教えてくれました。母ほど、ひとを勇気づけたひとを、ほかに知りません。母は「自分を信頼し、神を信頼しなさい」と教えてくれました。言葉だけではなく、母の生涯そのものが教えだった。それが偉大な師というものです。わたしもそういう師になることを選びます。

そのとおり。あなたのお母さんは偉大な師だった。また、より大きな真実のなかでは、あなたの言うとおりだ。偉大な師だからって、ひろく知られる必要はない。

わたしはあなたを「試した」のだよ。あなたがどこへ向かうのか知りたかったのだ。

わたしは「行くべき」ところへ「向かって」いますか？

あなたは偉大な師が向かう場所へ向かっている。あなた自身の智恵へね。あなた自身の真実へ。いつもそこへ向かうべきだ。そここそ、世界に教えながら、戻ってきて、また出発するべき場所だから。

わかります。ええ、わかりますよ。

そして、真のあなた自身についての最も深い真実とは何かな?

わたしは……。……偉大な師です。永遠の真実を教える偉大な師です。

そら、やったじゃないか。静かに、おだやかに言ったではないか。そう、それでいい。あなたは、心では真実を知っている。その心を語っただけだよ。

あなたは偉ぶっているのではないし、聞く者は誰も偉ぶっているとは思わないだろう。自慢しているのではないし、聞く者は誰も自慢しているとは思わないだろう。あなたは胸をたたいて力を誇示しているのではなく、心を開いている。それは大きなちがいだよ。

誰でも、心ではほんとうの自分を知っている。偉大なバレリーナ、偉大な法律家、偉大な俳優、偉大な一塁手だ。偉大な刑事、偉大な親、偉大な建築家、偉大な詩人、偉大な指導者、偉大な癒し手《ヒーラー》だ。そして、そのそれぞれが、偉大な人間なのだよ。

誰もが、心を開けば、ひとと心のなかの欲求を分かち合えば、心からの真実を生きれば、世界は荘厳さに満たされる。あなたは偉大な師だ。その贈り物はどこから来たと思う？

あなたです。

そして、ほんとうの自分を宣言したあなたは、ほんとうのわたしを宣言しただけだ。つねにわたしを源として宣言しなさい。あなた自身を源として宣言しなさい。あなたは、わたしのすべての源だ。あなたがいちばんよく知っている偉大な師は、「わたしは生命であり、道である」と言った。さらに、「すべてのものは、父から来る。父がなければ、わたしは何者でもない」とも言った。さらに、「わたしと父はひとつである」とも言った。わかったかな？

わたしたちはひとつしかない。

そのとおり。

そこで、また人間の魂の話に戻りたいんですが。魂はいくつあるんですか？

ひとつ。

ええ、大きな意味ではそうですね。でも、ひとつの存在するすべては、いくつに「個別化」されてるんですか？

ほう、その言葉は気に入ったな。あなたの言葉の使い方はなかなかいい。存在するすべてであるひとつのエネルギーは、たくさんのちがった部分に「個別化」する。

おほめにあずかって、どうも。で、神さま、あなたは個別化された魂をいくつ、お創りになったんですか？　魂はいくつあるんですか？

あなたが理解できるようなかたちでは、答えられないな。

でも、やってみていただけませんか。決まった数ですか？　数は変化しているんですか？　無限ですか？「最初のぶん」を創ったあと、「新しい魂」を創っておられますか？

そう、決まった数だ。そう、変化する数だ。そう、無限だ。そう、新しい魂を創った。

そして、ノー、創っていない。

わかりません。助けてください。

本気で言っているのかな？　「助けてください、神よ」と？

ええ、どんなことになってもわかりたいんです。だから、助けてください、神よ。

よろしい。かたく決意しているようだから、助けてあげることにしよう。ただし、警告しておくが、有限の視点から無限を把握し、理解することはむずかしいよ。しかし、ひとつやってみようか？

クールですねえ！

そう、クールだ。まず、あなたの質問は時間の存在を前提としている。しかし、ほんとうはない。あるのはたったひとつ、いまという永遠だけだ。

「以前」に起こったことは何もない。なぜなら、「以前」は存在しないから。「以後」に起こることは何もない。なぜなら、「以後」は存在しないから。つねに、たったいまがあるだけだ。

そのたったいまも、わたしはつねに変化している。したがってわたしが「個別化」する方法の数はつねに異なり、つねに同じだ。たったいましかないのだから、魂の数は一定だ。だが、あなたがたのように、いまをその時々と考えれば、数はつねに変化している。わたしはつねに変化しているから、魂の数は無限だ。だが、ある「一定の時」をとれば、有限に見える。

究極の認識に到達し、究極の現実と一体になったあと、進んですべてを「忘れ」、「やり直し」をしようとするという意味では、「新しい魂」がある。彼らは宇宙の車輪の新しい場所に移動しようと決める。そのなかのあるものは、ふたたび「若い魂」になることを選ぶ。だが、すべての魂は「最初に創られたぶん」の一部だ。すべてはたったいま、創造されている(創造された、そして創造されるだろう)から。だから、あなたがどう見るかによって、数は有限で無限、変数で定数だ。

この究極の現実の性格のゆえに、わたしは、動かない動かし手と呼ばれる。


オーケー、わかりました。あなたにあっては、絶対というのはないんですね。

ただし、すべてが絶対であることを除けば。

ただし、そうでない場合はべつとして。

ただし、そうでない場合はべつとして。ものごとを真剣に考えたいという時や場合がある。

わたしがそうじゃないと思わないかぎり。

あなたがそうじゃないと思わないかぎり。

さて、もう一度、魂の問題に戻りますが……。

なるほど、それはいい本の題名になるな……「魂の問題」。

いつか、そういう本をつくりましょうか。

冗談だろう?　もうつくったよ。

ただし、そうでない場合はべつとして。

誰にもわかりはしないさ。

わかる場合はべつとして。

そーら、わかるだろう?　あなたはわかってきた。ほんとうのことを思い出した。そして、おもしろがっている!　あなたは、「明るく(lightly)生きる」ことへ戻っている。明るくなっている。それが、悟り(enlightenment)というものだよ。

クールだな。

とてもクールだ。つまり、あなたはホットだということだ!

いやあ。それは、「矛盾のうちに生きる」ってことですね。あなたはそれについて何度も話された。ところで、魂の問題に戻りますが、老いた魂と若い魂のちがいは何なのですか?

エネルギー(つまり、わたしの一部)は、究極の認識に到達したあとに何を選ぶかで、「若い」自分も、「老いた」自分も生み出すことができる。宇宙の車輪に戻ったとき、ある魂は老いた魂になることを、あるものは「若い」魂になることを選ぶ。じっさい、「若い」という経験がなければ、「老いた」という経験もありえない。

これとまったく同じ理由で、ある魂は「善」を、あるものは「悪」を選ぶ。だから、どの魂も決して罰せられることはない。どうして、「ひとつの魂」が自分という全体の一部を罰しようと思う? こういうことはすべて、『小さな魂と太陽』という童話に、子供にもわかるように、単純に、美しく描いただろう。

あなたは、とんでもなく複雑な概念を、じつに明快に雄弁に説明してくださる。子供でも理解できますね。

ありがとう。

もうひとつ、魂について質問があるんです。「魂のパートナー」というものは、あるんでしょうか。

あるよ。だが、あなたが考えているのとはちがうな。

あなたは、「魂のパートナー」を「自分の半身」だとロマンティックに考えている。だが、人間の魂（つまり、「個別化」されたわたしの一部）は、あなたが考えるよりももっと大きい。

言い換えれば、魂と呼んでいるものは、考えているよりも大きいってことですね。

はるかに大きい。ひとつの部屋の空気というようなものではない。一軒の家全体の空気だ。その家にはたくさんの部屋がある。「魂」はひとつのアイデンティティに制限されない。ダイニングルームというひとつの部屋の「空気」ではない。また、魂のパートナーと呼ばれるような、個別化された二つの魂に「分裂」もしない。リビングルームとダイニングルームの「空気を合わせたもの」ではなく、一軒の邸宅全体をおおう「空気」だ。

さらに、わたしの王国にはたくさんの邸宅がある。すべての邸宅の内外を同じ空気が流れているが、ある邸宅のそれぞれの部屋の空気のほうが「身近に」感じられるかもしれない。

部屋に入って、「ここは『身近な』感じだぞ」と思うかもしれない。わかるだろう。たった「ひとつの魂」しかないのだよ。だが、あなたの言う「個別化」された魂もまた大きく、たくさんの物質的なかたちを包んだり、出入りしたりしている。

同時に?

時というものはない。だから、「イエスでありノー」としか答えられないね。あなたの魂が包んでいる物質的なかたちのなかには、あなたが思うような「いま、生きて」いるものがある。「すでに死んだ」ものもある。また、「未来」に生きるはずのものもある。もちろん、すべてはたったいま起こっているのだが、時間という道具のおかげで、あなたがたはそれぞれの経験を、よりはっきりと感じとることができる。

するとわたしの魂が「包んで」いる何百もの物質的な身体(「包む」というのは、おもしろい言葉ですね)、それがみんな、「魂のパートナー」なんですか?

そう、いままでの考えよりは、そのほうが正確だね。

で、わたしの魂のパートナーは以前に生きていたかもしれない？

そうだよ。あなたがたの言い方ではそうなるね。

そうなんだ。いや、待ってくださいよ！　わかりかけたぞ！　わたしの一部で「以前」に生きていた者、それが「前世」なんでしょう？

いいところに気づいたね！　わかってきたじゃないか！　そう、「以前」に「べつの人生」を生きた者もある。また、未来の生もある。現在、地球上に住んでいるべつのかたちの生も包んでいる。

そういう者に出会ったら、すぐに親近感をいだく。「きっと『前世』で一緒だったにちがいない」などと言ったりする。そのとおりかもしれない。「過去の生」をともに過ごしたのかもしれない。同じ物質的なかたちで、あるいは同じ時空のなかの二つのかたちとして。

なんてことだろう、すごいな！　それで、すべての説明がつきますね！

そう、説明がつくね。

ただ、こういう場合はどうなんでしょう。ああ、このひとと「過去の生」を一緒に過ごしたな、と直観したのに、相手にそう言ってみたら、向こうはそんなことをぜんぜん感じていなかったとしたら？　それはどういうことなんですか？

それは「過去」と「未来」を混同しているんだよ。

え？

あなたはべつの生を一緒に過ごしている。ただし、過去ではない。「未来の生」だ。いまという永遠のなかでは、しじゅう起こっていることだ。あなたは、ある意味では、まだ起こっていないことに気づいたのだ。

それじゃ、なぜ相手も未来を「覚えて」いないんですか？

それは非常に微妙な振動だからだ。あなたがたのなかには、とくに敏感な者がいる。それにひとによってもちがうのだよ。とくに誰かとの「過去」や「未来」の体験に「敏感」

なのかもしれない。そういう場合はふつう、お互いが同じ身体を包む大きな魂の一部だということだ。「前に会った」と感じても、その感じがさほど強くない場合は、「時」は同じだったが、同じ身体ではなかったのかもしれない。たとえば夫と妻であった（未来にそうなる）とか、兄弟姉妹、親子、恋人などかもしれない。これは強い絆《きずな》だから、「現世」で「はじめて再会」したときに感じても当然なのだよ。

おっしゃるのがほんとうだとしたら、これまで説明のつかなかったことも、説明がつきそうです。「現世」で複数のひとが、自分はジャンヌ・ダルクだった記憶があると言ったりしますね。モーツァルトの場合もあるし、ほかの「過去」の有名人のこともありますが。あれは、輪廻転生《りんねてんしょう》という考え方が間違っている証拠だと思っていたんですよ。だって、複数のひとが、過去に同じ人物だったなんてことがありますか？　でも、お話を聞いてみると、それも可能なんだ！
つまり、いまひとつの魂に包まれている複数の知的存在が、それぞれジャンヌ・ダルクだった（いまもそうなんでしょうが）部分を「記憶している（remember）」（もう一度、そのメンバー〈member〉になる）ってことなんですね。これからは、「こんなことは不可能だ」ということがあったら、それは、自分が知らないことがどんなに多いかという証拠にすぎないな。

それを覚えているのはいいことだ。とても、いいことだよ。

複数の「魂のパートナー」をもつことが可能だとすれば、一生に何度も「魂のパートナー」だという直観」を強くいだくというのも説明がつきますね。一度に複数のひとに感じることだってあるんだ！

そのとおりだね。

そうしたら、一時に複数のひとを愛することも可能ですね。

もちろん。

いやいや、わたしが言うのは、ふつうはひとりのためにとっておく親密で個人的な愛のことなんです。少なくとも、一度にひとりだけに感じる愛ですよ！

どうして、愛を「とっておく」のかな？　どうして、「しまって」おきたがる？

だって、「そんなふうに」複数のひとを愛するなんて、正しくないですよ。裏切りじゃないですか。

誰がそんなことを言った?

誰でも言いますよ。みんなが言っています。両親も言いました。宗教もそう教えている。世間だってそう言います。誰でもみんな、そう言います!

それは「父の罪」が息子に伝えられるというたぐいだな。

あなた自身が経験から学んだことがあるはずだ。すべてのひとを心から愛すること、それは最高に楽しいことだ、とね。ところが、あなたの両親、教師、聖職者たちはべつのことを言う。「そんなふうに」愛するのは一時にひとりしかいない、と。それはセックスのことに限らないよ。

どんな意味にせよ、あるひとをほかにくらべてとくべつだと感じたとき、あなたがたは、ほかのひとたちを裏切ったように感じる。

そうなんです！　そのとおりなんですよ！　わたしたちはそういうふうにできてるんです！

それは真の愛を表現しているのではない。それとは逆のものだよ。

人間の経験という枠組みのなかで、真の愛はどこまで表現を許されるんでしょうか？　その表現にはどんな制約をもうけるべきなんですか（もうけなければいけない、と言うひとがいますね）？　つきあいやセックスのエネルギーが制約なしに放出されたら、どんなことになりますか？　つきあいやセックスの完全な自由は、すべての責任の放棄になるのでしょうか。それとも絶対的な高みに引きあげることになるんでしょうか？

愛の自然な表現を妨げようとするのは、自由の否定だよ。したがって、魂そのものの否定だ。魂は人格化した自由だから。神はその定義からして自由だ。神に制限はなく、いかなる種類の制約もない。魂はミニチュア化した神だよ。したがって、魂は押しつけられるあらゆる制約に抵抗するし、外部からの束縛を受け入れるたびに新たな死を経験する。その意味では、誕生そのものが死であり、死は誕生だ。誕生するとき、魂は身体という恐ろしい制約のなかに押しこまれているのに気づく。死はこの制約からの解放だ。眠りでも同じ解放が起きる。魂は自由のもとへ飛び帰り、ふたたび本来の表現や体験を楽しむ。では、身体とともにあっても、その本来の表現や体験はできるのだろうか？

あなたが聞いたのはそれだよ。それを考えると、生命そのものの存在理由と目的に行き着く。生命にとって身体が監獄あるいは制約にすぎないのなら、身体とともにあって何のいいことがあるか？　身体の機能とは何なのか、それどころか、身体とともにいるのは正当なことなのか？

そうですね。だから、聞きたいんだと思います。それに、あらゆるところで、人間としての体験につらい制約を感じているひとたちみんなを代表して、おたずねしたい。制約といっても、物理的な制約だけじゃなく……。

わかっているよ。

……感情的、心理的な制約でもあるんです。

そう、わかっている。わかっているよ。だが、あなたの言うことはすべて、もっと大きな質問に関連がある。

そうですね。だが、終わりまで言わせてください。小さいときから、誰でも思いどおりに愛したいのに愛させてもらえないことに、すごくいらだっていたんです。

小さいときは、知らないひとと話しちゃいけない、場違いなことを言ってはいけないと言われました。いまでも覚えていますが、あるとき、父と通りを歩いていたら、小銭を恵んでくれという貧しいひとに出会ったんです。すぐに気の毒に思って、ポケットに入れていた小銭をあげようとしました。

そうしたら父が止めて、にべもなく言いました。「ゴミだ、あんなのはただのゴミだ」って。父には父の価値基準があって、それに達していないと思う人間はみんなゴミだとレッテルを貼《は》ったんです。

その後、兄の事件がありました。兄はもう家を出て独立していたんですが、父と口論したためにクリスマス・イヴに家に入れてもらえなかった。わたしは兄が好きだったし、イヴには家族一緒に過ごしたかったのに、父は玄関で立ちはだかり、兄を入れませんでした。母は悲嘆にくれていましたよ（兄は、前の夫とのあいだに生まれた子供だったんです）。わたしは不思議でならなかった。たかが口論で、クリスマス・イヴに兄を愛することも、一緒にいることも拒絶するなんてことがあるんだろうか？　どんなひどいいさかいがあったとしても、クリスマスを台なしにするほどのことだろうか。交戦国でさえ、二四時間の休戦をするというのに。七歳のわたしは不思議でたまらなかったんですよ。おとなになってから、怒りだけではなく、不安も愛の流れを妨げるのを知りました。だからおとなも、知らないひとと話してはいけない子供と同じです。見知らぬひとに心を開いて親しくつきあっちゃいけないし、はじめて紹介された相手には、守るべきエチケットがある。どれも、わたしには納得がいきませんが。わたしは出会ったひとのすべてが知りたいし、自分のすべてを知ってもらいたい！　でも、ノー、それはいけない。待て、時間をかけろ。それがルールなんです。

おとなになってセクシュアリティの問題が登場してくると、ルールはさらに厳しく、制約的になりました。わたしには、それも納得がいかないんです。

わたしはただ愛し、愛されたい。自然だと感じる方法ですべてのひとを愛したい、気持ちのいい方法で愛したい。ところが、社会にはいろいろ厳しいルールと規制があります。規制が厳しいから、たとえ相手が同意していても、社会が同意しなければ、恋人たちは「間違っている」と言われるし、結局そうなるように運命づけられている。いったい、これは何なんですか？

それは、あなた自身が言ってるじゃないか。不安だよ。すべては、不安に根ざしている。

そうですね。だが、その不安は正当ですよね？　わたしたち人間のふるまいを考えれば、そういう制約や束縛は適切なのではありませんか？　たとえば、男が若い女性と出会い、恋に落ちる（あるいは「肉欲」を感じる）。そして、妻を捨てる。三九歳の妻は子供をかかえ、身につけた技術もないから就職もできない。あるいは、もっとひどいことに、年老いた六四歳の妻が、自分の娘よりも若い女性に血道をあげた六八歳の男に捨てられる。

あなたが例にあげた男は、六四歳の妻をもう愛していないと思うか？

行動を見れば、そういうことになりますね。

いや、そうじゃないよ。彼は妻を愛していないから、逃げ出したくなったのじゃない。自分に押しつけられたと感じる制約から逃げようとしているんだよ。

そんなばかな。だって、単純な肉欲にすぎないじゃないですか。じいさんが若い女と暮らして、若さをとり戻したがっているだけです。子供っぽい欲望を抑えられず、つらい厳しい人生をともに歩んできたパートナーへの約束を守れなくなっただけじゃないですか。

もちろん、あなたの言うとおりだよ。そうだからって、わたしがさっき言ったこととは何の関係もないがね。どんな場合でも、そういう男は妻を愛さなくなったんじゃない。妻が彼に押しつける制約、あるいは妻と別れないのならつきあわないという若い女性が課す制約、それが男の反抗を生むのだ。

わたしが言おうとしているのは、魂はつねに制約に反抗するということだ。あらゆる種類の制約に抵抗する。人類史上のあらゆる革命の火花はそれだよ。妻に対する男の反乱だけじゃない。突然、夫を捨てる妻の抵抗だけじゃない(これも、よくあることだ)。

まさか、人間のふるまいからあらゆる制約をとりはらってしまえ、とおっしゃるんじゃないですよね! それじゃ、道徳的無政府主義になってしまいます。社会は大混乱になる。あなたは「情事」をするひとたちを弁護なさるわけじゃないですよね。いわゆる「開かれた結婚」という、あれですが!

わたしは弁護もしないし、非難もしない。何についても、「賛成」したり「反対」したりはしない。わたしはただ、事実を観察している。あなたがたが善悪のシステムをつくり出し、賛成したり反対したりするのを眺めているだけだ。人類として、個人として、自分はこれこれのことを選び、望むというなら、いまの考え方がその目的に役立つかどうかを見ているだけだ。

さて、わたしは「開かれた結婚」に賛成でも反対でもない。あなたが賛成するか反対するかは、結婚に、あるいは結婚から、何を望んでいるかによって決まるだろう。何を望むか、それが「結婚」という経験の場で、ほんとうのあなたを創り出す。行為とはすべて自分を決めることだから。

どんな決定をするにしても、正しい疑問ととりくんでいるかどうか確かめることが大事だ。たとえば、「開かれた結婚」についての疑問は、「配偶者双方にべつの人間との性的接触を認める開かれた結婚をするか」ということではない。そうではなくて、「結婚という経験にてらして、わたしとは何者か、わたしたちとは何者か」ということだ。

この疑問に対する答えは、人生最大の問いに対する答えのなかにある。すべてのこと、すべての経験で、自分とは何者か。それだけだ。わたしは何者か、どんな人間になることを選択するか？

この対話でくり返し言ってきたように、それがすべての問いへの答えだ。


やれやれ(God)、ますますイライラしてきたな。だって、その答えはあんまり漠然としていて一般的で、ぜんぜん、ほかの問いへの答えになりません。

ほう、そうかな？　それでは、その答えとは何なのだね？

あなたがこの対話でおっしゃっていると思われることを基準にすれば、わたしは「愛」です。それが、ほんとうのわたしです。

すばらしい！　わかったじゃないか！　そのとおりだよ。あなたは愛だ。存在するのは愛、それだけだ。だからあなたは愛であり、わたしは愛であり、愛でないものは何もない。

それじゃ、不安はどうなんですか？

不安は、ほんとうのあなたではない。不安はほんとうのように見えるが、偽りの証《あかし》だ。不安は愛の対極で、ほんとうの自分を経験的に知るために現実のなかで創り出したものだ。あなたがたの相対的な世界での真実とは、こういうことだ。自分でないものが存在しなければ、あなたも——存在しない。

そう、そうですね。何度もうかがいました。だが、わたしはどうもはぐらかされているような気がするんですよ。自分とは何者か、という問いへの答え（それは愛である）は、あんまり漠然としていて一般的で、ほかの問いへの答えにはならない。わたしは、そう言ったんです。あなたはそれがすべての問いへの答えだとおっしゃるが、「開かれた結婚をするべきか？」という具体的な問いへの答えはもちろん、どんな問いへの答えにもなっていないとわたしは思うんですよ。

ほんとうにそう思うのなら、あなたには愛がわかっていないのだよ。

みんな、そうなんじゃありませんか？　人間は、時のはじまりから、そのことをわかろうとしてきたんです。

そんなものはない。

ああ、時のはじまりなんてものはないんですね。いいですよ、わかってます。ただの言葉のあやですよ。

では、あなたの言う「言葉のあや」を使って、愛とは何かを説明できるかどうか、やってみよう。

ぜひお願いします。

最初に浮かぶ言葉は、無制限ということだな。愛とは無制限だ。

それじゃ、振り出しに戻ってしまいますよ。同じ輪の上の堂々めぐりです。

輪というのはいいものだよ。悪く言うものではない。めぐりつづけなさい。問題のまわりをめぐりつづけなさい。めぐるのはいいことだ。くり返しもいい。再訪も、言葉のくり返しもけっこう。

ときどき、イライラしてくるんだがなあ。

ときどき? それはおかしなことを聞くね。

わかりました、わかりましたよ。先を続けてください。

愛とは、無制限なものだ。はじまりもなければ終わりもない。以前も以後もない。だから、愛はつねにある。つねに現実だ。

さて、さっき使った言葉に戻ろうか。自由だ。愛が無制限で、そしてつねにあるなら、愛は……自由だ。愛は完璧な自由なのだよ。

ひとはつねに愛し、愛されたいと願っている。そうだろう。つねに、愛が無制限であってほしいと願っている。そして、それを自由に表現したいと願っている。あなたがたは愛の経験のすべてで、自由と無制限と永遠を求める。いつも実現するとは限らないが、求めてはいる。愛とはそういうもので、ひとは心の奥底ではそれを知っているから求める。なぜ知っているか。あなたがたは愛であり、愛の表現を通して、ほんとうの自分を知り、経験するからだよ。

あなたがたは、生を表現する生であり、愛を表現する愛であり、神を表現する神だ。

だから、これはみんな同義語だよ。同じものだと考えればいい。

神——生命——愛——無制限——永遠——自由

このどれにもあたらないものは、ほかのどれでもない。

これがあなたがただ。「遅かれ早かれ」、そういうものとして自分を経験したいと願うようになる。

「遅かれ早かれ」とは、どういうことですか？

いつ、不安を克服するかによる、ということだよ。さっきも言ったとおり、不安はほんとうのように見えるが、偽りの証だ。ほんとうのあなたがたではない。あなたがたは自分ではないものの経験を終わったとき、ほんとうの自分を経験しようとする。

不安を経験したいなんて、誰が思うんでしょう？

誰も思いはしない。教えられたのだ。

子供は不安を経験しない。坊やは何でもできると思っている。また、自由の欠如も経験しない。幼い女の子は誰でも愛せると思っている。子供たちは、自分が永遠に生きていると思っている。子供のようにふるまうひとは、自分を傷つけるものは何もないと思っているよ。

また、子供たちは、神々しくないものは何も知らない。ただし、おとなに神々しくないものを教えられるまでは。だから、子供たちは裸で走りまわり、誰にでも抱きつき、それを大変なことだと思わない。おとなに同じことができたら、どうだろうね。

でも、子供たちは美しい無邪気さからそうするんです。おとなは、そんな無邪気さをとり戻すことはできません。おとなが「裸」になったら、つねにセックスみたいなことがつきまといますから。

そうだね。そして、もちろん、神は「セックスみたいなこと」が無邪気に自由に表現されるのを禁じているわけだ。

そう、神は禁じたんです。アダムとイヴは裸でエデンの園を走りまわって幸せだった。ただし、イヴが木の実を、善悪を知る智恵の木の実を食べるまではね。そのとき、あなたは、わたしたちにいまの状態を宣告なさった。わたしたちすべてが原罪を負ったのです。

そんなことはしないよ。

わかってます。でも、ここで既存の組織的宗教に一矢《いっし》むくいておかなくちゃ。

できるなら、そんなことはしないほうがいいな。

わかりました。そうですね。組織的宗教にはほとんどユーモアのセンスがないからなあ。

そらそら。

すみません。

わたしが言ったのは……人間という種《しゅ》は、無制限で永遠で自由な愛を経験したいと切望するということだ。結婚という制度は、永遠を創造しようとする試みだった。結婚によって、生涯のパートナーになることを約束しあおうとした。だが、「無制限」で「自由」な愛の創出にはあまり役立たなかったね。

どうしてでしょう？ 結婚が自由に選ばれたものなら、自由の表現なのではありませんか？ 配偶者以外にはセクシュアルな愛を示したりしないというのは、制約ではなくて選択でしょう。選択は制約じゃなくて、自由の行使ですよね。

それが選択であるあいだは、そうだね。

でも、そのはずですよ。約束なんだから。

そう……そこがトラブルのもとだ。

説明してください。

いいかね、関係性のなかで、もっと高次のとくべつさを経験したいと思うときが来るかもしれない。自分にとって誰かがとくべつだというのではなく、すべてのひとへの（それに生命そのものへの）愛の深さを示す方法は相手によってちがう、それぞれ独特なものだということだ。

じつは、いまでもひとへの愛を示す方法は、それぞれ独特なのだ。まったく同じ方法で二人に愛を示すことはできない。ひとはそれぞれ独特の被造物であり、創造者で、創造するものはすべて独特だからだ。思考でも言葉でも行為でも、同じものはない。ひとも同じにはなれない。独特な存在でしかありえない。

なぜ、同じ雪の結晶が二つないのか？　それは、不可能だからだ。「創造」は「コピー」ではないし、創造者は創造することしかできないからだ。

だから、二つとして同じ雪の結晶はないし、同じ人間はいないし、同じ考えはないし、同じ関係もないし、同じものが二つ存在することは絶対にない。宇宙は——そしてそのなかのすべては——単数でしか存在しないし、同じものはほかにはないのだ。

それも、神聖なる二分法ですね。すべては独特であり、すべてはひとつである。

そのとおり。手の指はみなちがっているが、しかし同じ手だ。人間も同じだよ。すべての人間はひとつだが、二人として同じ人間はいない。したがって、どんなに努力してみても、二人の人間の愛が同じであるはずがない。それに、そんなことを望むはずもないのだ。なぜなら、愛とは独特なものへの独特な対応なのだから。そこで、ひとりへの愛を示すときは、ほかのひととの関係ではありえない方法で示しているはずだ。あなたの思考、言葉、行為——あなたの対応——は、コピーにはなれない。たったひとつのものだ。あなたが想う相手もそうだ。このとくべつな愛をひとりだけに示したいと思う日が来たら、そのときは、さっき言ったようにそれを選びなさい。それを表明し、宣言しなさい。だが、その宣言を義務ではなく、その瞬間の自由の表明にすること。なぜなら、真の愛はつねに自由で、愛の場に義務は存在しえないからだ。

ひとりだけを独特なかたちで愛するという決断を、決して破ってはならない神聖な約束と考えるなら、その約束が義務になる日が必ずやってくるし、あなたはそれを恨むだろう。だが、その決断をたった一度の約束ではなく、何度でもやり直す自由な選択だと考えれば、それを恨む日は来ないだろう。

このことを覚えておきなさい。神聖な約束はただひとつしかない。それは、ほんとうの自分を語り、生きることだ。ほかの約束は自由の喪失で、決して神聖なものではない。ほんとうのあなたは自由だから。自由を失えば、自分自身を失う。それは神聖どころか、冒瀆《ぼうとく》だ。

13

ふう！　なかなか厳しいお言葉ですね。決して約束をするなとおっしゃる。誰にも何の約束もしてはいけないんですか？

いまのほとんどの人生では、すべての約束に偽りが組みこまれている。将来、自分がどんなふうに感じるか、どうしたいと思うか、それがいまわかると考えるのが偽りなのだよ。ものごとに反応して生きていたら、そんなことがわかるはずはない。創造者として生きてはじめて、偽りのない約束ができる。

創造者は、将来、どう感じるかを知っている。創造者なら感情を経験するのではなくて、創り出すからだ。未来を創造できるようになるまでは、未来は予測できない。未来を予測できるまでは、ほんとうの約束をすることはできない。しかし、未来を創造し、予測する者でも、変化する権利と権限はある。変化はすべての被造物の基本的権利だ。実際には「権利」以上のものだ。「権利」とは与えられるものだから。ただ「変化」する、それだけだ。

変化するもの、それがあなただ。変化は与えられるものではない。あなたが変化するのだ。

さて、あなたがたは「変化」するから——変わらないのは「変化する」ということだけだから——つねに同じであるという約束は決してできない。

宇宙には変わらないものはないとおっしゃるんですか？　創造のなかでは、つねに変わらずにいるものは何もない、そうおっしゃるんですか？

あなたがたが生命と呼んでいるプロセスは、再創造(re-creation)のプロセスだ。生命はすべて、瞬間、瞬間に自らを再創造しつづけている。このプロセスでは、同一は不可能だ。何かが同一だったら、変化しないということだから。だが、同一は不可能でも、類似は不可能ではない。類似というのは、以前と驚くほど似たヴァージョンを創り出すという変化の結果だから。創造が高いレベルの類似に達したとき、あなたがたはそれを同一と呼ぶ。あなたがたの限られた視点から大ざっぱに見れば、同一なのだ。したがって、人間の目には、宇宙は偉大な不変性を保っているように見える。つまり、同じように見え、同じように行動し、同じように反応している。あなたがたは、それを不変だと思う。

しかし、いいかな。物質的、非物質的なすべての生命の視点で見れば、見かけの不変性は消える。真実を経験する。つまり、つねに変化しているということだ。

すると、ときには変化が非常に微妙でわずかなために、あまり敏感でないわたしたちには同じように見える、ときにはまったく同じに見えるけれど、じつはそうではないとおっしゃるのですか?

そのとおり。

では、「瓜二つのふたごなどいない」ってことですね。

そうだ。よく、わかっているではないか。

でも、わたしたちは不変に見えるほどそっくりなかたちで、自分自身を再創造する(re-create)ことができるんですね。

そう。

人間関係も同じ。わたしたちは何者で、どうふるまうか、ということでも同じなんですね。

そう。ただし、たいていのひとは非常にむずかしいと思うだろう。というのも、前にも言ったとおり（見かけのではなく）真の不変性は自然の法則に反するからだ。見かけの同一性を創り出すのでさえ、偉大な〈マスター〉でなければできない。〈マスター〉は自然の傾向性をすべて克服し（自然は変化する傾向があるんだよ、覚えているかな）、同一性を示す。だが、じつは毎瞬毎瞬、同一なわけではない。ところが〈マスター〉は同一に見えるほど似た自分を創造してみせることができるのだ。

でも、〈マスター〉でないひとたちだって、いつも「同じ」に見えますよ。行動も見てくれもあんまり予測可能なんで、命を賭けてもだいじょうぶだってひとたちを知っています。

しかし、それを意図的にするとなると、途方もない努力が必要だよ。〈マスター〉は、非常に高いレベルの類似性（あなたがたが言う「不変性」）を意図的に創り出すことができる。ところが弟子とは、必ずしも意図せずに不変性を創り出すひとたちだ。そういうひとは、ある状況ではいつも同じ反応をする。たとえば、必ず「自分にはどうしようもない」と口にする。だが、〈マスター〉は決してそんなことは言わない。

同じ反応をするひとは、結果として望ましいふるまい（ひとからほめられるような行動）になっても、「べつに、たいしたことじゃない。じつは、考えずに動いただけだ。誰でもそうするよ」と言うだろう。だが、〈マスター〉は決してそんなことはしない。つまり、〈マスター〉とは自分が何をしているかを文字どおり、知っているひとだ。〈マスター〉は、自分がなぜそうするのか知っている。ところが、〈マスター〉のレベルに達していないひとは、それも知らない。

だから、約束を守るのがむずかしいんですか？

それも、理由のひとつだ。前に言ったとおり、未来を予測できるようになるまでは、約束などできないのだよ。約束を守るのがむずかしい二つめの理由は、誠実さとぶつかるからだ。

と、おっしゃいますと？

ほんとうの自分はいつもこうだと言っても、そのあとに変わる。だから、深い葛藤《かっとう》が生じる。どちらに従うべきか。ほんとうの自分か、約束した自分か？

どうすればいいのか、アドバイスをお願いします。

他人を裏切らないために自分を裏切ること、それも裏切りだ。それは最高の裏切りだ。

でも、それでは、そこらじゅうで約束が破られてしまいますよ！　誰のどんな言葉も意味をもたなくなってしまう。誰も信用できなくなってしまうじゃありませんか！

ほう、あなたはひとが約束を守ると信用していたのか？　みじめだったのも無理はないな。

どうしてみじめだったとおっしゃるんです？

いまの自分、いまの行動が幸せだった結果だと思うかい？

いいです、わかりましたよ。たしかにみじめだったときもあります。

大部分はみじめだっただろう。どこから見ても幸せなはずのときですら、あなたは自分をみじめにした。ほんとうに幸せでいられるのかと心配したからだ！　そんな心配をせずにいられなかったのは、あなたの「幸せ」が、ひとが約束を守ってくれるかどうかで決まったからだ。

すると、約束を守ってくれると期待する（少なくとも願う）権利もないとおっしゃるんですか？

どうして、そんな権利が欲しい？

ひとがあなたとの約束を破るたったひとつの理由は、もう約束を守りたくないからだよ。あるいは、もう守れないと感じるからだ。同じことだが。ひとがあなたとの約束を守りたくない、あるいは守れないと思っているのに、どうして守らせたいと思うのだね？　ほんとうに、相手が守りたくない約束を守らせたいかな？　本人がしたくないことを強制するべきだと、ほんとうに思うか？　どうして、本人の意思に反することを強制したがる？

ええと、こういうことじゃないですか？　誰かが約束を守らなければわたしが傷つく、あるいはわたしの家族が傷つく。それを放っておくことになるからです。

すると、傷つくのを恐れて、ひとを傷つけるわけだ。

約束を守ってもらうのが、傷つけることになるとは思いませんが。

しかし、向こうは傷ついたと思うだろうね。そうでなければ、約束を守っていたはずだ。

すると、相手が約束を守って傷つくのを避けるために、自分の子供や家族が傷つくのを見ているべきなんですか？

ひとに無理やり約束を守らせて、それで自分たちは傷つかずにすむと思うか？　いいかね。自由に好きなように行動しているひとよりも、静かな絶望の人生を送っているひと（つまり、「しなければならない」ことをしているひと）のほうが、ずっと大きな被害を与えてきたのだよ。自由を与えれば、危険はなくなる。危険が増大することはない。たしかに、相手を約束やコミットメントの「くびきから解放」してやれば、その当座は自分が傷つくと感じるだろうが、長い目で見れば決して被害を受けてはいない。相手に自由を与えれば、自分も自由になるのだから。自分も苦しみや悲しみから解放され、尊厳や自尊心を傷つけずにすむ。ひとに無理やり約束を守らせれば、必ず自分の尊厳や自尊心が傷つく。
長期的な被害のほうが、当面の被害よりもはるかに大きい。ひとに約束を守らせようとしたことがある者には、きっとわかるはずだが。

ビジネスの世界でも同じですか？　ビジネスの世界で、そんなやり方が通るものでしょうか？

それどころか、正気でビジネスをしようと思うなら、それが唯一の方法だ。いまのあなたがたの社会の問題は、力を基盤としていることだ。法律的な力（「司法の力」とあなたがたは言う）や、物理的な力（「軍事力」だね）にしじゅう訴える。あなたがたはまだ、説得の術《すべ》を使いこなすことを覚えていない。

法律的な力、つまり裁判所を通じた「司法の力」を使わないとしたら、どうやって企業を「説得」して、契約や合意を守らせるんですか？

あなたがたのいまの文明の倫理では、ほかに方法はないかもしれない。だが、文明の倫理が変化すれば、いま企業に（個人に）合意事項を履行させている方法は、非常に原始的に見えてくるだろう。

もっと説明してくださいますか？

いまは、あなたがたは力で合意事項を履行させている。だが、文化的倫理が変化して、すべては「ひとつ」であるという理解が行きわたれば、決して力は使わないだろう。それでは、自分に被害を与えることになるからだ。右手で左手をたたくようなことはすまい。

左手が自分の首を絞めていても、ですか？

そんなことも起こらなくなる。自分の顔が憎くて鼻にかみつくようなまねはしなくなるよ。合意を踏みにじったりもしなくなる。合意そのものが、いまとはずいぶんちがったものになるだろう。いまは相手が価値のあるものをよこすときだけ、自分も価値のあるものを与えると合意する。しかし、そんなことはなくなるだろう。

与えるのも分け合うのも自然になるから、契約を破るとか破らないというより、契約そのものがずっと少なくなる。契約とはモノやサービスの交換についての取り決めだが、交換があろうがなかろうが、モノやサービスを与えるようになる。そうなれば、一方的に与えることが救いになる。そのとき、神が経験したことに気づくからだ。つまり、ひとに与えるのは自分に与えることだ。行ったものは戻ってくる、と。

自分から出ていったものはすべて、自分に戻ってくるんですね。

七倍になって。だから、何を「とり戻せる」か、心配しなくていい。何を「与える」かだけを考えていればいい。生きるとは、最上のものを得ることではなく、最上のものを与えることだ。

あなたがたは、忘れている（forgetting）が、人生は得るためにある（for getting）のではない。生命とは、与えるために（for giving）あるし、そのためには、ひとを赦《ゆる》す（forgiving）必要がある。とくに、期待したものをくれなかった相手を赦さなければならない。そうなると、あなたがたの文化の物語は一変するだろう。現在の文化で言う「成功」は、どのくらい自分が「得た」かで測られている。どのくらいの名誉や金や力や所有物を蓄積したかで測られているのだ。新しい文化では、「成功」はどのくらいひとに「蓄積」させたかで測られる。

皮肉なことに、ひとに蓄積させればさせるほど、あなたも苦労なく蓄積することになる。「契約」も「合意」も「取引」も「交渉」も、与えるという「約束」の履行を強制しあう訴訟も法廷もなくなる。

未来の経済では、個人的な利益めあてではなく、個人的な成長を目的にものごとを行うようになる。それが自分の利益だからだ。自分が大きく立派になれば、物質的な「利益」はあとから自然についてくる。

そうなれば、与えると「言った」のだから与えろと強制するのは、非常に原始的なやり方に見えてくるだろう。相手が合意を履行しなかったら、好きなように選択させるだろう。相手が与えなくても、あなたが失うわけではない。「それが来たところにはもっとたくさん」あることを知っているし、その源というのはあなたがもっている何かではなく、あなた自身だからだ。

なるほど、わかりました。だが、どうも脱線したような感じなんですが。そもそも、わたしが愛についておたずねしたのが発端でした。人間はいつか、制約なしに愛を表現できるようになるのかと。それから、「開かれた結婚」に話題が発展したんです。それが急に、脱線してしまいましたよ。

そうでもない。いま話したことはみんな関係がある。それに、「進んだ」、つまり高度に進化した社会に関する話の手はじめとしてもぴったりだ。高度に進化した社会では、「結婚」も「ビジネス」もない。いまのあなたがたの社会をまとめておくために創り出された人工的な社会機構は何もなくなる。

そうですね、そのこともすぐにお聞きしたいと思います。それでも、いまはこの問題に決着をつけたいんですが。あなたは、とても興味深いことをおっしゃった。要するに、ほとんどの人間は約束を守れないし、だから守るべきでもない、そういうふうに解釈したんです。そうすると、結婚という制度(institution)に大きな風穴があきますよ。

「施設(institution)」と言ったね。その言葉は気に入ったな。結婚しているひとのほとんどは、施設に入っているような気分でいるだろう。

そう、精神障害者用の施設か矯正施設か、というところですね。少なくとも、上級学習施設かな。

まったく、そのとおり。ほとんどのひとは、そういう経験をしている。

いやあ、冗談なんですけどね。だいたい「ほとんどのひと」ということはないでしょう。いまだって、何百万人もの人びとが、結婚という制度を愛し、守ろうとしていますよ。

それには異議があるね。ほとんどのひとは結婚で苦労しているし、その経験を好ましいとも思っていないよ。世界中の離婚統計がそれを物語っている。

すると、結婚制度は廃止すべきだとおっしゃるんですか?

わたしはどうすべきだとか、すべきでないとかは言わない。ただ——。

わかってます、わかってますよ。観察しているだけ。

ブラボー! あなたがたはいつも、どちらかに軍配をあげる神を求めるが、わたしはそうではない。そういう神を求めるのをやめてくれて、ありがたいな。

いやあ、結婚制度に風穴をあけただけじゃなくて、宗教にも風穴があいてしまいましたね！

神は軍配をあげないことを人類すべてが理解すれば、宗教が存在できなくなるのは事実だね。宗教の目的とは、神がどちらに軍配をあげるかを言明することだから。

あなたがどちらにも軍配をあげないのなら、宗教は偽りにちがいない。

それは厳しい言葉だな。わたしなら、フィクションと呼びたいね。あなたがたがでっちあげたものにすぎない。わたしは結婚制度を望んでいない。だが、あなたがたは望んでいるらしいな。

なぜでしょう？　むずかしいとわかっていて、わたしたちはなぜ結婚を望むんでしょうか？

それは、愛に「永続性」あるいは永遠をもたらしてくれる方法として、唯一考えついたのが結婚だからだ。女性にはサポートや生存が保証される唯一の方法で、男性にはつねにセックスとつれあいを保証してくれる唯一の方法だからだよ。
だから、社会的なしきたりが創られた。取引が成立した。あなたがこれをくれれば、わたしはこれをあげる。まるでビジネスだね。契約を交わすには履行を強制する力が必要だから、神との「神聖な盟約」だということにした。破ったら、神に罰を受ける。その後、それではうまくいかなくなったので、人間がつくった法で強制することにした。ところが、それさえもうまくいかなくなった。

どうして、そんなことになるんでしょう？

そういう誓いはふつう、唯一重要な法に矛盾するからだ。自然の法則に反するのだよ。

しかし、「ひとつである」こと、それを表現するのが、生命あるものの自然でしょう。わたしはそう理解したんですが？　結婚とは最も美しい表現ではありませんか。「神が結びたもうたものは、人間が離すことはできない」と言うじゃありませんか。

大半の結婚は、とくに美しくもないね。それは、人間の自然な真実の三つの側面に反するよ。

もう一度、説明していただけますか？　ようやく、わかりかけてきたようです。

よろしい。もう一度、順番にくり返そう。

あなたがたは愛である。愛は無制限で永遠で自由である。したがって、あなたがたもそうだ。それが、あなたがたの本来の性質だ。あなたがたはもともと、無制限で永遠で自由なのだ。

さて、あなたがたの本来の性質を踏みにじる、あるいは押さえつける人工的な、社会的、倫理的、宗教的、哲学的、経済的、政治的な機構はすべて、あなたがたの真の自己を侵害する。だから、あなたがたは強い不満をいだく。

たとえば、アメリカという国はどのように生まれたか。「自由を、しからずんば死を与えよ」ではなかったか？　ところが、国民はその自由を放棄し、あなたがたは人生の自由を放棄した。どちらも同じ目的のため、安全保障のためだ。あなたがたは人生を——生命そのものを——恐れるあまり、自分の本来の性質を安全保障と引きかえに放棄したのだ。

結婚という制度は、安全を保障しようとする試みだ。政府と同じだね。じつは、両方の内容は同じなんだよ。お互いの行動を律しようとする人工的な社会制度だ。

やれやれ、そんなふうには考えたことがなかったな。結婚というのは、究極的な愛の宣言だと思ってましたよ。

たしかにそう想像したのだが、できあがったものはちがった。できあがったのは、究極的な不安の宣言だ。

結婚が無制限で永遠で自由な愛につながるなら、それは究極的な愛の宣言だ。だが、いまのあなたがたは、自分の愛を約束か保証のレベルにまで引き下げようとして結婚する。結婚は「いまの状態」が永遠であることを保証しようとする努力だ。保証がいらなければ、結婚も必要ない。その保証をあなたがたは何に使うか？ 第一に、安全を保障する手段として使う（自分自身のなかに安全を求めるかわりに）。第二に、その保証が永遠に続きそうもないと、相手を罰する手段として使う。いままでは、結婚の約束が破られると裁判が起こされるね。こうして、あなたがたは結婚がとても役に立つものであることを発見した。ただし、まったく間違った理由で。

結婚はまた、お互いへいだくような感情を決して他人にはもたないと保証しようとする試みでもある。少なくとも、同じ方法で表現しないと保証する試みだね。

つまり、セクシュアルに。

つまり、セクシュアルに。最後に、いまのあなたがたの結婚は、「この関係はとくべつだ。わたしはこの関係をほかのすべての上に置く」と言明することだ。

それのどこがいけないんですか?

べつに。これは正邪の問題ではないよ。あなたがたにとって役立つかどうか、それが問題だ。ほんとうの自分が、「この関係、いまここにあるただひとつの関係が、ほかのすべてにくらべてとくべつだ」と言うのなら、結婚というしくみは完全にその目的にかなっている。だが、おもしろいことに、霊的な〈マスター〉と認められているひとたちは、ほとんど結婚していないはずだよ。

ええ、〈マスター〉というものは独身だからですね。セックスはしないんだ。

そうじゃない。〈マスター〉はいまの結婚というしくみに、誠実に真摯《しんし》に従うことはできないからだ。つまり、ひとりの人間がほかの誰よりもとくべつだとは言えないからだよ。〈マスター〉はそんなことは言わない。神もそんなことは言わない。

いまのあなたがたの制度では、結婚の誓いで、非常に神らしからぬ宣言をしている。なのに、神聖な約束のなかでもとくに神聖だと感じられているのは皮肉だね。あなたがたは、神が「選ばれた民」に「約束」をした、神と神に愛された人びとの盟約はとくべつだ、と言う。だが、神なら、決してそんな約束はしない。

あなたがたは、神が誰かをとくに愛することはないという考えに耐えられない。だから、神が特定の理由で特定の人びとだけを愛するというフィクションを創り出した。そのフィクションを、あなたがたは宗教と呼ぶ。わたしならそれを冒瀆《ぼうとく》と呼ぶね。神が誰かをとくに愛すると考えるのは、そして、それを表す儀式は、聖典ではなく神聖冒瀆だ。

驚いたな（my God）。待ってください、待ってくださいよ！ お話を聞いていると、結婚についてもっていた良いイメージがすべてつぶされてしまう！ これが神の言葉であるはずがない。神が宗教や結婚について、こんなことを言うはずがありませんよ！

ここで話しているのは、あながたがたが創りあげた宗教と結婚だよ。厳しすぎると思うかな？ いいかね、あなたがたは自分の不安を正当化し、お互いへの狂気のような態度を合理化するために、神の言葉をねじ曲げてきた。あなたがたは、神の名においてお互いを制約し、傷つけ、殺しあう。それに必要なことを神に言わせようとする。そう、あなたがたは何世紀もわたしの名を振りかざし、神の旗を掲げ、十字架を抱いて戦場に赴いてきた。すべて、わたしがある人びとをほかより愛している、それを証明するために殺せと言うとあかしだてるためだった。だが、いいか。わたしの愛は無制限で、無条件なのだ。

それがあなたがたにはわからない。この真実を認められない。この言葉を受け入れられない。そうなったら、すべてが包みこまれるから、(あなたがたが創りあげたような)結婚制度が破壊されるだけではなく、宗教も行政制度も、すべてが壊れてしまうからだ。あなたがたは疎外をもとに文化を創り出した。だが、神の文化は包含をもとにしている。神の愛にはすべてが包みこまれる。神の王国にはすべてが招かれる。この真実を、あなたがたは冒瀆と言う。

言わずにはいられないのだ。それが真実なら、人生で創りあげてきたものすべてが間違いになるからだ。

「正邪」がないのに、どうして何かが「間違い」だと言えるんですか?

間違いというのはただひとつ、目的にかなった機能をしないということだ。開閉しないドアは間違っているが、そのドアが「悪」だとは言わないだろう。ドアの取り付け方、動き方が間違っているというだけだ。目的にあっていない。あなたがたが人生で創りあげたもの、社会で創りあげたもので、人間としての目的にかなっていないものは間違っている。間違ったしくみだ。

すると……わたしたちはどうなりますか？　宗教を破壊し、結婚を見捨て、政府を否定した。そうすると、どうなるんですか？

第一に、わたしは何も破壊し、見捨て、否定していない。あなたがたが創った機構が機能せず、望むものを生み出さない場合、その状態をありのままに説明するのは、その機構を破壊し、見捨て、否定することではない。批判と観察のちがいを思い出してごらん。

反論するつもりはないんですが、いままでおっしゃったことは、かなり批判的に聞こえましたよ。

言葉の制約が大きくて、身動きがとれないのだよ。言葉が少なすぎるので、伝えようとするのが同じ意味でなくても、同じ考えでなくても、同じ言葉を何度もくり返し使わなければならない。

「バナナ・スプリットを愛している」と言っても、まさか、ひとがお互いに愛しあうというのと同じ意味で使っているのではない。それを見ても、感情を表現するには、言葉が少なすぎるのがわかるだろう。こうして——言葉で——コミュニケーションをしていると、わたしもこの制約を受ける。たしかに、あなたがたが批判するときと同じ言葉を使っているから、わたしも批判していると思われがちなのは認めるよ。

だが、もう一度断言するが、批判しているのではない。この対話全部を通して、わたしはただ、あなたがたがめざすと言うところへ達するにはどうすればいいかを説明している。あなたがたの道をはばんでいるもの、目的地への到達をじゃましているものを、できるだけはっきりと教えてあげようとしているのだよ。

宗教についていえば、あなたがたはほんとうに神を知り、愛せるようになりたいと言う。だが、あなたがたの宗教ではそこへは到達できない、と説明しているのだ。

あなたがたの宗教は神を偉大な謎《なぞ》にして、神を愛するのではなく、神を恐れさせている。宗教はあなたがたの行動を変えるのにほとんど役立っていない。あなたがたはいまも殺しあい、非難しあい、「間違っている」と相手を糾弾《きゅうだん》する。それをあなたがたの宗教は奨励している。だから、わたしの観察によれば、宗教はあなたがたがめざすところではなくべつの場所に連れていく。

あなたがたは結婚が、永遠の祝福をもたらしてくれることを望む。少なくともある程度のレベルの安らぎと安心と幸せをもたらしてほしいと思っている。宗教と同じで、あなたがたが考え出した結婚というしくみは、結婚したてのころはこの目的をかなえてくれる。しかし、これも宗教と同じで、経験が長くなると、行きたくないと思っている場所へ連れていかれてしまう。結婚したひとたちの約半数が離婚する。離婚しない者でも、絶望し、不幸でいるかもしれない。「結ばれる喜び」がやがて、あなたがたを苦渋と怒りと後悔に連れていく。

あなたは、政府に平和と自由と国内の安定を保障してもらいたいと言うが、あなたがたが考案した政府は、この目的を果たしていない。それどころか、政府はあなたがたを戦争に引きずりこむ。自由はますます制限され、国内では暴力と社会不安がひろがっている。人びとに充分な食糧を与えて健康に暮らさせるという基本的な問題さえ解決できていない。ましてや、平等な機会を提供するという課題は達成されていない。

毎日、あなたがたは貧しい国々を養えるほどの食糧を捨てているのに、同じ地球の上で何百人もが飢え死にしている。あなたがたは「もてる」者が残したモノを「もたざる」者に与えるという簡単なことすらできない。ましてや、資源をもっと平等に分け合うという問題など、解決できない。

これは批判ではないよ。あなたがたの社会の状態を観察しているだけだ。

なぜなんですか？　なぜ、そんなことになっているんでしょう？　この何年かで、どうしてもっと問題を解決できなかったんでしょう？

何年？　何世紀ではないか。

いいです、何世紀もです。

それは、人間の最初の文化的な神話と、その後に続いたさまざまな神話のせいだ。それが変わるまでは、何も変わらない。文化の神話はあなたがたの倫理を伝え、倫理は行動を生み出す。問題は文化的な神話が基本的な直観と矛盾していることだ。

と言いますと？

あなたがたの第一の文化的な神話は、人間が本質的に悪だと語る。原罪という神話だ。あなたがたの基本的な性質が悪だというだけでなく、そう生まれついているのだと言う。第二の神話は、第一の神話から必然的に生まれてくる。「適者生存」という神話だ。この

第二の神話は、強者と弱者がいて、生き残るには強者でなければならないと言う。仲間を助けるためにはできるだけのことをするが、しかし自分自身の生存が問題になったら、まず自分のことを考える。そのためには、ひとを死なせもする。それどころか、自分や自分の仲間が生き延びるために必要だと思えば、他者を――たぶん「弱者」を――殺害する。

それでこそ、「適者」だと。

それが基本的な本能だと言う者もいる。それは「生存本能」と呼ばれる。この文化的神話があなたがたの社会の倫理の大半をつくりあげ、多くのグループの行動を創り出している。

だが、あなたがたの「基本的な本能」は生存ではなくて公平であり、ひとつになることであり、愛だ。それがすべての知覚ある存在の基本的な本能だ。細胞に記憶されている本来の性質だ。

だから、第一の文化的神話は崩壊する。あなたがたは基本的に悪ではない。「原罪」を負って生まれたのでもない。

「基本的な本能」が「生存」にあるなら、そして、基本的な性質が「悪」なら、転落しそうな子供や溺《おぼ》れかけたひとを本能的に助けたりはしないだろう。ところが本能のままに行動するときは、どうしようかとは考えない。たとえ、自分の身が危うくなっても助ける。

したがって、あなたがたの「基本的」な本能が「生存」でないことも明らかだ。本能も性質も、あなたが何者であるかを、つまり公平と、ひとつであることと、愛を反映している。

社会的な面で言えば、「公平」と「平等」とのちがいを理解することが重要だ。平等を求めることも、平等であろうとすることも、知的存在の基本的な本能ではない。それどころか逆だ。

同一性よりも独自性を表現する、それが生きとし生けるものの基本的な本能だ。真に平等な社会の創造は、不可能なばかりでなく、望ましくもない。真の平等を、言い換えれば経済的、政治的、社会的な「同一性」を実現しようとする社会のメカニズムは、最も偉大な考えと最高の目的にまったく反している。

最高の目的とは、新たな真の自分を再創造していく機会を得るということだ。必要なのは機会の平等で、現実の平等ではない。それが公平ということだ。外部の力や法でつくり出された現実の平等は、公平を損なう。

では、機会の自由は何によって創り出されるか。社会がすべてのひとに基本的な暮らしを保証し、誰もが生存ではなく自分の成長と自己の創造を追求しつつ生きられる、そんなシステムだ。言い換えれば、生存を保証する真のシステム（生命と呼ばれる）を模倣したシステムだね。

悟りを開いた社会では自己の生存は問題ではないから、すべてにとって充分なほど豊かなのにひとりを苦しませるようなことはない。そういう社会では、自分の利益と互いの最善の利益は同じなのだ。「本質的に悪」だという神話、あるいは「適者生存」という神話を中心に創られた社会では理解できないだろうが。

そう、わかります。その「文化的神話」についても、もっと進んだ文明における行動や倫理についても、もっとあとで、くわしく話していただきたいと思います。でも、いまは、もう一度だけさっきの質問に戻って、そっちを解決しておきたいんですが。あなたとお話ししていて困るのは、答えがあまりにおもしろい方向に展開していくので、最初の話題を忘れてしまうことなんですよ。さっきは結婚について話していたんです。愛について、愛には何が必要かについて、話しあっていたんです。

愛には何も必要ない。それが愛だ。

誰かへの愛が要求をともなうなら、それは愛ではなく、まがいものだよ。あなたの問いに答えるたびに、さまざまにちがった方法で言ってきたのはそのことだ。たとえば、結婚するときには誓いのやりとりがあるが、それは愛には必要ない。それでも、あなたがたが誓いあうことを要求するのは、愛の何たるかを知らないからだ。だから、愛が決して求めることのない約束を交わすのだよ。

それじゃ、あなたは結婚に反対なんだ!

わたしは何にも「反対」しない。ただ、見たままを語っているだけだ。あなたがたは現実を変えることができる。「結婚」という社会的なしくみをつくりかえて、愛が決して要求しないものは要求せず、ただ愛が宣言することだけを宣言するようにできる。

言い換えれば、結婚の誓いを変えるんですね。

それだけではない。誓いの基本になっている期待を変える。その期待を変えるのは、なかなかむずかしいよ。文化的遺産だからね。それは文化的神話から生まれている。

また文化的神話に話が戻りましたね。どうして、そればかりおっしゃるんですか?

正しい方向を教えてあげたいからだ。あなたがたの社会がめざすと言う場所がわかるから、どっちの方向へ行けばいいのかを人間の言葉で伝えようとしているのだよ。例をあげてみようか?

お願いします。

あなたがたの愛に関する文化的神話のひとつは、愛とは受けるよりも与えるものだということだ。これは、文化的な規範になっているね。だが、おかげであなたがたは頭が変になりかけているし、誰ひとり想像もつかなかったような被害が生じている。人びとは間違った結婚に落ちこみ、のがれられない。あらゆる関係が機能不全におちいっているのに、誰も——あなたがたが指針を求める親も、インスピレーションを求める聖職者も、明晰《めいせき》な分析を求める心理学者や精神科医も、知的な指導を求める作家や芸術家も——誰も流布した文化的神話に逆らおうとしない。

そこで、その神話を不滅にする歌がつくられ、物語が語られ、映画が制作され、指針が与えられ、祈りが捧《ささ》げられ、子育てが行われる。あとは、そのとおりに生きるだけだよ、ということになる。

ところが、あなたがたにはそれができない。問題はあなたがたではなく、神話にあるのだよ。

愛は受けるよりも与えるもの、じゃないんですか？

ちがう。そうだったことは一度もない。

でも、あなた自身がおっしゃったじゃないですか。「愛は何も必要ない」って。それが愛だって。

そうだよ。

それは、「受けるよりも与える」ことだというのと同じに聞こえますよ！

それでは、一冊めの対話の八章を読みなおしたほうがいいね。そこでみな説明してある。

わかっています。でも、一冊めの対話を読んでいないひともいますよ。ですから、ここでも説明していただけませんか？　正直なところ、わたしも復習したいんです。いま、ようやく、わかりかけた感じですから！

よろしい。こういうことだよ。

あなたが他者に対してすることはすべて、自分に対してしている。なぜなら、あなたと他者は「ひとつ」だから。

したがって、他者に対して何かをすれば、自分に対してもすることになる。他者に何かをしてやらなければ、自分にもしてやらないのだ。他者にとって良いことはあなたにとって良いことだし、他者にとってまずいことはあなたにとってまずいことだ。これが最も基本的な真実だ。だが、あなたがたはしじゅう、無視している。

さて、他者と関係を結ぶとき、目的はたったひとつしかない。ほんとうの自分とは何者かを決定し、宣言し、創造し、表現し、経験し、最高の姿を実現することだ。ほんとうの自分が親切で思いやりがあり、心づかいをし、分かち合い、共感と愛情あふれる人間であるなら、ひとに対してそういう人間であることで、自分も最も偉大な経験をすることになる。

それが、あなたが身体に宿った目的なのだよ。相対的な世界の物質的な領域でしか、自分を知ることはできない。絶対の領域では、知るという経験は不可能なのだ。ところで、ほんとうのあなたが自己を愛さない存在だとしたら、そして虐待され、傷つけられ、破壊されるままになる存在だとしたら、そういう経験につながるふるまいをしつづけるだろう。だが、ほんとうは親切で思いやりがあり、心づかいをし、分かち合い、共感と愛にあふれる人間なら、その相手に自分自身をもふくめるはずだ。それどころか、まず自分から始めるだろう。自分を第一にするだろう。

人生のすべては、あなたがどんな存在になりたいかで決まる。たとえば、あなたがすべての他者と「ひとつ」になりたいなら、具体的に「ひとつ」であることを体験し、示せるように行動するだろう。そういう考えで行動すれば、結果として他者のためではなく、自分のためにしたのだと感じるだろう。

ほんとうの自分として何を求めるにしても、同じことだ。愛があふれる存在になりたいなら、ひとと一緒に愛があふれる行動をするだろう。ひとのためではなく、ひとと一緒に。

このちがいに注意しなさい。ニュアンスのちがいをくみとりなさい。自分のために、ひとと一緒に愛があふれる行動をする。それによって、あなたはほんとうの自分についていだく最も偉大な考えを現実化し、体験する。

だから、他者のために何かをするというのは、ありえない。あなたの決断という行為(act)は、文字どおり演技(act)だから。あなたは演じている。ある役割を創造し、その人物になる。ただし、これはふりをするのではない。実際にその人物になるのだ。あなたがた人間がどんな存在になるかは、自分で選択して決めている。

シェイクスピアは「全世界は舞台だ、人間は役者だ」と言った。また、こうも言った。「存在するか、しないか、それが問題だ」

さらに、こうも言った。「自分に忠実であれ。そうすれば、あとのことは自然についてくる。夜が昼に続くように。他人に対してもいやでも忠実にならざるをえない」

自己に対して誠実で、自己を裏切らなければ、ひとに「与える」ように「見えて」も、実際には「受けとって」いることがわかるだろう。じつは、自己に与えているからだ。じつは他者に「与える」ことはありえない。理由は簡単で、「他者」というものはないからだよ。われわれすべてが「ひとつ」なら、あるのはあなただけだろう。

そういうのって、ときどき、言葉の「トリック」じゃないかと思いますよ。言葉をあやつって、意味を変えてしまってるんじゃないかって。

トリックではなく、**魔術だよ！**　言葉をあやつって意味を変えているのではなくて、概念をあやつって経験を変えているのだ。あなたがたの経験はすべて概念にもとづいている。概念は理解に、理解は神話にもとづいている。神話、つまり教えられてきたことだ。いいかね、現在のあなたがたの文化的神話は、あなたがたの役に立たない。あなたがたがめざすというところへ、連れていってはくれない。

あなたがたがめざすという場所が嘘《うそ》なのか、それともそこへ向かってはいないという事実に目をつぶっているのか、どちらかだね。個人としても、国としても、種《しゅ》としても、人類としても。

ほかの種というのが存在するんですか？

ああ、もちろん。

それじゃ、そのことを話してください。ずっと、待っていたんですよ。

もうすぐ、もうすぐだ。だが、まず、あなたがたが考え出した「結婚」をどうすれば変えられるか、そして、どうすればめざすところに近づけるかについて話そう。破壊したり、捨てたりすることはない。変えなさい。

そう、たしかにそのことも知りたいですよ。人間に真の愛を表現させる方法がないものか、ずっと知りたかったんです。それでは、この章は最初の話題に戻って締めくくりましょう。愛の表現にはどんな制限を課したらいいか。ひとによっては、課さねばならない、と言うでしょうが。

何もない。制限はまったくない。結婚の誓いでも、それを宣言すべきなのだよ。

驚いたな。だって、ナンシーと結婚するとき、わたしたちはそう誓ったんです。ナンシーと結婚しようと決めたとき、ふいに、新しい結婚の誓いをしようと思いついたんですよ。ナンシーも賛成してくれました。「伝統的な」結婚の誓いを交わすのは不可能だって、わかってくれたんです。

知っているよ。

それで、一緒に「新しい」結婚の誓いを書いた。あなたの言う「文化的な規範を決めた」んです。

そう、そうだったね。よくやった。誇りに思うよ。

牧師さんに読んでもらうために、あの誓いの言葉を紙に書きながら、これはインスピレーションだ、二人にインスピレーションが与えられたんだと感じましたね。

もちろん、そうだよ！　わたしが、本を書かせるだけだと思ったのかな？

そうなんだ！

そう、そうなんだよ。それでは、あの結婚の誓いをここに記したらどうだね？

え？

記してごらん。コピーをもっているだろう。ここに書きなさい。この対話が始まるとき、これを世界に見せるとは思っていなかっただろう。さあ、記しなさい。

「わたしたちは完璧《かんぺき》な結婚の誓いを書いた！」なんて言っているように思われたくないですよ。

急に、ひとにどう思われるかが心配になったのか？　いいかな、誰も「完璧な結婚の誓い」だなんて言わないよ。ただ、いままでのところ、地上で最善の誓いだ。

そんな……！

なーに、冗談さ。からかっただけだよ。さあ、誓いをここに記しなさい。責任はわたしがとってあげるよ。みんなにもあの誓いをするよう、勧めたらいい。実際には「誓い」ではなくて、結婚の声明だがね。

それじゃ、そうします。ナンシーと結婚したとき、二人が宣言しあったのはこういうことでした……あのとき、「インスピレーション」をお与えくださったことに感謝します。

結婚する理由は、安定を求めるからではない。

また、心の安定が得られるのは、相手を自分のものとして所有したり、支配したり、また所有されたり、支配されたりするからではない。

人生で必要なものを相手に要求したり、期待したり、希望するからですらない。

心の安定が得られるのは、人生で必要なもののすべて——すなわち愛と智恵と洞察と、力と知識と理解と、慈しみと共感と強さのすべてが自分自身のなかに存在することを知っているからだ。

それを相手から得るためにではなく、お互いに贈りたいから、それによって相手をもっと豊かにしたいから、わたしたちは結婚する。

自分のなかの最高にして最善のものを正直に表現することをお互いに制約したり、コントロールしたり、妨げたり、お互いを束縛するために結婚するのではない。

義務を生み出すためではなく、機会を提供するために、成長する機会、お互いの魂《たましい》を結びあわせることを通じて神との究極の一体化を実現する機会を与えあうために、わたしたちは結婚する。

わたしたちは対等なパートナーとして愛する人と人生を旅し、すべてのパートナーシップにつきものの権威と責任を平等に分かち合い、平等に負担を引き受け、平等に栄光に浴する。

わたしたちは、赤いバラを交換する。結婚という物質的なしくみのなかで、生身の人間としてどう暮らしていくかを知って同意するしるしに。

わたしたちは、白いバラを交換する。二人の上にいつまでも輝く神の愛の純粋さのしるしに。

わたしたちは指輪を交換する。はじまりも終わりもない、太陽と地球と宇宙のシンボルである丸い輪を、支配でなく合体、制約でなく協力、束縛でなく手を繋《つな》ぎあうシンボルとして。

この結婚の秘蹟《ひせき》を執り行えるのは当人たちだけであり、それを神聖なものとできるのも当人たちだけである。わたしたちはすでに心に刻まれた真実をここに表明し、集まった友人と精霊の前で証言する。

アーメン。

この言葉を口にするのがむずかしいというひともいるだろうね。守るのがむずかしいというひともいるだろうよ。

わたしたちも守りつづけていきたいと願っています！　だって、ここに記せば、これからは守らなければならなくなりますから。

「もちろん、何も要求されない誓いなら誰だって守れるさ！」と言うひとがいるだろうな。そういうひとには、何と言うかね？

こう言いますよ。「誰かを支配するよりも自由にさせるほうが、ずっとむずかしい。誰かをコントロールしていれば、自分の望みどおりになる。だが、誰かを自由にさせておけば、そのひとの望みどおりになるんだから」

なかなか、うまいことを言う。

わたしが結婚に反対するはずがあるかな？　わたしたちはみな、結婚している。互いに結婚しているじゃないか。いまも、そして永遠に。わたしたちは結ばれている。わたしたちは「ひとつ」だ。これまでで最大の結婚式だよ。わたしのあなたへの誓いは、これまでで最も偉大な誓いだ。わたしはあなたを永遠に愛し、すべてから自由にする。わたしの愛は決してあなたを縛ることはない。それゆえに、あなたは最後にはわたしを「愛する」ことになる。ほんとうの自分でいる自由こそ、あなたの最大の望みであり、わたしの最大の贈り物だから。宇宙の最高の法律に従って、わたしを合法的な結婚相手、創造の協力者にするかな？

します。そして、あなたもわたしをパートナーとして、創造の協力者にしてくださいますか？

するよ。いつも、そうしてきた。いまも、そして永遠に、わたしたちは「ひとつ」だ。

アーメン。

14

ここに記された言葉を読んでいると、畏敬《いけい》の念でいっぱいになります。こうしてわたしのもとにいてくださることを感謝します。わたしたちみんなと一緒にいてくださることを感謝します。この対話の言葉を何百万人もの人びとが読んできましたし、これからも読むでしょう。あなたがわたしたちの心に来てくださったことで、このうえない贈り物を与えられたのです。

親愛なる者たちよ、わたしはいつもあなたがたとともにいた。あなたがたが、ここで実際にわたしを感じることができて、ほんとうにうれしい。わたしはいつもあなたがたとともにいた。あなたがたから離れたことはない。わたしはあなたであり、あなたはわたしであって、わたしたちは決して離れない。それは不可能だからだ。

ちょっと、ちょっと待ってくださいよ！　既視感（デジャヴュ）のようだ、どっかで見たような。前にも同じことを言いはしませんでしたか？

もちろん、言ったよ！　一二章を読んでごらん。ただ、今度のほうが、意味がもっと深くなった。

既視感がほんとうだとしたら、そして、意味を深めるために、いつか経験したことを「もう一度」経験しているのだとしたら、すごいですね？

どう、思う？

たぶん、ほんとうにそういうことが起こっているんじゃありませんか？

よろしい。もう一度、ブラボーと言おう。あなたは理解が早くて、急激に新たな理解を増やしている。怖いくらいだよ。

そうでしょう……？　ところで、もっとまじめな話をしたいのですが。

わかっているよ。続けなさい。

魂《たましい》はいつ、身体に宿るのですか？

いつだと思う？

そうしようと選んだとき。

いいぞ。

だが、ひとはもっとはっきりした答えを求めているんです。いつ、生命が始まるかを知りたがっています。ひとが知っている生命です。すると、いつが目安なんですか？ 身体が子宮から出たとき、それが物理的な誕生ですか？ それとも受胎したとき、物理的な生命の要素が合体したときですか？

生命にはじまりはない。なぜなら、終わりがないから。生命はただ存在し、新しいかたちを創造する。

それって、六〇年代にすごくはやったラバランプのなかのにゅるにゅるした物体みたいなものなんでしょうか。ほら、ランプの底にやわらかい大きなかたまりがあって、温めると、ついたり離れたり、いろいろなかたちをつくりながら上っていき、てっぺんでひとつの大きなかたまりになって落ちてきて、またくり返す、あれですよ。ランプのなかの物体が「新しく」なることはなくて、いつも同じかたまりなんだけれど、それがぜんぜんべつのものの「ように見える」。無限にちがったかたちができるから、いつまで見ていてもおもしろくて飽きないじゃないですか。

それはじつにうまいたとえだ。魂はそういうものだよ。「ひとつの魂」は——じつは存在のすべてだが——自分をどんどん小さな部分に分けていく。その「部分」のすべては、最初からあるものだ。「新しい」部分などひとつもなく、存在するすべての一部が変化して、新しいちがった部分の「ように見える」だけだ。

シンガーソングライターのジョーン・オズボーンは、とてもしゃれた歌でこんなふうに問いかけています。「神がわたしたちのひとりだったら？　わたしたちと同じただの人間だったら？」と。あの歌詞を、「神がわたしたちのひとりだったら？　わたしたちと同じかたまりだったら？」と変えてもらいましょうか。

ふーん! それはいい。ひとは、わたしが彼らと同じだなんて考えられないんだよ。

そういう反応を考えると、神についてではなく人類について、おもしろいことがわかりそうですね。人間は、神を自分たちの仲間とくらべるのが冒瀆《ぼうとく》だと思う、それはいったい人間の何を語っているのか……? で、さっきの質問に戻りたいんですが。わたしたちが知っている生命はいつから始まるのか、教えていただけますか? 魂はいつ、身体に宿るのでしょう?

魂が身体に宿るのではない。身体が魂に包まれるのだ。前に言ったことを覚えているかな? 身体は魂の住まいではない。逆だよ。

あらゆる者はつねに生きている。「死」というものはない。存在には、そのような状態はない。

つねに生きているものは、ただ新しいかたちになるだけ、新しい物質的なかたちに変わるだけだ。そのかたちにはつねに生きるもののエネルギー、生命エネルギーが通っている。生命は(あなたがたが、わたしというエネルギーを生命と呼ぶなら)つねに存在する。存在しないことはありえない。生命には終わりがない。したがって、どこかで始まるということもありえないではないか?

そんな、助けてくださいよ。わたしが何を言いたいか、ご存じなんでしょう。

わかっているよ。中絶について議論したいのだろう。

そう、そうなんです！　せっかく神さまと対話しているんだから、はなばなしい質問をしたいんです。生命はいつ始まるのか？

答えはあまりはなばなしくないから、聞きたくないだろう。

かまいません。言ってみてください。

生命は決して始まらない。生命は決して「始まり」はしない。なぜなら、生命は終わることがないから。あなたは生物学的、技術的な議論をして、「ルール」をつくりたいと思っているのだろう。その「ルール」は、あるべき人間の行動についての「神の法」をもとにしており、それに従わなければ罰を受けると言いたいのだろう。

いけませんか？　そうすれば、駐車場で医者を殺しても無罪ですみますよ。

そう、わかるよ。あなたがたは何年も前からわたしを利用し、「神の法」と呼ぶものを利用して、あらゆることを正当化してきた。

いいじゃないですか！　どうして、妊娠中絶は殺人だと言い切ってしまわれないのですか？

あなたは誰も、何も殺すことはできない。

そう。だが、「個別化したもの」に終止符を打つことはできますよ！　それを、わたしたちの言葉では「殺す」と言うんです。

わたしの一部がそれぞれ個々に表現しているプロセスを、それ自身の合意なしに終わらせることはできないよ。

それはどういうことですか？　何をおっしゃってるんですか？

神の意志に反することは何も起こらない、と言っている。生命は、そして生命に関する出来事はすべて、神の意志（あなたの意思と読みかえてもい い）が現れたのだ。この対話で、あなたの意思はわたしの意志だと言った。「ひとつのわたしたち」があるだけだからだ。生命は神の意志が完璧《かんぺき》に表現されたものだ。何かが神の意志に反しているとしたら、神の定義からして、それは起こりえない。ある魂がべつの魂について何かを決めることができると思うか？　個々の存在としてのあなたがたが、相手の意思に反する方法で影響を及ぼしあうことができると思うか？　そんなことを考えるのは、お互いがべつべつだと思っているからだ。

神が好まないやり方で、生命に影響を及ぼせると思うか？　そんなことを考えるのは、わたしから離れていると思っているからだ。

だが、どちらの考え方も間違っている。宇宙が同意しないやり方で宇宙に影響を及ぼせると考えるのは、はかり知れない傲慢《ごうまん》だ。

あなたがたがここで相手にしようとしているのは強い力だ。ところが、最高に強い力よりも自分のほうがさらに強いと思っている者がいる。しかし、それはありえない。しかし、最高に強い力よりも弱いわけでもない。あなたがたは最高に強い力だ。それ以上でも、それ以下でもない。だから、その力とともにありなさい！

すると、当人の許しなしには誰も殺せないとおっしゃるんですか？　最高のレベルでは、殺された者はみな、殺されることに同意していると、そうおっしゃるんですか？

あなたは地上の見方で見て、地上の考え方で考えている。話しても、ちんぷんかんぷんだろう。

「地上の考え方」で考えるほかないじゃありませんか。わたしはいまここに、地上にいるんです！

いいかな。あなたは「この世界にいるが、この世界のものではない」。

それじゃ、地上の現実はぜんぜん現実ではないんですか？

ほんとうに現実だと思うか？

わかりません。

「何かもっと大きなことが起こっている」と感じたことはないかな？　それを、説明しているのだよ。

そうか、わかりましたよ。それでは、出かけていって誰かを殺してもいっこうにかまわないわけだ。だって、当人が同意しなければ、何もできないはずでしょう！

じっさい、人類はそんなふうに行動しているよ。それを認めるのがそんなにむずかしいとは不思議だね。それにもかかわらず、あなたがたは平気で行動している。いや、もっとひどいことに、相手の意思に反してひとを殺している。相手の意思など、どうでもいいというように！

そんな。もちろん、どうでもよくはないですよ！　ただ、もっと大事なことは何か、ってことなんです。人類が誰かを殺すとき、どうでもいいことをしていると言っているわけじゃない。そんなふうに考えるのは軽率というものです。ただ、もっと大事なことがあるっていうだけですよ。

すると、相手の意思に反して殺すのはかまわない、というほうが受け入れやすいのだね。それなら罰は受けないですむというのか。相手の意思だからそうする、というほうは、間違っていると感じる。

そうは言ってません。そうは考えてないですよ。

そうじゃないか？　あなたがたの一部がどんなに偽善的か、教えてあげようか。たとえば戦争や死刑など、相手の死を望むちゃんとした充分な理由があれば、相手の意思に反してひとを殺すことはかまわない、と言う。あるいは、中絶をしているクリニックの駐車場で、そこの医師を殺すとかね。だが、自分の死を望むちゃんとした充分な理由があるという者がいても、彼らの死を助けてはやらない。それは「自殺幇助《ほうじょ》」で、悪いことだと言う！

わたしをばかにしているんですね。

そうじゃない。あなたのほうが、ひとをばかにしているんだよ。わたしが、相手の意思に反してひとを殺すことは許すが、当人の意思に従って殺すと断罪すると、そう言っているではないか。これは、狂気のさただ。

しかし、あなたがたは狂気だと思わないどころか、狂気だと指摘する者のほうが狂っていると言う。まっとうなのは自分たちで、妙なことを言い出すほうがやっかいごとを引き起こすのだ、と思っている。そういうねじ曲がった論理で、あなたがたは人生のすべて、神学の全体をつくりあげている。


そんなふうに考えたことはありませんでした。


いいかね。そろそろ、新しい見方をするときだ。個人としても、社会としても生まれなおすときだ。自分たちの狂気で世界を破壊してしまう前に、世界を再創造しなければいけない。

よく聞きなさい。わたしたちがすることはすべて、お互いが共同して行っている。わたしたちは、協力して現実を創造している。あなたが妊娠中絶するなら、わたしたちが中絶しているのだ。あなたの意思はわたしの意志だ。

神聖なるものの個々の側面は、他の側面に力を及ぼすことはできない。ある魂がべつの魂の意思に反して影響を及ぼすことは不可能だ。被害者はいないし、したがって加害者もない。あなたがたの限られた視点からは理解できないだろう。だが、わたしはそうだと言う。

存在し、行為し、何かを所有する理由はただひとつしかない。自分が何者であるかを言明することだ。個人として、社会としてのあなたがたが、自分が選び、希望するとおりの存在であるなら、何も変更しなくていい。ところが、この先にはもっと大きな経験があると考えるなら——もっと大きく神聖なものを表現できると思うなら——その真実に向かって進みなさい。

わたしたちすべてが共同して創造しているのだから、誰かが好ましいと思う行動方法を示してやれば、みんなの役に立つだろう。あなたは道先案内人になり、自分が創造したいと思う人生を示し、手本として従うようにとほかの者に勧めることができる。それどころか、「わたしは生命であり、道である。わたしに従いなさい」とだって言えるだろう。だが、気をつけなさい。そう言ったために、責め苦を受けた者もいる。

警告してくださって、ありがとうございます。目立たないようにしますよ。しかしですね、神と対話したら、目立たないようにするのは簡単じゃないです。誰のせいでしょうね？

言いたいことはわかるよ。

いいです。赦《ゆる》してさしあげます。

どうやって、わたしを赦すことができる?

あなたがなぜこうしたのか、理解できるからです。なぜ、わたしのところへ来られたのか、なぜ対話を始められたのか理解できます。ですから、そのせいで起こったややこしいこともすべて赦せますよ。

ふーむ。それは、おもしろい。すると、あなたは神を自分と同じくらいすばらしい存在と考えることができるのだね。

一本やられましたね。

あなたはわたしと異例な関係を結んだ。ある意味では、あなたはわたしと同じくらいすばらしい存在にはなれないと考えている。だが、いっぽうでは、わたしはあなたほどすばらしい存在ではないと考えている。おもしろいとは思わないか?

不思議です。

それは、わたしたちが離ればなれだと思っているからだ。わたしたちが「ひとつ」だと考えれば、そういう想像は消えるだろう。

それがあなたがたの文化――「赤ん坊」の文化、原始的な文化だ――と、宇宙の高度に進化した文化のちがいだよ。最も重要なちがいは、高度に進化した文化では、知覚ある存在のすべてが、自分たちと「神」はべつべつではないとはっきりと知っている。また、自分と他者もべつべつではないと、はっきりと知っている。彼らは、全体として個々の経験をしていることを知っている。

ああ、いいですね。宇宙の高度に進化した社会についてですね。待ってたんですよ。

そう、そろそろその問題をとりあげるころだろうね。

ただ、その前に、もう一度だけ、中絶の問題に戻りたいんです。人間の魂にはその意思に反することは何も起こらないから、ひとを殺すのもかまわない、そうおっしゃっているんではありませんよね？　中絶を赦したり、この問題の「抜け道」を教えているのではありませんね、そうでしょう?

わたしは中絶を赦しもしないし、断罪もしない。戦争を赦しも断罪もしないのと同じだ。すべての国の人びとは、わたしが彼らの戦いを赦し、敵の戦いを断罪していると思っている。すべての国の人びとは、「神は自分たちの味方だ」と信じている。すべての大義が、すべてのひとが同じことを考えている。少なくとも、何か決意したり、選択したりするときは、それが真実であってくれと願っている。

どうして、生きとし生けるものがすべて、神は自分の味方だと信じているか、わかるかな? ほんとうに、わたしがすべての味方だからだ。生きとし生けるものはみな、それを直観的に知っているのだ。

それは、「あなたにとってのあなたの意思は、あなたにとってのわたしの意志だ」ということでもある。わたしはあなたがたすべてに自由意思を与えたと言ってもいい。

あなたがたは自分を決めるプロセスにいる。すべての行為が自己規定の行為だ。創造している自分を気に入っていて、自分のためになっていれば、そのまま続けるだろう。そうでないなら、中止する。それが進化というものだ。

このプロセスは遅々としている。進化しながら、あなたがたはほんとうに自分のためになると思うことをころころと変えるからだ。「喜び」についての概念を変えつづけるからだ。

前に言ったことを思い出してごらん。個人や社会がどれほど進化しているかは、何を「喜ぶ」かで、測られる。さらに言っておくが、何が自分の役に立つと言明するかでも測られるのだよ。

戦争に行き、ひとを殺すことが自分の役に立つのなら、そうするだろう。妊娠中絶をするのが自分の役に立つのなら、そうするだろう。進化とともに変わるのはただひとつ、何が自分の役に立つと思うかだ。そして、何が自分の役に立つと思うかは、何をしようと考えているかによって決まる。

シアトルに行くつもりなら、サンノゼに向かっても役に立たない。サンノゼに行くのが「倫理的に正しくない」のではない。ただ、役に立たないのだ。そこで、自分が何をしようとしているかが、最も重要な問題となる。人生全体にとってだけでなく、個々の瞬間でもそうだ。なぜなら、人生が創造されるのは、個々の瞬間だから。

ここでもう一度くり返しこの話をするのは、あなたが忘れているようだからだよ。そうでなければ、中絶について質問などしなかっただろう。

妊娠中絶をしようとするとき、あるいはタバコを吸おうとするとき、動物の肉をフライにして食べようとするとき、道でひとの進路をさえぎろうとするとき――重大なことだろうと些細《ささい》なことだろうと、大きな選択だろうと小さな選択だろうと、考えるべきことはひとつだけだ。これはほんとうのわたしだろうか？　いま、ほんとうにこういう自分を選択するのか?

そして、いいかね。何の結果にもつながらない無意味なことは何もないことを覚えておきなさい。すべてに結果がある。その結果とは、あなたは誰か、何者かということだ。たったいま、あなたは自己を規定する行為をしている。

それが、妊娠中絶問題への答えだ。それが戦争の問題への答えだ。それが喫煙問題に対する答えであり、肉食の問題に対する答えであり、人間の行動にまつわるすべての問題に対する答えだ。

すべての行為は自己を規定する行為である。

あなたが考え、言い、宣言するのはすべて、「これがわたしだ」ということだ。

15

あなたがたに言っておきたい、いとしい子供たちよ。自分は何者か、どんな自分になるかを選択するというのは、とても重要なことだ。あなたがたの経験の色合いを決定するばかりでなく、わたしの性質を創造することでもあるからだ。

あなたがたはいままでずっと、神があなたがたを創造したと聞かされてきた。だが、ここで言っておくが、あなたがたが神を創造しているのだよ。こう言うと、あなたがたの理解は大きく組みかえられることになる。それも、あなたがたが果たしにやって来た真の仕事をするために、必要なのだ。

それが、わたしたちの、あなたがたとわたしの神聖な仕事だ。それがわたしたちが歩む聖なる地だ。

それが道だ。

一瞬一瞬に神は自らを表現している。それはあなたがたを通じて行われている。あなたがたは、神がどう創造されるかをつねに選択している。神は決してその選択権を奪わないし、「間違った」選択をしたからと罰しもしない。また、あなたがたを指針なしに放り出しもしないし、今後も決してそんなことはない。あなたがたのなかに、わが家へ戻るための指針のシステムが組みこまれている。そのシステムとは、つねに最高の選択肢を語りかける声であり、最も偉大なヴィジョンを教える声だ。あなたがたはその声に耳を傾け、ヴィジョンを捨てずにいればいい。

歴史を通じて、わたしはあなたがたに師を送ってきた。毎日、毎時、メッセンジャーに大きな喜びの潮を運ばせている。聖なる書物が書かれ、聖なる人生があって、あなたがたに永遠の真実を知らせようとしてきた。あなたがたとわたしは「ひとつ」である——と。いままた、わたしは聖なる書物を送り届ける。あなたが手にしているのはその一冊だ。いままた、わたしは神の言葉を伝えるためにメッセンジャーを送る。その言葉に、あなたがたは耳を傾けるだろうか？　メッセンジャーの言葉を聞くだろうか？　メッセンジャーのひとりになるだろうか？

これは大きな問いかけだ。偉大な招きだ。輝かしい決断だ。世界はあなたの表明を待っている。あなたは自分の人生によって、その表明を行う。

あなた自身が自分の最高の考えまで上らないかぎり、人類が最低の考えから離れるチャンスはない。

考えはあなたを通じて表現される。あなたは型を創造し、舞台を整え、人類のつぎのレベルの経験の手本になる。あなたは生命であり、道である。世界はあなたに従うだろう。

この問題では、あなたに選択肢はない。あなたが自由に選択できない唯一のことがらだ。

それが道だからである。世界は、自分自身に対するあなたの考えに従うだろう。まず、あなた自身についてのあなたの考えがあり、そのあとに外の世界の物質的な表現が続く。考えることは創造することである。あなたは創造し、創造したものになる。何になったかを表現する。表現——それがあなたの経験である。経験——それがあなたである。あなたは何者か——それをあなたは考える。

こうして、円環は完成する。

あなたが就いた聖なる仕事は始まったばかりだ。いまようやく、あなたは自分が何をしているかを理解した。これを自分に知らせたのはあなたであり、大切だと考えさせたのもあなただ。

いまあなたは、ほんとうの自分がいままで考えたこともないほど大切だと思っている。いまようやく、全体像を見ている。

あなたはわたしである。あなたは神を規定している。

わたしはあなたを——祝福されたわたしの一部を——物質的なかたちとして送り出し、概念として知っている自分を経験的に知ろうとした。生命は、概念を経験に変える神の道具《ツール》だ。あなたにとっても同じことだ。あなたは経験する神なのだから。

わたしは一瞬ごとに、自分自身を選択して新たに再創造している。ほんとうの自分についていだく最も偉大なヴィジョンの最も壮大なヴァージョンを選択し、経験する。

わたしがあなたを創造したのは、あなたがわたしを再創造できるようにするためである。

これがわたしたちの聖なる仕事である。これがわたしたちの最も偉大な喜びである。

これがわたしたちの存在理由である。

16

こうしてわたしのもとにいてくださることを感謝します。わたしたちみんなと一緒にいてくださることを感謝します。

どういたしまして。こうしてわたしのもとにいてくれることを、感謝するよ。

もう少し、質問が残っているんですが。そのうちのいくつかは、「進化した存在」についてなんです。それがすんだら、この対話を終わろうと思います。

愛する者よ、対話は決して終わらないし、終わらせる必要もない。あなたと神との対話は永遠に続く。すぐれた対話はすべて、いつかは友情を生み出すものだ。あなたと神との対話から、まもなく神との友情が生まれるだろう。

わたしもそう感じます。ほんとうに友だちになったような感じですよ。

そして、すべての関係がそうであるように、その友情を大切に育てていけば、やがては一体感が生まれるだろう。あなたは神との一体感を体験するだろう。それが聖なる合体であり、そのときわたしたちは「ひとつ」になって語るだろう。

するとこの対話は続くんですね？　それでは、本の終わりにさよならを言わなくてもいいんですね？

さよならを言う必要は絶対にない。「こんにちは」と言えばいい。

あなたはすばらしい、それをわかっていらっしゃいますか？　あなたは、ただ、もう、すばらしい。

そして、あなたも同じだよ、わが息子よ。あなたも同じだ。あらゆる場所のわが子すべてと同じに。

あなたは「あらゆる場所」に子供たちをおもちなんですか？　文字どおり「あらゆる場所」に。ほかの星にも生命体がいるんですか？　あなたの子供たちは宇宙のほかの場所にもいるんですか？

もちろんだ。

そういう文明は、もっと進んでいるんですか？

あらゆる点で進んでいるものもある。技術的に。政治的に。社会的に。霊的に。物質的に。そして心理的に。

たとえば、あなたがたはすぐに比較したがり、「善悪」「高低」「正邪」を決めずにはいられないが、それは、あなたがたがどんなに深く二元論に落ちこんでいるかを物語っている。どれほど、分離主義に埋もれているかを示しているのだよ。

もっと進んだ文明では、そういう性質はないんですか？　二元論とは、どういう意味ですか？

社会の進歩のレベルは、不可避的に二元論的な考え方の程度に反映される。社会的な進歩は、分離ではなく一体化に現れる。

どうしてですか？　どうして、一体化が物差しになるんですか？

「ひとつになる」、それが真実だからだよ。分離は幻想だ。社会が自らをばらばらだと見ているかぎり――ばらばらな部分の連なり、あるいは集合だと考えているかぎり――その社会は幻想に生きているのだ。

地球上の生命のすべては、分離主義の上に二元論で成り立っている。

あなたがたは、自分たちをそれぞれべつの家族や一族だと考え、べつの近隣集団や州に分かれ、べつの国をつくり、べつの世界、あるいは星を形成している。

あなたがたは、自分の世界が宇宙で唯一、生命体がすむところだと想像している。自分の国が地上で最高の国だと想像している。自分の州が国中で最高の州だと想像し、自分の家族が州でいちばんすばらしいと想像している。最後には、自分が家族の誰よりもすぐれていると思っている。

そんなことは思っていないと言うだろうが、あなたの行動がそれを物語っている。

あなたがたが考えていることは、日常の社会的な決定、政治的な決断、宗教的な決意、経済的な選択、友人を選ぶことから神との関係についての信仰のシステムを選ぶことまで、個人的な選択のすべてに反映されている――神、つまりわたしだ――。

あなたがたは、わたしから離れていると感じ、神に話しかけられることなどないと思っている。だから、自分自身の体験を否定せずにはいられない。あなたとわたしが「ひとつ」であることを体験しても、信じない。だから、お互いが離ればなれであるだけでなく、自分自身の真実からも離れてしまう。

どうして自分自身の真実から離れたりするんですか?

真実を無視するから。見ても否定するから。あるいはこうであるはずだという思いこみに合わせて、変えたり、ねじ曲げたり、ゆがめたりするから。

あなたは、「ほかの星にも生命体がいるんですか?」と聞いたね。そんなことは明らかだから、わたしは「もちろんだ」と答えた。これほど明らかなことをたずねられるほうが驚くよ。

あなたがたは、見間違えるはずのない真実を見ていながら、それを否定する。ここで働いているのは、否定というメカニズムだ。そして、否定のなかでも自己否定ほど油断のならないものはない。

あなたは生涯、ほんとうの自分を否定してきた。

たとえば、オゾン層の破壊、太古の森林への乱暴狼藉《ろうぜき》、子供たちに対するひどい扱いなど、それほど個人的でないことを否定するだけでも悲しいことだ。だが、あなたがたは周囲に見えていることを否定するだけでは満足しない。自分自身の内側に見えることまで、否定する。

自分自身のなかに善と共感を見ていながら、それを否定する。自分のなかに智恵を見ても、否定する。自分のなかに限りない可能性を見ても、否定する。自分のなかに神の体験を見ても、否定する。

あなたがたは、自分のなかにわたしがいることを――わたしはあなたであることを――否定し、それによって、わたしが当然、明らかに存在する場所を否定する。

わたしは否定しませんでした。いまも、否定していませんよ。

では、自分が神であることを認めるか？

そうですねえ、そういう言い方は……。

そら、ごらん。いいかね。「オンドリが鳴く前に、あなたは三度、わたしを否定するだろう」。あなたは考えによって、わたしを否定する。あなたは言葉によって、わたしを否定する。あなたは行為によって、わたしを否定する。

あなたは心ではわたしがともにあること、あなたのなかにあることを、わたしたちは「ひとつ」であることを知っている。だが、あなたはわたしを否定する。

わたしが存在することは認めるというひともいる。だが、自分とは離れたところにいる、どこか、べつのところに存在するという。そして、わたしが遠いところにいると思えば思うほど、自分自身の真実からも離れる。

人生のほかのすべてと同じように——地球の天然資源の乱獲から、あまりに多い家庭での子供の虐待まで——あなたは見ていながら、信じようとしない。


でも、なぜなんですか？　なぜ、わたしたちは見ていながら、信じないのでしょうか？


あまりにも幻想にとらわれているからだ。幻想にどっぷりとつかっているので、その向こうを見通すことができない。それどころか、幻想が続くためには、見通してはいけないのだ。それが神聖なる二分法だ。

わたしになろうと努力しつづけるには、わたしを否定しなければならない。あなたがたは、その努力をしたいのだ。すでになっているものにはなれない。だから、否定というのは重要なことだ。役に立つ道具《ツール》だ。だが、そうでなくなればべつだ。

〈マスター〉は、幻想を見つづけようとする者が否定することを知っている。幻想を終わらせようとする者は受け入れる。

受容、宣言、立証。これが神への三つのステップだ。ほんとうの自分を受け入れる。それを全世界に向かって宣言する。そして、あらゆる方法で立証する。

自己を宣言すれば、そのあとには必ず立証が続く。自分が神であることを立証するのだ。いまでさえ、あなたは自分が考える自己を立証している。人生はすべて、自己の立証だ。

しかし、この立証はあなたにとって最大の挑戦になる。自己を否定するのをやめれば、今度は他人があなたを否定するだろう。

あなたが神と一体であると宣言したとたんに、他人があなたは悪魔と組んでいると言い出す。あなたが最高の真実を述べたとたんに、他人があなたは最低の冒瀆《ぼうとく》を語っていると言い出す。

そして、おだやかに自分の悟りを立証したすべての〈マスター〉と同じように、あなたは崇拝され、同時に罵倒《ばとう》されるだろう。尊敬され、さげすまれるだろう。たたえられ、責めさいなまれるだろう。循環を断ち切ったあなたを、幻想に生きている者はどう考えればいいかわからないからだ。

それでは、わたしはどうなるのですか？　わたしにはわかりません。混乱しているんです。あなたは何度も、何にせよ「ゲーム」が存在するためには、幻想が続かなければならない、「ゲーム」は続かなければならない、とくり返されたではありませんか。

そう、そう言ったね。そうなのだ。ゲームは続くよ。あなたがたのひとりや二人が幻想の循環を終わらせたからって、ゲームは終わらない。あなたにとっても、ほかのプレイヤーにとっても同じだ。

ゲームは、すべてがもう一度「ひとつ」になるまで終わらない。たとえ、そうなっても終わりはしない。すべてがひとつになって聖なる一体化が起こった瞬間、その喜びのすばらしさ、激しさのために、わたし／わたしたち／あなたは、うれしさで爆発し、歓喜に破裂して、ふたたび循環が始まる。

それは決して終わりはしないのだよ、わが子よ。ゲームは決して終わらない。ゲームは生命であり、生命はわたしたちなのだから。

しかし、個別化した要素、あなたのおっしゃる「すべての一部」は、どうなるんですか。そのときは、〈マスター〉になり、全知を達成していますよね？

〈マスター〉は、自分のサイクルの一部が完了しただけであることを知っている。自分の幻想の経験が終わっただけであることを知っている。そのとき、〈マスター〉は笑う。全体計画（マスター・プラン）が見えるから。自分の循環が完了してもゲームが続き、経験も続くことがわかる。また、自分が経験のなかで果たす役割も見える。〈マスター〉の役割とは、他者を悟りへ導くことだ。そこで、〈マスター〉は新しい方法で、新しい道具《ツール》で演じつづける。幻想を知った〈マスター〉は幻想の外へ出られるから、そのほうが目的にかない、喜びであると思うときには、外側へ出る。こうして自分の悟りを宣言し、立証して、他者から神／女神と呼ばれる。あなたがたの種《しゅ》のすべてが悟りに導かれ、悟りを達成したとき、種は全体として（全体で完全な種なのだから）、時空のなかを（物理の法則をマスターするから）容易に移動し、他の種、他の文明に属する者たちが悟りに達するのを助けようとするだろう。

他の種、他の文明の何者かが、いまわたしたちを助けているように、ですね……。そして、宇宙全体のすべての種が悟りに達したときには……。

あるいは、わたしのすべてが一体であることを知ったときには、と言おうか……。

……この部分の循環が終わるんですね。

そう、うまいことを言う。循環そのものは決して終わらないから。

この部分の循環の終わりもまた、循環だから!

ブラボー! すごいじゃないか! 理解したんだね! そのとおりだよ。ほかの星にも生命体が存在する。そして、その多くは、あなたがたよりも進んでいる。

どんなふうに? その質問に、まだ答えてくださってませんよ。たとえばどういうことですか。さっきの答えではあんまり漠然としていて、意味をなさないですよ。

ほう、わたしはあなたの真剣さが好きだね。神に向かって、あなたの言うことは意味をなさない、などと、誰にでも言えることじゃない。まったくだ。もちろん、あなたは正しいよ。好きなだけわたしに挑戦し、わたしと対決し、わたしに疑問をぶつければいい。わたしは地獄へ行けなどとは言わない。そうではなくて、祝福するだろうね。いまこの対話をしているように。この対話は祝福された出来事ではないかな?

ええ、そうですとも。そして、おおぜいのひとが助けられてきました。

わかっている。それも、あなたがたが〈マスター〉になるための「マスター・プラン」の一環だよ。

もちろん、この三冊の対話が大成功をおさめると、最初から知っていた。これを成功させたのは、誰だと思う？　読者にこの対話を見つけさせたのは、誰だと思う？　いいかね、わたしは誰がこの本を読むことになるか、ひとり残らず知っている。それぞれが、この本を読む理由も知っている。そこで、ひとつ問題なのは、彼らはふたたび、わたしを否定するだろうかということだ。

それが、あなたにとって問題ですか？

いや、少しも問題ではない。わたしの子供たちはすべて、いつか帰ってくる。帰ってくるかどうかではなく、いつ帰るかの問題だ。だから、聞く耳をもつ者には聞かせよう。

ええ。それで……ほかの星の生命体の話をしていたんです。地球の人間にくらべて、どのくらい進んでいるか、例をあげてくださるということでした。

技術的には、他のほとんどの文明があなたがたよりも進んでいる。遅れているのもあるが、そう多くはない。ほとんどは、はるかに進んでいるよ。

どんなふうに？　例をあげてください。

いいよ。たとえば、気候だ。あなたがたは気候をコントロールできていないようだ（正確に予想することさえできない！）。そこで、気候に翻弄《ほんろう》されている。だが、ほとんどの世界はそうではない。ほとんどの星の生命体は、たとえばその地域の気候をコントロールできる。

コントロールできるんですか？　星の気候は太陽からの距離とか、大気とかで決まるんでしょう？

それがパラメーターを確立する。そのパラメーターのなかで、できることはたくさんある。

どうやって？　どんなふうに？

環境をコントロールすることによって。大気のある状態を創造したり、創造しなかったりすることによって。それは、太陽との関係だけでなく、太陽とのあいだに何を置くかでも変わってくる。

あなたがたは大気中に非常に危険な物質を置き、非常に大切なものをとり去っている。だが、あなたがたはそれを否定している。ほとんどのひとは、認めようとしない。最良の精神をもつひとたちが、どんな被害が起こっているか証明してみせても、認めようとしない。最良の精神をもっているひとたちを狂っていると言い、自分のほうがよく知っていると主張する。

あるいは、そういう賢明な人びとには下心があると言う。だが、下心があるのは、あなたがたのほうだ。ある見方を押しつけようとしているのは、あなたがたのほうだ。自分たちのとくべつの利益を守ろうとしているのは、あなたがたのほうだ。

あなたがたは自分自身にばかり関心を向けている。どれほど具体的な、どれほど歴然とした力強い証拠があっても、それがあなたがたの利益に反すれば否定される。

その言葉は厳しすぎはしませんか。そんなことはないですよ。

ほんとうか？　では、神を嘘《うそ》つきと呼ぶのかな？　あなたがたの国々が、大気を毒するフロンガスを禁止するのにどれほど長くかかったか、知っているかね？

ええ……それはそうですが……。

そうですが、どうなんだろうね。なぜ、あれほど時間がかかったのか？　いいよ、教えてあげよう。時間がかかるからだよ。おおぜいの個人が不便になるからだ。

大なコストがかかるからだよ。

時間がかかったのは、有毒なフロンガスが禁止されると、大会社の多くに莫大なコストがかかるからだよ。おおぜいの個人が不便になるからだ。

時間がかかったのは、おおぜいのひとや国家が、現状維持によって、いまのやり方を続けることによって得られる利益を守るために、何年も証拠を否定してきた——否定する必要があった——からだ。

皮膚ガンの急増を無視できなくなったとき、気温が上昇して氷河や雪がとけはじめたとき、海水の温度が上がって湖や河川が氾濫しはじめたとき、はじめて関心を向けるひとが増えたのだ。自分の利益を守るうえで必要が生じてはじめて、あなたがたは、何年も前から最良の精神をもったひとたちがつきつけてきた真実を認める。

自分の利益のどこがいけないのですか？　自分の利益をまず考えろとおっしゃいましたよ。

そう、言った。そのとおりだから。だが、べつの星のべつの文化、べつの社会で定義される「自分の利益」は、あなたがたの世界よりもはるかに大きい。悟りを開いた存在にとっては、ひとりを傷つけることはおおぜいを傷つけることで、少数の利益はおおぜいの利益だ。そうでなければ、結局は誰の利益にもならないことは明白だから。地球では、まったく逆だね。ひとりが傷ついてもおおぜいに無視され、少数の利益はおおぜいに否定される。

これは、あなたがたが定義する「自分の利益」が非常に狭く、自分中心で、せいぜい愛する相手にひろがる程度だからだ。それも、相手が自分の言うとおりにしてくれる場合に限られている。

そう、わたしは、すべての人間関係で、自己の最善の利益になることをしなさい、と言った。だが同時に、あなたの最高の利益になることがわかれば、それが相手にとっても最高の利益だとわかるだろうと言った。あなたと相手は「ひとつ」だからだ。

あなたは、進んだ技術についてたずねた。しかし、いいかね。進んだ考えなしには、進んだ技術を役立たせることはできない。考えなしに技術だけが進むと、進歩を実現するどころか、終焉《しゅうえん》につながる。それを、あなたがたは地球上で一度、経験したのに、いままた、そこに非常に近づいている。

どういうことですか？　何のことをおっしゃっているのですか？

いま、あなたがたはゆっくりと上りつつあるが、かつて地球上で、いまめざす高さに――それどころか、その高さ以上に――達したことがあった、と言っているのだよ。地球上の文明は、現在よりももっと高度に進歩した、そして、自滅したのだ。そればかりか、ほかのすべても滅ぼしかけた。

そんなことになったのは、開発した技術をどう扱うべきかを、知らなかったからだ。霊的な進歩よりも技術的な進歩のほうがはるかに先行し、技術を神と崇《あが》めてしまった。人びとは技術を崇拝し、技術が創造し、もたらすもののすべてを崇拝した。そこで、野放しになった技術がもたらすすべてに襲われた。野放しの災厄だ。彼らは、自分で世界の終わりを引き寄せたのだ。

アトランティスの滅びた都市のことをおっしゃっているんですか？

そう呼ばれることもある。

レムリアも？　ムー大陸も？

それも、あなたがたの神話の一部だね。

それじゃ、あれはほんとうだったんだ！　以前にもそこまで達したことがあったんですね！

それよりもっと先だよ、わが友よ。ずっと先まで行ったのだ。

どうして、そんなに驚く？　いま、同じことをくり返しかけているではないか。

そう、わかっています。どうすれば、止められるか教えていただけますか？

それについては、ほかにいろいろな本がある。たいていのひとは、無視しているがね。トム・ハートマンの『古代の陽光の最後の時間』を読んでごらん。あれには、さっきの質問の答えがすべて書いてある。あれには、あなたがたが地球という家庭をさまざまな方法で破壊していることも、破滅を止めるにはどうすればいいかも要領よく書いてある。

いままで人類が地球上でやってきたことは、あまり賢いとは言えませんでした。それどころか、この対話全体を通じて、あなたはわたしたちの種がいかに「原始的」であるかを語ってこられた。その話を最初に聞いたときから、原始的でない文化のもとで暮らすってどういうことだろうと考えていたんです。そういう社会、あるいは文化が宇宙にはたくさんある、とおっしゃるんですね。

そう。

いくつぐらい？

非常にたくさん。

数十ですか？　数百ですか？

数千。

数千？　数千もの進んだ文明があるんですか？

そう。あなたがたよりももっと原始的な文化もある。

「原始的」か「進んでいる」か、ほかにはどんなことで決まるんですか？

最高の理解をどう実行するかで決まる。

あなたがたは、社会が原始的か進んでいるかは、理解がどこまで進んでいるかで決まると思っている。だが、いくら理解が進んでいても、実行しなければ何になる？　何にもならない、それが答えだ。それどころか、かえって危険だ。退歩を進化と呼ぶのが原始的な社会の特徴だ。あなたがたの社会は前にではなく、後ろ向きに進んでいる。あなたがたの世界の大半は、いまよりも七〇年前のほうが心やさしかった。

それを聞いておもしろくないひとたちもいますよ。あなたは批判しない神であるとおっしゃったが、この部分を読んで、批判されている、悪いと決めつけられていると感じるひともいるでしょう。
「原始的」と決めつけるのは、方角を教えるのとはちがいます。「原始的（primitive）」という言葉には、侮蔑《ぶべつ》がふくまれていますよ。

そうかな？「プリミティヴ・アート」は高く評価されているだろう。音楽でも、「プリミティヴ」な良さがあるとほめるではないか。女性についても、同じだろう。

それは、言葉遊びでごまかしているんじゃありませんか。

そんなことはない。「プリミティヴ」という言葉に、必ず侮蔑が含まれているわけではないと言っているのだよ。そう思うのは、あなたの判断だ。「プリミティヴ」というのは、ただの表現にすぎない。ほんとうのことを言っているだけだ。あるものが進化のごく初期の段階にある。それだけのことだな。「正しいか間違っているか」とは関係がない。そういう見方をしているのはあなただ。
それに、「悪い」と決めつけてもいない。ただ、あなたがたの文化が原始的、プリミティヴだと言っただけだ。それが悪いと「聞こえる」のは、あなたのなかにそういう批判があるからだ。わたしは、そんな批判はしていない。

いいかね。事実を正しく見るのは、批判ではない。わたしは事実を観察しているだけだ。わかってほしいが、わたしはあなたがたを愛している。あなたがたを批判してはいない。美しい、驚くべきだと眺めているだけだよ。

プリミティヴ・アートのように。

そのとおり。あなたがたのメロディを聞いても、興奮をおぼえるだけだ。

プリミティヴな音楽のように。

わかったようだね。あなたがたがプリミティヴな男や女の感性にエネルギーを感じるように、わたしはあなたがたの種にエネルギーを感じる。そして、あなたがたと同じに、刺激的だと感じる。それがあなたとわたしの真実だ。わたしはあなたがたにうんざりすることも、動揺することも、失望することすらない。それどころか、刺激的だと感じる！新しい可能性に、これからの新しい経験に刺激を感じる。あなたがたのなかで新しい冒険に目覚め、新しいレベルの驚異への動きにわくわくする。あなたがたの驚失望するどころか、わたしはあなたがたにスリルを感じているのだよ！

異にどきどきしている。あなたがたは人類の発展の頂点に達したと思っているが、じつは、ほんのはじまりにすぎない。自分たちのすばらしさを、やっと経験しはじめたばかりだ！あなたがたは最も偉大な考えをまだ表現していないし、最も偉大なヴィジョンを生きていない。

しかし待ちなさい！　見てごらん！　わかるだろう！　あなたがたが花開く日はそこまで来ている。茎は強くなり、花びらがまもなく開こうとしている。いいかね。やがて、あなたがたの花々の美しさと香りが地に満ち、さらに神の花園に場所を得るだろう。

17

そう、その言葉を聞きたかったんです！　それを体験したかったんです！　侮蔑《ぶべつ》されて降格されるのではなく、インスピレーションが欲しかったんです。

自分でそう思わないかぎり、降格されたりはしないよ。神は決して批判したり、「間違っていると決めつけ」たりしない。

だが、「正しいとか間違っているとか言うことはない」と言い、決して批判しないと言う神なんて考えられない、というひとも多いですよ。

おやおや、どっちかに決めたらどうかな！　最初は、わたしが批判していると文句を言い、今度は批判しないとあわてるのかね。

わかってます、わかってますよ。すごく混乱してますね。わたしたちはほんとうに……複雑なんですよ。あなたに批判されたくないが、でも、してもらいたい。あなたの罰を受けたくはないが、でも罰されないと途方に暮れる。あなたが批判せず、罰しないのなら、どうしてまっすぐな細い道を歩きつづけることができますか？　天国に「正義」がないのなら、誰が地上の不正を糺《ただ》してくれるんですか？

あなたは、いわゆる「不正」を天国で糺してもらおうと、あてにしているのかね？　雨は天から降るだろう？　言っておくが、雨は正義にも不正にも同じように降りそそぐのだよ。

でも、「復讐《ふくしゅう》するはわれにあり、と神は言われた」という言葉はどうなるんですか？

わたしはそんなことは言わなかった。あなたがたの誰かがつくりあげ、ほかの者が信じたのだ。

「正義」とは、ある行為をしたあとに経験するものではなく、ある行為そのものだ。正義とは行為に対する罰ではなく、行為そのものなのだよ。

はじめに「正義を行う」のではなくて、「不正」のあとに「正義」を求める、それがわたしたちの社会の問題だということはわかります。

そのとおり！　じつに的確な言葉だ！

正義は行動であって、反応ではない。だから、「あの世」で何らかのかたちの正義が行われ、「最後にはすべてが正される」と期待しないことだ。いいかね。「あの世」(after-life)などはない。生命(life)があるだけだ。死は存在しない。個人として、社会として、あなたがたがどんな人生を経験し、創造するか、それがあなたがたが考える正義を示すのだ。

その点で、人類という種《しゅ》はあんまり進化していない、そう思われるのですね？　進化をフットボールのフィールドにたとえたら、わたしたちはどのあたりにいるんでしょう？

一二ヤード・ラインだな。

まさか、冗談でしょう。わたしたちは、進化の一二ヤード・ラインにいるんですか？

おいおい、あなたがたはこの一世紀で六ヤード・ラインから一二ヤード・ラインまで進んだのだよ。

また、ボールをとり落としたりしなければ、もちろんタッチダウンの可能性だってあるよ。

また？

さっきも言ったが、あなたがたの文明が瀬戸際に立ったのは、今回がはじめてではない。前にも一度、地球上で技術が進みすぎ、責任をもって活用する能力を超えてしまったことがあった。あなたがたは、人類史上の同じ地点に近づきかけている。これは大切なことだから、理解しておきなさい。危険なことに、あなたがたの現在の技術は、賢明に活用する能力を超えそうになっている。技術が社会の産物ではなく、社会が技術の産物になりかけている。社会が技術の産物になると自滅するよ。

どうしてですか？　説明していただけますか？

いいとも。鍵《かぎ》となるのは、技術と宇宙論、すべての生命の宇宙論のバランスだ。

「すべての生命の宇宙論」って、何のことですか？

簡単に言えば、すべてが働くしくみだ。システム、プロセスだよ。「狂気とはいえ、筋が通っている」こともある、そうだろう。

そうあってほしいですが。

皮肉なことに、いったんその方式をつかみ、宇宙のしくみがわかってくると、破壊する危険も大きくなる。その意味では、無知こそ幸せという場合もある。宇宙そのものが最大の技術だ。完璧《かんぺき》に自動的に働いている。ところが、あなたがたが手を出して、宇宙の原則や法則をひっかきまわすと、その法則を破壊する危険がある。それが四〇ヤードの罰退だ。

味方チームには大打撃だ。で、わたしたちはリーグから脱落するんですか?

そうなりかけている。だが、リーグから脱落するかどうかを決めるのは、あなたがただ。あなたがたの行動によって決まるのだよ。たとえば、原子力に関するあなたがたの知識は、自分たちを吹き飛ばせるほどになっている。

そうですね。でも、それほど愚かではありませんよ。思いとどまるでしょう。

ほんとうにそうか？　このまま大量破壊兵器を拡散させつづけていると、いつかはその兵器が世界を人質にとろうという者の手に渡るだろう。あるいは、しゃくにさわる世界を破壊しようとする者の手に。

あなたがたは、マッチを子供に渡して、火事は起こらないだろうと思っている。しかも、あなたがた自身がマッチの使い方をよく知らない。この問題の解決策は明らかだ。マッチを子供の手からとりあげること。そして、自分たちもマッチを捨てること。

しかし、原始的な社会が自分から軍縮をするなんて、期待しすぎというものです。核廃絶も——永続する唯一の解決策ですが——問題外みたいですね。いまだに、核実験禁止条約すら、できていないんです。わたしたちは、要するに自分自身をコントロールできない種族なんですよ。

核兵器で自滅しなければ、環境破壊によって世界を滅亡させるだろうね。あなたがたは自分が住む星の生態系を切りくずしているのに、そんなことはしていないと言いつづけている。しかも、それだけではまだ足りないように、生命そのものの生化学をいじっている。

クローンや遺伝子工学に手をそめ、そのさいに人類という種にとって恩恵になるように慎重に配慮するどころか、史上最大の破滅になりかねない危険を冒している。注意しないと、これにくらべれば核や環境破壊など子供の遊びでしかないという危険が生じるよ。発達する医学で身体の機能を代替しようとして、人類全体を滅ぼしかねないほどの耐性をもったウイルスをつくり出してしまったではないか。

なんだか、怖くなってきました。もう、手遅れなんですか？　ゲームは終わったんでしょうか？

いや。フォースダウンなのに一〇ヤード残っている。最後の攻撃チャンスだ。いちかばちかのパスを狙って、クォーターバックがノーマークのレシーバーを探している状態だ。あなたは、ノーマークだろうか？　このパスを受けとれるか？　わたしはクォーターバックで、前回、見まわしたときは、あなたとわたしは同じ色のジャージーを着ていた。わたしたちは、まだ同じチームかな？

チームはひとつしかないんだと思ってましたよ！　相手チームって誰なんですか？

わたしたちが「ひとつ」であることを無視するすべての考え、わたしたちを離ればなれにするすべての思い、わたしたちは一体ではないと宣言するすべての行動だ。「相手チーム」はほんとうのチームではないが、あなたがたの現実の一部ではある。あなたがたがそうさせているのだから。注意しないと、役立たせるために創り出した技術に殺されるだろう。

「しかし、たったひとりの人間に何ができるだろう?」という声が聞こえてきます。

まず、「たったひとりの人間に何ができるだろう?」という考えを捨てることから始めればいい。すでに言ったが、この問題については何百冊もの本がある。そういう本を無視するのはやめなさい。革命を起こしなさい。進化の革命を起こしなさい。

いままでずっと、そうしてきたんじゃないんですか?

イエスであり、ノーでもある。もちろん、進化のプロセスは永遠に続くよ。だが、いまのプロセスはねじ曲げられようとしている。新しい方向に向かっている。あなたがたは、自分たちが進化しているのに気づいた。どんなふうに進化しているかも知った。進化が起こるプロセスを、それによって現実が創造されるプロセスを知った。以前は、自分の種《しゅ》がどのように進化していくかを見ているだけだった。いまは意識して参加している。以前よりも多くのひとたちが精神の力に気づき、あらゆるものとのつながりと、霊的な存在であるほんとうの自分を知った。

以前よりも多くのひとたちが、そういう場所で生きて、具体的な結果、好ましい成果、意図した経験を引き起こし、生み出す原則のとおりに実行している。

これがほんとうの進化の革命だ。いまでは、意識的に質の高い経験を創造し、ほんとうの自分を直接的に表現し、こうありたいと思う自分を急速に実現するひとがますます増えている。

だから、いまはきわめて重要な時期なのだ。決定的な瞬間なのだ。あなたがたは記録にある歴史のうえではじめて(人類史上はじめてというわけではないが)、世界を破滅させるだけの技術とその利用法の両方を理解している。自滅することもほんとうに可能なのだよ。

バーバラ・ハバードの『意識的な進化』という本には、そのとおりのことが書いてあります。

どうすればかつての文明がたどった悲惨な結末を避けて、地上の楽園をつくることができるかについて、すばらしいヴィジョンを教えてくれます。たぶん、あなたがインスピレーションをお与えになったんですね！　ほかにも、わたしたちが関心を向けるべき本がありますか？

多すぎて、いちいち数えあげられないな。自分で探してみたらどうだね？

わたしはずっと長いこと、作家、詩人、劇作家を通じて語ってきた。歌詞に、絵画に、彫刻に、そして人間の胸の動悸《どうき》のひとつひとつに、何年も真実を託してきた。これからもずっとそうしていく。ひとはそれぞれ、いちばんわかりやすく、いちばん慣れ親しんだ道を通って真実に到達する。神のメッセンジャーはそれぞれ、最も単純な瞬間から真実をくみとって、同じく単純に分かち合う。

あなたも、そういうメッセンジャーのひとりだ。さあ、行って、人びとに最高の真実をともに生きようと語りなさい。彼らの智恵を分かち合いなさい。彼らの愛をともに経験しなさい。ひとは和気あいあいと安らかに暮らせるのだから。そうすれば、あなたがたの社会もいままで話してきたのと同じように進歩した社会になるだろう。

それでは、わたしたちの社会と、宇宙のどこかにあるもっと進歩した文明のおもなちがいは、わたしたちが離ればなれだと考えているということなんですね。

そう。進化した文明の第一の指針は、一体性ということだ。すべてが「ひとつ」であり、すべての生命は神聖であるという認識だ。だから、進歩した社会では、どんな場合でも、同じ種に属する他者の生命を相手の意思に反して奪うことはありえない。

どんな場合でも？　自分が攻撃されても、ですか？

そうした社会あるいは種には、そんなことは起こらない。

種の内部では起こらないかもしれませんが、外部から攻撃されたとしたら？

高度に進化した種が外から攻撃されるとしたら、間違いなく攻撃するほうが遅れている。それどころか、攻撃するほうは、基本的に原始的な存在だろう。進化した存在は誰も攻撃したりしないよ。

攻撃された種が相手を殺す理由はただひとつ、攻撃された側がほんとうの自分を忘れているからだ。攻撃された側が、自分を肉体だと考えていれば——物質的なかたちが自分だと思っていれば——「自分の命が危うい」と恐れて、攻撃した者を殺すかもしれない。だが、自分は身体ではないことがわかっていれば、決して相手の肉体を滅ぼすことはない。

そんなことをする理由がないからだ。ただ自分の肉体を置き去りにして、非肉体的な自己へと移っていくだろう。

オビワン・ケノービのように！

そう、そのとおり、「SF」の作家たちが、大きな真実を明かしてくれることはよくあるね。

しかし、ちょっと待っていただけませんか。それじゃ、以前おっしゃったことと食いちがってるんじゃないかなあ。誰かに虐待されて、そのままにしておくのは良くないとおっしゃいましたよ。愛情ある行動をとるということは、自分自身をも愛することだって。だから、どんなことをしてでも、攻撃はやめさせなさいとおっしゃったんじゃありませんか。攻撃に対抗するためには、戦争ですらオーケーだと。ところが、今度は、高度に進化した存在は決して、相手の肉体を滅ぼすことはない、とおっしゃる。どうして、この両方が成り立つんですか？

もう一度、一冊めの対話をよく読んでごらん。

わたしの答えはすべて、あなたが創り出した文脈のなかにある。わたしへの質問のなかで、あなたは自分のふるまいがまだまだ悟りの域に達していないことを認めている。相手の言葉や行動に傷つくと言っている。そのうえで、あなたは、傷つけられたらどうすればいちばんいいか、とたずねたのだ。わたしの答えは、その質問を前提に考えなければいけない。

わたしはまず、いつかは相手の言葉や行動に傷つかなくなる日が来るだろう、と言った。オビワン・ケノービのように、決して傷つかず、誰もあなたを「殺す」ことができないときが来るだろう。そういう悟りの域に、いま話している社会のメンバーは達している。彼らは、ほんとうの自分が誰であって、誰でないかをはっきりと知っている。そういう者を「傷つけたり」「痛めつけたり」するのは非常にむずかしいよ。まして、彼らの肉体を危険におとしいれたりするのは、まず無理だね。あなたが彼らの身体を傷つけたがれば、相手は身体を置いて、抜け出して行ってしまうだけだ。

もうひとつ、あなたがたが相手の言葉や行動にいまのような反応をするのは、ほんとうの自分を忘れているからだ、と答えただろう？　だが、それはそれでよろしい。それも、成長の過程であり、発達進化の一部だから。それから、とても大事なことを言ったはずだよ。成長の過程では、「あなたはいまのレベルで努力しなければならない。いまの理解のレベル、意思のレベル、記憶のレベルで」と。

一冊めの対話に書かれていることはすべて、それを前提として考えなければいけない。

ほんとうの自分をまだ思い出していない者の社会なら、攻撃はやめさせなければいけない。だが、いまあなたは、宇宙の高度に進化した社会についてたずねているのだろう。べつの文化についてこれから話すことのすべてを、自分たちに対する批判と受けとらないほうがいい。これは批判ではない。非難でもない。

わたしは、宇宙の高度に進化した存在は、決して怒りにまかせてべつの知覚ある存在を「殺し」たりしない、と言ったのだ。第一に、彼らには怒りはない。第二に、彼らは他の存在の了解なしに、その肉体的な経験に終止符を打ったりしない。第三に――さっきのあなたの質問に即して答えれば――社会の外部、べつの種からであっても、彼らは決して「攻撃」されたと感じない。

「攻撃」されたと感じるのは、相手に何かを奪われると思うからだ。生命、愛する者、自由、財産、所有物、つまり何かをとられると思うからだ。だが、高度に進化した存在は、相手が力ずくでも欲しいと思うのなら、与えてやる。そのために、肉体的な生命を失ってもかまわないと考える。なぜなら、高度に進化した存在は、もう一度すべてを創造できることを知っているから。相手が遅れていてそれを知らないのなら、ごく自然に欲しいものを与えるだろう。

だから、高度に進化した存在は殉教者でもないし、誰かの「横暴」の犠牲者でもない。高度に進化した存在は、もう一度すべてを創造する必要がないこともはっきりと心得ている。そんなものがなくても幸福になれること、生存できることを知っている。自分以外には何も必要としないことを知っている。「自分自身」、ほんとうの自分は、物質的なことがらとは何の関係もないことを知っているのだ。

最後に、高度に進化した存在は、自分と攻撃側が「ひとつ」であることを知っている。そこで、攻撃側を、自己の傷ついた部分だと考える。その状況での仕事は、すべての傷を癒《いや》して、「すべてであるひとつ」がほんとうの自分を知るようにすることだ。

自分のすべてを与えることは、自分にアスピリンをのませるようなものなのだよ。

うわあ。何という考え方なんでしょうか！　だが、さっきお話しになったことに戻りたいんですが。あなたはおっしゃいましたよね、高度に進化した存在は……。

……いちいち高度に進化した存在（highly evolved being）というのはめんどうだから、これからは、「ＨＥＢ」と言うことにしよう。

わかりました。「ＨＥＢ」は決して他の存在の了解なしに、その肉体的な経験に終止符を打ったりしない、とおっしゃいましたね。しかし、自分の物質的な生命を終わらせてもいいなんて許可を与える理由がありますか？

理由はいくらでもある。たとえば、自分を食糧として差し出す場合。あるいは、他者の必要性に応える場合。戦争を終わらせるため。

だから、わたしたちの文化でも、動物の霊《いのち》に許可を求めてからでなければ、決して動物を殺して食べたり、皮をはいだりしないひとたちがいるんですね。

そう。それはアメリカ先住民のやり方だね。彼らはコミュニケーションをしてからでなければ、花やハーブ、その他の植物を摘《つ》んだりしない。先住民族の文化はみんなそういうやり方をするね。おもしろいことに、あなたがたは彼らの部族や文化を「原始的」だと言うが。

すると、アメリカ先住民は高度に進化した存在なんですか？

すべての部族、種《しゅ》と同じで、高度に進化した者もそうでない者もいる。文化としては、非常に高いレベルだね。あなたがたは無理やり、彼らの文化を自分たちのものと混ぜあわせてしまったが。

ちょっと待ってください！　何をおっしゃるんですか？　先住民は野蛮人ですよ！　だから、わたしたちは何千人もの先住民を殺害し、残りを居留地という名の監獄に押しこめてきたんだ！　いまだって、彼らの聖地をとりあげてゴルフ場をつくっているんですよ。そうしなければならないんです。さもないと、彼らは聖地を崇《あが》め、自分たちの伝承を思い出し、聖なる儀式を実行するでしょう。

ふむ、わかってきたよ。

いえ、おわかりになっていませんよ。彼らの文化を奪って、消してしまわなければ、こっちが影響を受けていたでしょう！　土地と空気を大切にし、河川を汚すのを拒否したでしょう。そうしたら、産業はどうなっていますか？　全住民がいまだに恥ずかしげもなく裸同然の姿で歩きまわり、川で水浴びをし、土地を耕して暮らしていたでしょう。いまのように高層マンションにごちゃごちゃと暮らして、アスファルト・ジャングルに働きに出かけるのではなくてね。テレビを見るかわりに、あいかわらず焚き火を囲み、古代の智恵を教える言葉に耳を傾けていたかもしれませんよ！　そうしたら、ぜんぜん、進歩しないじゃないですか。

まあ、幸い、あなたは何が自分たちのためになるか、わかっている。

18

高度に進歩した文明と高度に進化した存在について、もっと話してください。どんな理由があっても殺しあわないというほかに、どんなところが、わたしたちとちがうんでしょうか？

彼らは分け合う。

わたしたちだって、分け合いますよ！

いや、彼らは、すべてのひととすべてを分け合うんだよ。窮乏する者は誰もいない。彼らの世界の環境にある資源はすべて、全員に平等に分配される。国家やグループや文化は、たまたまその場所にいたからといって、資源を「所有」しているとは考えない。さまざまな種《しゅ》が「ホーム」と呼ぶ星（あるいは星々）は、そのシステムのすべての種のものだと理解されている。それどころか、その星あるいは星の群れそのものが「システム」

だと理解されている。全体としてひとつのシステムであって、一部や部分的な要素のかたまりがシステムなのではない。どれかひとつでも滅んだり、大量に破壊されたり、根絶やしにされたら、システムそのものが傷つくと考えられている。

いわゆる「生態系（エコシステム）」というものですね。

それよりも、もっと大きい。生態学（エコロジー）、つまり星の天然資源と住民との関係だけじゃない。住民どうしの関係、住民相互の関係、そして環境との関係だ。すべての種の存在の相互関係のことだよ。

「種のシステム《スピーシー・システム》」ですか！

そう！　その言葉はいいね！　良い言葉だ！　ここで話しているのは、エコシステムよりももっと大きなものだからね。まさに、種のシステム《スピーシー・システム》だ。あるいは、バックミンスター・フラーの言う「ノウスフィア」かな。

わたしは種のシステム《スピーシー・システム》のほうが好きですね。わかりやすいから。ノウスフィアって何のことだろう、と思っていたんですよ！

「バッキー」も、あなたの言葉が好きだと言っているよ。彼はこだわらない。シンプルなもの、わかりやすいもののほうが好きだった。

バックミンスター・フラーと話していらっしゃるんですか？　この対話は、降霊会になったのかな？

バックミンスター・フラーという自己をもったエッセンスはあなたの新しい言葉が好きだとわかる、とだけ言っておこうか。

驚いたな、すごいですね。つまり、すごくクールじゃないですか。それがわかるだけでも。

そう、「クール」だね。たしかに。

で、高度に進化した文化では、種のシステムを重要視するということですね。

そう。だからといって、個々の存在を重要視しないわけではないよ。その逆だ。個々の存在の重要性は、意思決定にあたって種のシステムへの影響を最重視するという事実に反映されている。

種のシステムがすべての生命、すべての存在を最適なレベルで維持していることをわかっている。種のシステムを傷つけない、それが個々の存在を大切にすることだ。個々の存在といっても、地位や影響力や金がある者だけではない。力が強いとか、大きいとか、高い自意識をもっている者だけではない。システムのなかのすべての種、すべての生物が大切なのだ。

でも、どうしてそれでやっていけるんですか？　どうしてそんなことが可能でしょう？　地球では、ある種の欲求やニーズより、べつの種の欲求やニーズを優先させなければならないんです。そうでないと、わたしたちは、いまのようなかたちの生命を体験できなくなる。

あなたがたは、「いまのようなかたちの生命」を体験できなくなる日に、危険なくらい近づいている。それも大半の種のニーズより、たったひとつの種の欲求を優先させると主張しているためなんだ。

人類という種ですね。

そう……しかも、その種のすべてのメンバーのためではなく、ほんのひと握りのためだ。大多数のためではなく（それなら、まだ筋が通るだろうが）、ごく少数のためだ。

豊かな権力者のため。

そう思うか。

またですね。また、豊かなエスタブリッシュメントに対する糾弾《きゅうだん》が始まった。

とんでもない。あなたがたの文明を糾弾したって、しかたがない。部屋のなかで遊んでいる子供たちと同じだよ。人類は、このままでは自分たちのためにならないと気づくまで、いまやっていることを――自分に対しても、お互いに対しても――続けるだろう。どんなに糾弾したって、変わりはしないよ。

糾弾で変わるものなら、宗教がとうの昔に、もっと効果的に変えていただろうな。

うわあ！　あたるを幸い、バッタバッタ、という感じですね！　今日は誰もかれも容赦《ようしゃ》しないんだ。そうでしょう？

いや、そんなことはしていないよ。見たままを言われるのが、そんなにつらいかな？　それなら、なぜかと考えてごらん。わかるだろう。真実はときとして不快なものだ。だが、この本は真実を明らかにするためにある。わたしがインスピレーションを与えた他の本や映画、テレビ番組と同じように。

テレビを見ることは、あんまり勧めたくないですね。

しかし、良いにつけ悪いにつけ、テレビはあなたがたの社会の焚き火のようなものだ。あなたがたの方向を誤らせるのはメディアではなく、そこで伝えられるメッセージだよ。メディアを非難するのはやめなさい。いつか、あなた自身がべつのメッセージを伝えるために利用するかもしれない。

すみませんが……はじめの質問に戻ってもいいですか？　すべての種のニーズを平等に扱って、どうして種のシステムが成り立つのか知りたいんです。

すべてのニーズは平等に扱われるが、ニーズそのものは同じではない。割合、バランスの問題だ。高度に進化した存在は、ここで種のシステムと呼ぶもののなかの全存在のニーズが満たされなければ、システムを形成し、維持している物質的なかたちが存続しえないことをよく知っている。また、システムへの要求という点に関しては、ニーズのすべてが同じでも平等でもないこともわかっている。

あなたがた自身の種のシステムを例にとって、「樹木」と「人間」という二つの種を考えてみることにしよう。

わかりました。

樹木は明らかに、人間ほど毎日の「メンテナンス」を必要としていない。だから、樹木と人間のニーズは平等ではない。だが、お互いにからみあっている。種はべつの種に依存して生きているということだ。樹木のニーズにも人間のニーズと同じ関心をはらわなければならないが、しかしニーズそのものはそう大きくない。しかし、ある存在のニーズを無視すると、自分を危険にさらすことになる。

この前に話した重要な本――『古代の陽光の最後の時間』――には、こういうことが上手に書いてあるよ。樹木は空中の二酸化炭素を吸収し、気体のなかの炭素を利用して炭水化物をつくって成長していく(植物は根から茎、葉、それに実らせる果実にいたるまで、ほとんどすべてが炭水化物でできているのだよ)。

いっぽう、気体のなかの酸素は樹木から放出される。樹木の「廃棄物」だね。

人間のほうは、生きるためには酸素が必要だ。樹木が大気中にたくさんある二酸化炭素を酸素に(こちらは少ない)変えてくれなければ、人間という種は生き延びられない。

そのかわりに、あなたがたは(呼吸して)二酸化炭素を吐き出す。樹木が生き延びるには二酸化炭素が必要だ。このバランスがわかるかね?

もちろんです。じつに、うまくできてますね。

ありがとう。それでは、バランスを破壊するのはやめてくれないか。

そんな。わたしたちは、樹木を一本切るごとに二本の苗を植えていますよ。

そうだね。その苗が切り倒された古木と同じ酸素をつくるほどの大きさ、強さに成長するには、ほんの三〇〇年もあればいいだろうな。地球の大気のバランスを維持しているアマゾンの熱帯雨林にかわる植物の酸素工場をつくるには、二、三千年かかる。だが、心配しなくていい。あなたがたは、毎年何千エーカーもの森を切り倒しているが、心配しなくていい。

どうしてですか？　どうしてわたしたちは、そんなことを続けているんでしょう？

森を切り倒すのは、家畜を飼うためだ。その家畜を殺して食べるためだ。熱帯雨林の先住民は家畜を育てるほうが所得が増えると言われたのだ。そのほうが、土地の生産性が上がるとね。

ところが、高度に進化した文明では、種のシステムを侵害するのは生産性の向上ではなく破壊だと思われている。だからＨＥＢたちは、種のシステムのニーズ全体のバランスを維持する方法を見つけ出した。システムのごく一部の欲求だけを満たすのはやめた。なぜなら、システム内のどの種も、システムが破壊されれば生き延びられないことを知っているからだ。

そんなことは明白ですよね。泣きたくなるほど、明白だ。

支配的な種が目覚めなければ、これからの地球では、泣くぐらいではすまないほど「明白」になるだろうな。

わかりました。よく、わかりましたよ。なんとかしたいです。でも、わたしは無力だ。ときには、どうしようもなく無力だといやになります。変化を起こすために、何ができますか?

何かをする必要はない。ただ、あなたの存在は大きな意味をもちうるよ。

人類は長いあいだ、「何かをする」というレベルで問題を解決しようとしてきたが、あまりうまくいかなかった。真の変化はつねに、「何かをする」レベルではなく、「どういう存在であるか」というレベルで起こるからだ。

たしかにあなたがたは新しいことを発見し、技術を発達させてきた。そのおかげで、暮らしは容易になったが、ほんとうに良くなったかどうかはわからない。そして、もっと大きな原則にてらしてみれば、あなたがたの進歩は遅々としている。地球上では何世紀も、同じ原則的な問題にぶつかってきた。地球は支配的な種が搾取《さくしゅ》するためにある、という考えがいい例だ。

あなたがたのあり方を変えなければ、何かをしてもたいした変化が起こらないことは確かだね。環境、それに環境に存在するすべてと自分との関係について、考え方を変えなければ、行動は変化しないだろう。

問題は意識だ。そして、意識を変化させるには、意識を喚起しなければならない。


どうすればいいんですか?


すべてについて沈黙しているのをやめなさい。声をあげなさい。騒ぎたてなさい。問題を提起しなさい。集合的意識も喚起できるかもしれない。

ひとつ、例をあげようか。どうして、大麻を栽培して紙をつくらないのかな? 世界中で日刊紙が配られるために、どれほど多くの木々が切り倒されているか、想像がつくかな? 紙コップや紙箱、ペーパータオルは言うまでもない。

大麻は安く栽培できて、収穫が容易で、製紙に使われるだけではなく、強いロープができるし、長もちする衣服ができるし、地球で最も効果的な薬品さえできる。だが、栽培に反対するためにおびただしいロビイストが動員されている。ほとんどどこでも栽培可能なこの植物に転換すると、おおぜいのひとが莫大な損失をこうむるからね。これは人間の世界では、常識が貪欲《どんよく》に押しつぶされることを示すほんの一例だ。

だから、この本を知りあいのすべてに渡しなさい。このことを理解してもらうためばかりでなく、本のなかのすべてを理解してもらうために。まだまだ、あるのだから。ページをめくってごらん……。

そうですね、だが、何だか気が滅入ってきましたよ。同じことを言ったひとも、おおぜいいました。ここでも、わたしたちがいかに地球を破壊し、ついには吹き飛ばそうとしているかという話になるんですか？　あんまり、そういう話を聞きたい気分じゃないんだなあ……。

では、インスピレーションを受けたい気分は？　わくわくする気分ならどうかな？　なぜなら、他の文明について——進んだ文明について——学び、探究していくことは、インスピレーションのもとだし、わくわくすることだよ！　どんな可能性があるか考えてごらん！　可能性を考えてごらん！　黄金の明日がすぐそこまで来ていると考えてごらん。

もし、わたしたちが目覚めれば、でしょう。

目覚めるさ！　目覚めようとしているではないか！　パラダイムが変化している。世界は変化している。いま、あなたがたの目の前で変化が起こっている。

この本はその一部だ。あなたもその一部だ。思い出してごらん。あなたが部屋にいるのは、部屋を癒《いや》すためだ。この場所にいるのは、この場所を癒すためだ。ほかに、ここにいる理由は何もない。あきらめてはいけない！　あきらめるな！　最も偉大な冒険は始まったばかりではないか！

わかりました。がっかりするのではなく、高度に進化した存在のお手本と智恵からインスピレーションをもらうことにします。

よろしい。人類という種として向かっているのが、あなたが言う方向なら、それが賢い選択だ。進化した存在を観察して得られるものはとても多い。

ＨＥＢはひとつにまとまって暮らし、お互いの関係性を深く意識している。そうした行動は、彼らの「支えとなる思考」、つまり社会の指針となる基本的原則とでも呼ぶべきものから生まれている。あなたがたの行動も同じで、あなたがたの「支えとなる思考」、つまり社会の指針となる基本的な原則から生まれているのだよ。

ＨＥＢの社会の指針となる基本的な原則とは何ですか？

彼らの原則の第一は、わたしたちはすべて一体だ、ということだ。すべての決定、すべての選択、あなたがたのいう「モラル」や「倫理」はすべて、この原則をもとにしている。第二の原則は、一体のなかではすべてが関連している、ということだ。この原則のもとでは、誰も、「自分が最初に手に入れた」から、それが「自分の所有」だから、あるいは「数が充分でない」から、ひとり占めしようとはしないし、そんなことはできない。種のシステムの生きとし生けるものすべての相互依存性が認識され、尊重されている。すべての種の生命体の相対的なニーズはつねに調和している。つねに配慮されているからだ。

その第二の原則からすると、個人的な所有というのはないってことですか？

あなたがたが理解しているようなかたちではない。ＨＥＢは「個人的な所有」を、自分が世話をするすべてに対する個人的な責任というかたちで経験する。あなたがたの言葉で言えば、「貴重な収蔵品」がいちばん近いかもしれない。貴重な収蔵品の持ち主は、管理人、世話役だろう。ＨＥＢは所有者ではなく管理者なのだよ。

あなたがたの言う「所有」という言葉や概念は、ＨＥＢの文化にはない。「個人に所属する」ものという意味での「所有物」もない。ＨＥＢは所有せず、世話をする。つまり、ゆだねられたものを大切にし、愛し、めんどうを見るのであって、所有するのではない。人間は所有し、ＨＥＢは世話をする。あなたがたの言葉で両者のちがいを言えば、そういうことだ。

人類史のはじめのころ、人間は、自分が手に入れたものはすべて個人的に所有する権利があると思っていた。配偶者や子供たち、土地、土地の恵みもすべて自分のものだった。そして自分の「もの」が獲得した「もの」もまた、自分のものだった。人類社会は、いまでもこの「所有」という概念にとりつかれている。遠くから見ているＨＥＢは、「所有の強迫観念」と呼んでいるよ。

さて、進化してきたあなたがたは、じつは何も所有できないのだと、だんだんわかってきた。まして、配偶者や子供を所有できるはずがない。だが、多くのひとたちはまだ、土地も土地にのっているものも、地中にあるものも、土地の上に浮かんでいるものさえ、所有できるという考え方にしがみついている（「空中権」などということまで言い出しているではないか！）。

対照的に、宇宙のＨＥＢは、自分たちの足元の星は誰かが所有できるものではないことをよく知っている。個々のHEBが、それぞれの社会のメカニズムを通して土地の一部をゆだねられることはある。土地の管理者としてすぐれていれば、管理を子孫に引き継ぐことを許される（依頼される）かもしれない。だが、いずれかの時点で土地の管理がまずいとわかれば、土地はもう、ゆだねられなくなる。

ほう！　地球でそんな原則を貫いたら、世界の産業の半分は資産を放棄しなければなりませんよ！

そして、世界の生態系は一夜にして劇的に改善されるだろうね。いいかね、高度に進化した文化では、いわゆる「企業」が利益のために土地から収奪することは決して許されない。企業の所有者や働く人びとの生活の質を、とり返しのつかないほど悪化させることが明白だからだ。そんなことをして、何の利益だろうか。

だが、その被害は何年も感じられなくても、利益のほうはすぐその場で実現しますよ。短期的利益対長期的損失の問題ということになるんでしょうね。だが、自分が経験するはずのない遠い先の損失なんか、誰が気にしますか？

高度に進化した存在は、気にかけるよ。もっとも、彼らは人類よりもずっと長生きするが。

どのくらい長生きするんですか？

何倍も。一部のＨＥＢは永遠に生きる。あるいは、肉体にとどまろうと思うあいだ、ずっと生きている。だからＨＥＢの社会では、それぞれが、自分の行動の長期的な結果を体験するのがふつうだ。

どうして、そんなに長く生きていられるんですか？

もちろん、彼らには「生きていない」状態はない。それはあなたがたも同じだが、あなたが言いたいことはわかる。「身体とともに」という意味だね。

そうです。どうやってそんなに長いあいだ、身体にとどまっていられるんですか？

まず第一に、彼らは大気も水も土地も汚さない。植物や動物を育てる土地に化学物質を注ぎこんだりしない。土地や動物の餌《えさ》になる植物を化学物質漬けにして、つぎに動物自身を化学物質漬けにし、それから自分の体内に化学物質をとりこむために、その動物を食べたりはしない。ＨＥＢは、それが自殺行為であることをわきまえている。じつは、ＨＥＢは決して動物を食べない。

だからＨＥＢは、人間のように環境や大気や自分の肉体を汚染しない。あなたがたの身体はすばらしい被造物で、あなたがたさえその気になれば無限に「長もちする」ようにできている。

ＨＥＢの心理的行動もあなたがたと異なっていて、それが同じように長寿につながる。つまり、ＨＥＢは決して心配しない。人間の「心配」とか「ストレス」という概念がどんなものか、理解できないだろう。ＨＥＢは決して「憎悪」しないし、「激怒」や「嫉妬《しっと》」も感じないし、パニックも起こさない。したがって、ＨＥＢの体内では、有害で自滅的な生化学的反応も起こらない。ＨＥＢは、そういうことを「自らを食らう」と言う。ＨＥＢはべつの存在の肉体を食べないように、自分の肉体も食べないのだよ。

だが、ＨＥＢには、どうしてそんなことが可能なんですか？　人間も彼らのように感情をコントロールできるんでしょうか？

第一に、HEBはすべてのものは完璧《かんぺき》であり、宇宙にはそれ自身のプロセスがあって、自分たちはそのプロセスのじゃまをしなければいいのだ、ということを知っている。したがって、HEBは心配しない。宇宙のプロセスを理解しているからだ。

第二に、人間も感情をコントロールできるが、できるはずがないと信じているひともいるし、できると思っても実行しようとしないひともいる。

その努力をしているわずかなひとたちは長命だ。ただし、化学物質や大気汚染によって生命を落としたり、そのほかのさまざまな方法で自分から有毒物質を摂取したりしなければの話だが。

ちょっと待ってください。わたしたちは「自分から有毒物質を摂取」してるんですか?

そう、そういうひともいる。前にも言ったように、あなたがたは毒物を食べている。飲んでいる。吸っているひともいる。

高度に進化した存在は、そういう行動を理解できない。どうして身体に良いはずがないものを摂取するのか、HEBには想像もつかない。

まあ、ある種の食べ物や飲み物、それにタバコなんかは楽しみですから。

HEBは身体にとどまって生きることを楽しいと思う。だから、時が来る前に身体の生存を制約したり、寿命を縮めたり、苦痛を与えることをなぜするのか、想像に苦しむだろうな。

赤身の肉をたくさん食べたり、アルコールを摂取したり、ある種の植物を吸ったりすることで、身体の生存が制約されたり、寿命が縮んだり、苦痛が与えられるとは思っていないひともいます。

それでは、あなたがたの観察力はそうとうに鈍っているね。もう少し、研ぎすましたほうがいい。HEBなら、まわりを見まわしてごらん、と言うだろうな。

そうですね……。宇宙の高度に進化した社会には、ほかにどんな注目すべきことがありますか?

恥というものがない。

恥が？

それに、罪悪感もない。

でも、土地の「管理者」としてまずいとわかったら、どうなんですか？　そのときは、土地をとりあげられるとおっしゃいましたね！　それを批判と感じたり、罪悪感をいだいたりしないいんですか？

いや。それは、彼を観察して、管理ができないとわかったというだけだ。高度に進化した文化では、能力がないとわかったことをしろとは言われない。

それでも、本人がしたいと思ったらどうなんですか？

彼らは、「したいと思った」りしないよ。

能力のなさが明らかになれば、欲求がなくなる。無能だと他に被害を与えるかもしれないとわかっていれば、当然だ。彼らは他に被害を与えようとは思わない。他者に被害を与えることは、自分を害することで、それをよく知っているから。

すると、結局は「自己保存」なんですね！　地球上と同じに！

そのとおり！　唯一ちがうのは「自己」の意味だ。人間は自己を非常に狭く考えている。あなたがたは自分、自分の家族、自分のコミュニティと言う。ＨＥＢの考える自己はまったくちがう。彼らは、自分、家族、コミュニティと言う。

まるでひとつしかないようですね。

ひとつしかないのだ。そこが肝心なところだよ。

そうか、わかりました。

たとえば、高度に進化した文化では、自分に子育ての力がないことが明らかであれば、決して自分で子供を育てるとは言わない。
だから、高度に進化した文化では、子供が子供を育てたりはしない。子供は年長者にゆだねられて、育てられる。だからといって、生まれた子供が生みの親から引き離され、まったく見知らぬ者の手に渡されるのではないよ。そんなことは起こらない。子供の「親」――彼らの言葉で言えば「生命を与えた者」――が誰かわかっていても、自分自身が生命の基本を学んでいる最中の者から生命の基本を学べとは言われない、ということだ。

説明をしてくださったことに感謝します。ところで、話は戻りますが、HEBは何をしても罪悪感や恥を感じないのですか?

感じない。罪悪感や恥は、外部から押しつけられるものだから。もちろん内部化されるのは疑いないが、最初は外から押しつけられる。つねにそうだ。神聖な存在は(すべての存在が神聖なのだが)、誰か外部の者にレッテルを貼《は》られるまでは、自分自身についても、自分の行動についても、「決して恥ずかしい」とか「罪悪」だとか感じない。

あなたがたの文化でも、赤ん坊は「トイレの習慣」を恥じるだろうか? もちろん、そんなことはない。教えられるまでは、恥ずかしいとは思わない。子供は自分の性器をもてあそぶのを「罪悪」と感じるだろうか。もちろん、そんなことはない。教えられるまでは、罪悪とは感じない。

文化の進化の度合いは、誰に、あるいは何に「恥」とか「罪悪」というレッテルを貼っているかでわかるのだよ。

どんな行動も恥ずかしくはないのですか？　何をしても、罪悪感を感じないんですか？

前にも言ったとおり、正邪はないのだよ。

それがわかっていないひともいると思うのですが。

理解するためには、この対話全体を読まなければいけない。どの言葉も、文脈を考えずには理解できない。一冊めと二冊めの対話には、さっき言った智恵がもっとくわしく説明してある。ここであなたは、宇宙の高度に進化した文化について話してくれと言った。彼らは、その智恵を理解している。

わかりました。ほかに、わたしたちとどんなちがいがあるのですか？

たくさんある。彼らは競争しない。ひとりが失えば、全員が失うことを知っている。だから、誰かが「勝利」し、誰かが「敗北」するのが娯楽だと子供たちに教える（おとなたちにも思わせつづける）スポーツやゲームを考案しない。それに、前に言ったとおり、彼らはすべてを分かち合う。誰か必要な者がいるのに、それが稀少だからといって、自分のもっているものを手放さなかったり、隠しておこうとは夢にも思わない。それどころか、稀少だからこそ分かち合う。

あなたがたの社会では、たとえ分かち合っても、稀少なものの価格は上昇する。自分が「所有」しているものを分かち合うなら、見返りに豊かになろうとする。

高度に進化した存在も、稀少なものを分かち合うことで豊かになる。HEBと人間の唯一のちがいは、「豊かさ」の意味だ。HEBは「利潤」など必要とせず、すべてを自由に無料で分かち合い、それで「豊か」になったと感じる。その思いが利潤だ。

あなたがたの文化にはいくつか、指針となる原則があり、それが行動をかたちづくっている。基本的な原則のひとつは、適者生存だ。この原則は、あなたがたの指針となると言ってもいい。経済、政治、宗教、教育、社会構造など、あなたがたの社会のすべての根幹にこれがある。

ところが、高度に進化した存在にとっては、この原則自体が自己矛盾だ。HEBの指針となる第一の原則は、わたしたちはすべて一体だ、ということだ。だから、「すべて」が適者でなければ、誰も適者でありえない。したがって、「適者」生存、最も適応した者だけが生き延びることもありえない。あるいは、それしかない（だから矛盾している）。なぜなら、全体が適応しなければ、最も適応した者も適応できないから。わかるかな？

ええ。わたしたちは、それを共産主義と呼びますね。

あなたがたは、他を犠牲にして進むことを許さないシステムを頭から否定する。「全員」に属する資源を使って「全員」が創出した利益を「全員」に平等に分配しようと試みる統治あるいは経済のシステムは自然の秩序に反する、と言う。ところが、高度に進化した文化では、平等な分かち合いこそが自然の秩序なのだよ。

その人間あるいはグループが、役に立つことを何もしていなくても、ですか？　共通の善に対して何も貢献していなくても、ですか？　それどころか悪でも、ですか？

共通の善とは生命だ。あなたが生きていれば、それで共通の善に貢献している。これは、物質的なかたちに宿った霊《いのち》には非常にむずかしいことだよ。そうしたかたちをとるのに同意すること自体、ある意味では大きな犠牲なのだ。だが、必要なことだし、楽しむことさえできる。わたしたちがなぜここにやって来たのかを理解することが大切だ。

わたしたち?

集合をつくっている魂《たましい》たち。

わからなくなりました。

前にも説明したとおり、あるのはたったひとつの魂だ。ひとつの存在、ひとつのエッセンス。それを「神」と呼ぶひともいるね。このひとつのエッセンスが「個別化」して、宇宙のすべてになる。言い換えれば存在のすべてだ。そのなかにはすべての知覚ある存在がふくまれる。魂と言ってもいい。

すると「神」は「存在」するすべての魂なんですか?

現在、過去、そして将来に存在するすべての魂だ。

では、神は「集合」なんですか？

あなたがたの言葉で言えば、それがいちばん近いだろうね。

唯一の畏敬《いけい》すべき存在ではなくて、集合なんですか？

どちらかでなければならないわけではない。思いきった発想をしてごらん！

神はどちらでもあるんですか？　唯一の畏敬すべき存在であり、個別化した部分の集合でもある？

いいぞ！　とてもいい！

それではなぜ、その集合が地球にやって来たのですか？

自らを物質的に表現するため。自らを経験的に知るため。神であるため。それは、一冊めの対話でくわしく説明した。

わたしたちを、「あなた」になるように創られたんですか？

そのとおり。あなたがたは、そのように創造された。

では、人間は集合によって創造されたんですか？

あなたがたの聖書には、「わたしたちをかたどり、わたしたちに似せて、ひとを創造しよう」と書いてあった。翻訳が変更される前のことだが。生命というプロセスを通じて、神は自らを創造し、つぎに創造を経験する。この創造のプロセスは永遠に続く。このプロセスは、どんな「時」でもつねに起こっている。相対性と物質性は、神が使う道具《ツール》だ。純粋なエネルギー（あなたがたは霊《いのち》と呼ぶ）、それが神だ。このエッセンスこそ、ほんとうの聖なる霊だ。

エネルギーが物質になるプロセスを通じて、霊は物質的な身体に宿る。このとき、エネルギーは自らをスローダウンさせる。振幅というか、振動を変化させるのだ。存在のすべては、これを各部分で実行する。つまり、全体の各部分で起こっている。この個別化された霊が、あなたがたのいう魂だ。

実際には、存在するのはただひとつの魂で、それがかたちを変え、変化している。再形成と言ってもいい。あなたがたはすべて、形成中の神（Gods In Formation）だ——神の情報だ：God's information!——それが、あなたがたの貢献だ。それで充分なのだ。

簡単に言えば、あなたがたが物質的なかたちをとった、それだけで充分なのだ。わたしはそれ以上の何も望まず、何も必要としない。あなたがたは共通の善に貢献している。共通のもの——共通のひとつの要素——が、自らを善として経験することを可能にしたのだから。

あなたがただって、神は天と地を創造し、それから地上を歩く動物、空を飛ぶ鳥、海に泳ぐ魚を創造した。すべては非常に善《よ》きものであった、と書いたではないか。「善」は対極がなければ、経験的に存在しない（できない）。したがって、あなたがたは悪も創造した。悪は善とは逆の動き、反対方向だ。生命の対極でもある。そこで、あなたがたは死と呼ぶものを創り出した。

だが、究極の現実に死は存在しない。ただのつくりもの、工夫、想像上の経験だが、死をつくったことで生命がもっと大切になる。だから、「悪（evil）」を逆に綴《つづ》ると「生命（live）」になる！　あなたがたの言葉は、じつにうまくできている。知らずしらずのうちに、秘密の智恵が織りこまれている。

この宇宙論全体がわかれば、偉大な真実を理解できる。そうなれば決して、物質的な生存に必要な資源やものを分かち合うかわりに何かをよこせと、他者に要求したりしない。

たしかに美しい考え方ですが、それでも共産主義じゃないか、と言うひとはいるでしょうね。

言いたければ言わせておけばいい。だが、いいかね。あなたがたのコミュニティが、コミュニティとはどんなものかを理解するまでは、決して、聖なる一体化は経験できないし、「わたしが何者であるか」を知ることもできないだろう。

人類は、そのシステムが生活の質と共通の善に貢献していると主張する。だが高度に進化した存在から見れば、あなたがたのシステムは共通の善に反している。善を共通に体験することをはばんでいる。

もうひとつ、高度に進化した文化がはっきりとちがうすばらしい点は、「あなたのもの」「わたしのもの」という概念を伝える言葉も音声も何の手段もないことだ。彼らの言葉には、所有格は存在しない。「わたしの車」ではなく、「わたしがいま使っている車」になる。「わたしのパートナー」「わたしの子供たち」ではなく、「パートナー」「わたしが一緒にいる子供たち」になる。

「いま、ともにいる」「いま、ともに存在する（in the presence of）」という言葉が、あなたがたのいう「所有」にいちばん近い説明だろうね。そして「いま、ともに存在する(in the presence of)」ことは、贈り物だ。それが生命の真の「プレゼント(presents)」だ。したがって、高度に進化した文化には、「わたしの生命」という言葉さえない。ただ「わたしがいま、ともに存在する生命」があるだけだ。これは、あなたがたが「神の御前で(in the presence of God)」と言うのに似ているね。「神の御前」にいるとき(お互いがともにいるとき)、神のもの、つまり存在のどんな部分でも、神から隠しておこうとは思うまい。神のものを神の一部である相手と平等に分かち合おう、と自然に思うはずだ。

これが、高度に進化した文化の社会的、政治的、経済的、宗教的構造を支えている霊的な理解だ。これがすべての生命の宇宙論だ。この宇宙論に従わず、理解せず、そこからはずれて生きているから、地球の上にはあらゆる軋轢《あつれき》が生まれるのだよ。

19

ほかの星には、物理的にはどんな生物が住んでいるんですか？

好きなように考えたらいい。さまざまな生物がいる。地球上と同じだよ。それどころか、もっと多様な生物がいる。

わたしたちに似た生物もいるんですか？

もちろん。ほんの少しちがうだけで、そっくりな生物がいるよ。

どんなふうに暮らしているんですか？　何を食べていますか？　何を着ていますか？　どうやって、意思の疎通をするんですか？　ＥＴのことを全部、知りたいんです。教えてくださいよ！

あなたの好奇心はわかるが、この本は好奇心を満足させるために与えられたものではない。わたしたちの対話の目的は、メッセージをあなたがたの世界に伝えることだ。

少しだけ、質問させてください。ただの好奇心じゃないんです。そこから学ぶものがあるかもしれない。もっと正確に言えば、思い出すものが。ほかの星の生物は、ほんとうの自分を覚えているんですか？

想像がつくだろうが、どこの生物も、進化の段階はさまざまだ。だが、高度に進化した文化について言えば、そう、そこの存在はほんとうの自分を覚えている。

どうやって暮らしているんですか？　働くんですか？　旅行はしますか？　意思の疎通は？

あなたがたの文化で言うような旅行は、高度に進化した文化にはない。技術がはるかに進んでいるから、化石燃料を使って大きなマシンに搭載したエンジンを動かして身体を運ぶ必要はない。物理的な新技術に加えて、精神の理解も、物質性そのものも、もっと進んでいる。

こうした二つの進化が進んでいるから、ＨＥＢは身体を思いのままに解体したり合成したりできる。だから高度に進化した文化のほとんどの存在は、いつでも、どこでも好きなところに「存在」できる。

宇宙の何光年も彼方にも？

そう。ほとんどの場合はそうだ。そういう銀河を越える「長距離」旅行は、投げた石が水上を跳んでいくようなものだ。宇宙というマトリックスのなかを通過するのではなく、「飛び越えて」いく。あなたがたの言葉では、それがいちばん近いイメージだろう。あなたがたの社会でいう「作業」、そういう概念はほとんどのHEBには存在しない。仕事は遂行されるし、活動も行われるが、純粋に自己の最高の表現としてしたいことをする、というのが基本だ。

それができたら最高でしょうが、でも、ひとがいやがる肉体労働はどうなりますか？

そもそも、「ひとがいやがる肉体労働」という概念がないんだよ。あなたがたの社会で言う「肉体労働」は、高度に進化した存在のあいだでは、最も名誉ある仕事であることが多い。社会が存続し、機能するために「必要な」毎日の仕事を遂行するHEBは、すべてに奉仕して最も高い報酬が得られ、最も尊重される「労働者」だ。ここで「労働者」という言葉をカッコつきで使ったのは、ＨＥＢにとってそれは「労働」ではなく、高度な自己表現だからだ。

自己表現――それをあなたがたは仕事と呼ぶ――をめぐって人間が創造した考えや体験は、ＨＥＢの文化にはない。「単調で骨が折れる」仕事や「時間外労働」「プレッシャー」といったあなたがたが自分で創り出す経験を、高度に進化した存在は選ばない。彼らは、「ひとを出し抜く」「トップに上りつめる」「成功する」といったことを考えないからだ。あなたがたの「成功」という概念そのものが、ＨＥＢには異質だ。だから、その反対（「失敗」）も、存在しない。

それじゃ、ＨＥＢはどうやって達成感とか、完成の喜びを味わうんですか？

「競争」「勝利」「敗北」といった価値システムを中心につくりあげられたしくみとは関係ない。人間の社会や活動の大半は――学校でさえというか、学校までが――そうだが。ＨＥＢは社会にとってほんとうに価値あることを充分に理解し、心から評価し、感謝することを通じて達成感を味わう。達成とは「価値を実現」することであり、「価値はともかく、『名声』や『富』を得る」ことではない。

すると、HEBにも「価値システム」があるんですね！

もちろんだ。もちろん、あるよ。だが、人間のものとはまったくちがう。HEBは、全体のためになることに価値をおく。

わたしたちだってそうですよ！

そうだろうが、何が「ためになるか」という考え方がまるでちがう。あなたがたは、バットを握った相手に白い球を投げるほうが、あるいはスクリーンで服を脱ぐほうが、子供たちに生命の偉大な真実を教えたり、霊的な源泉に導くよりも、社会のためになると考えているようだ。だから、野球選手や映画スターのほうが、教師や聖職者よりもたたえられ、高い報酬を得る。社会がめざすという方向から考えれば、すべてが逆さまだ。

あなたがたの観察力はあまり発達していないな。HEBはつねに「あるがまま」を見て、「役に立つこと」をする。人類はめったにそうしないね。

HEBは、教師や聖職者の仕事が「倫理的に正しい」から、尊重するのではない。社会のめざす方向から見て、それが「役に立つ」から尊重する。

しかし、価値構造があるとしたら、「もてる者」と「もたざる者」がいるはずです。HEBの社会では、豊かで有名なのは教師で、貧しいのは野球選手なんでしょうか。

HEBの社会には、「もたざる者」はいない。あなたがたの社会のように、おおぜいのひとがみじめなどん底で暮らすこともない。また、毎時間四〇〇人の子供が、そして毎日三万人が餓死する地球とちがって、飢え死にする者は誰もいない。人間の労働の文化のように、「静かな絶望」の暮らしもない。いや、HEBの社会には「窮乏」もないし、「貧乏人」もいない。

でも、どうしてそんなことが可能なんですか？　どうしてですか？

二つの基本的な原則を適用することによって。

わたしたちはすべて一体である。

充分ある。

HEBは充足ということを知っているし、それを創造する意識をもっているんですね？

ＨＥＢは、すべてが関連していることを意識しているから、何もむだにしないし、自分の星の天然資源を破壊したりもしない。だから、全員に充分なものが存在する。だから、「充分ある」。

不足だ、「足りない」という人間の意識、それが、すべての不安、プレッシャー、競争、嫉妬《しっと》、怒り、葛藤《かっとう》、そして殺しあいの根本原因だ。

これと、すべてはひとつではなくばらばらだという信念、それが、あなたがたの人生をみじめにし、人類の歴史を悲しいものにし、万人のためにという貴重な努力を空費させている原因の九〇パーセントを占めている。この二つの意識を変えれば、すべてが変化するだろう。

しかし、どうすればいいんですか？　それは、そうしたいですよ。だが、どうすればいいいか、わからないんです。決まり文句をくり返すだけでなく、道具《ツール》を与えてください。

いいとも。それが公平というものだろう。これが道具《ツール》だよ。

「そうであるかのように、行動しなさい」

すべてがひとつであるかのように、行動しなさい。明日から、そう行動してごらん。誰もがつらいときを過ごしている「自分」であるように。誰もが公平なチャンスを待っている「自分」であるように。誰もがつらい経験をしている「自分」であるように。試してごらん。明日から、試してごらん。すべてのひとを新しい目で見てごらん。それから「充分」であるかのように行動してごらん。「充分」な金、「充分」な愛、「充分」な時間があったら、あなたの行動はちがってこないか？　もっとオープンに自由に平等に分かち合うのではないか？

おもしろいですね。だって、わたしたちは、天然資源について、そのとおりの考え方で行動している。そしてエコロジストに批判されています。つまり、わたしたちは「充分ある」かのように、行動しているんです。

ほんとうに興味深いのは、役に立つものは足りないかのように行動していることだな。だから、あなたがたは供給を厳しく監視し、隠しておくことも多い。ところが、環境、天然資源、エコロジーについてはいいかげんで、だらしがない。環境や天然資源、エコロジーは役に立たないと思っているとしか考えられないな。

あるいは、充分「であるかのように」行動している。

いや、そうじゃない。もし、そうなら、資源をもっと平等に分かち合うだろう。ところが、世界の人口の五分の一が資源の五分の四を消費している。この配分が変わる兆しはない。恵まれた少数が無思慮に浪費しなければ、すべてのひとに行きわたるだけ充分にあるんだよ。すべてのひとが資源を賢く使えば、少数が無思慮に浪費するよりもずっと少ない使用量ですむだろう。資源を使うのはいいが、濫用してはいけない。エコロジストはみんなそう言っている。

ああ、また落ちこんできましたよ。あなたのお話を聞いていると、いつも落ちこんでしまう。

おかしなひとだね、あなたは。あなたは寂しい道を歩いていて迷い、目的地にどう行けばいいか、わからなくなってしまった。すると誰かがやって来て、方角を教えてくれた。わかったぞ！と、あなたは有頂天になる、そうではないか？ところが、あなたは落ちこむと言う。まったく、驚いたひとだよ。

落ちこむのは、自分たちがそっちの方角に行っているとは思えないからです。行きたいと思っているのかどうかさえ、自信がない。わたしたちは壁に向かって進んでいるとしか思えないんですよ。

あなたは、観察眼を使っていない。これを読んで、何十万人ものひとたちが歓声をあげるのが見えるよ。何百万人ものひとたちが、単純な真実に気づくのがわかる。そして、地球で新たな変化の力が強まっていく。これまでの思考システム全体が捨てられかけている。統治システムが放棄されようとしている。経済政策が見直されている。霊的な真実が再検討されている。

あなたがたは、目覚めかけている種《しゅ》なのだ。

この本に記されたことを読んでも、がっかりする必要はない。この真実に気づき、変革のエンジンを動かす燃料として使えば、大きな勇気が湧いてくるはずだ。あなたは変化の媒体だ。人びとが人生をどう創造し、どう経験するか、その方法を変えることができるのはあなただ。

ちがった存在になりなさい。自分自身が変化しなさい。「わたしたちはすべて一体である」「充分ある」という意識を体験しなさい。自己を変革しなさい。世界を変えなさい。

あなたは自分にこの本を、そして神との対話のすべてを与えた。高度に進化した存在として生きるとはどういうことかをもう一度、思い出すためだ。

わたしたちは前にそういう生き方をしていた、そうなんですね？

そう。古代、古代文明と呼ばれるころに。ここで話したことのほとんどは、以前、あなたがたの種が経験したことだ。

それを聞くと、わたしの一部はさらに落ちこみたくなりますよ！　だって、わたしたちは一度、そこに到達して、それからすべてを失ったのでしょう？　わたしたちはそうやって「めぐりつづけて」いるが、それが何になるんでしょうか？

進化だよ！　進化は一直線に進むものではない。

あなたがたには、最悪の事態を防ぎ、古代文明の最高の経験を再創造するチャンスがある。今度は、個人のエゴと進んだ技術が社会を破壊するとは限らない。ちがったやり方もできる。あなたが——あなただよ——変化を起こすことができる。

あなたさえその気になれば、これは、じつにわくわくすることのはずだ。

オーケー。わかりました。その気になると、ほんとうにわくわくしてきましたよ！

変化を起こします！　もっと話してください！　進んだ古代文明がどんなものだったのか、いま、高度に進化した存在がどんなふうなのか、できるだけたくさん思い出したいんです。彼らはどうやって生きているんですか？

彼らは集落で暮らしている。あなたがたの世界でいえばコミュニティだが、「都市」とか「国家」という考え方はもうやめてしまった。

なぜですか？

「都市」は大きくなりすぎて、集落の目的にそぐわなくなった。それどころか、逆効果になった。都市は人びとの集まるコミュニティではなく、「孤独な群衆」をつくり出した。

地球でも同じですね！　小さな町や村のほうが、たとえ広い農村地域でも、大都市よりはよほど「コミュニティ」らしいですよ。

そう。あなたがたの世界といま話している星々にはひとつ、ちがうところがある。

と、言いますと？

彼らはそこに気づいた。彼らは何が「役に立つ」か、よく観察した。

ところが、わたしたちはどんどん大きな都市をつくりつづけている。都市がわたしたちの生き方を破壊しているのはわかっていながら。

それどころか、アメリカではランキング入りすると自慢する！　首都地域は大都市ランキングで一二番めから一〇番めに上がったんですが、みんなお祝いしようと考えたんですよ！　商工会議所なんか、大々的に宣伝までしましたよ！

後退と進歩をとりちがえるのは、原始的な社会の特徴だ。

前にもそうおっしゃいましたね。また、落ちこんでしまいそうだ！

だが、そうではないひとも増えてきた。小さな「意図的な」コミュニティの再創造が増えている。

それでは、大都市を捨てて町や村に戻るべきだとお考えなんですか？

わたしは、どちらにしたほうがいいとは言わない。ただ、観察しているだけだ。

いつも、そうですね。では、あなたの観察では、どうして自分たちのためにならないとわかっていながら、大都市へ、大都市へと集中するんでしょう？

それは、何が自分のためかわかっていないひとが多いからだよ。大都市に集まれば、問題が解決すると思っている。ほんとうは、問題を創り出しているだけなのに。大都市には小さな町や村にはありえないサービスがあり、仕事口があり、娯楽があるのはたしかだ。だが、そういうものが実際には有害なのに価値があると思うのが間違いだ。

ほら！　いま、意見をおっしゃいましたよ！　本音を明かしましたね！　わたしたちが「間違い」をしているとおっしゃった。

あなたがサンノゼへ向かっているなら……。

ああ、またですか。

そう、あなたは観察を「批判」だと、事実の指摘を「こっちのほうがいいという好み」だと言いたがる。だが、同時に正確にものごとを伝え、考えたがっているのがわかっているから、そのたびに、注意してあげているんだよ。シアトルに行きたいと言いながら、サンノゼに向かっているあなたが、通りがかりのひとに方角を聞いたとき、相手があなたは「間違っている」と言ったら、それはいけないことかな？　相手は「こっちのほうがいいという好み」を表明しているのだろうか？

そうじゃないでしょうね。

そうじゃないでしょう、と言ったのかね？

わかりました。ちがいます。

では、通りがかりの相手は何をしているのだろう？

相手の言う目的地にてらして、「あるがまま」を言っただけです。

すばらしい。やっと、わかったな。

だが、そのことは前にもおっしゃった。何度もくり返されましたね。それなのに、どうしてわたしは、あなたが批判する、こっちのほうがいいと言うんだという考えに立ち戻ってしまうんでしょう？

あなたがたの神話の神がそうだからだよ。だから、わたしをその神のカテゴリーにあてはめようとするのだ。それに、わたしが「こっちのほうがいい」と言えば、ものごとはずっと簡単になる。あなたがたは自分で考えて、結論を出す必要がなくなる。ただ、わたしの言うとおりにすればいい。

もちろん、わたしが何を言うか、あなたがたにわかるはずがない。何千年も前から、わたしが語りかけるはずがないと信じこんでいるのだから。そこで、しかたなく、わたしが実際に語りかけたころに聞いたことを教えると主張するひとたちに頼る。ところが、それにも問題がある。あなたの髪の毛と同じくらいたくさんのちがった教えがあり、教師がいるからだ。で、やっぱり振り出しに戻って、自分で結論を出さなければならなくなる。

その迷路から抜け出す道はあるんですか？　人類という種が創造したみじめなサイクルから脱出する道はあるんでしょうか？　いつか「うまくやれる」日が来るんでしょうか？

「抜け出す道」はあるし、あなたがたは「うまくやれる」よ。ただ、観察力を鍛えればいい。何が自分のためになるかをよく見なくてはいけない。それが「進化」というものだ。じつは、「うまくやれない」はずはない。失敗はありえない。問題はうまくやれるかどうかではなく、いつそうなるかだよ。

しかし、地球では、時間がなくなりかけているのでしょう？

それがあなたのパラメーターなら、地球で、地球という星があなたがたを支えているうちに、「うまく」やりたいのなら、急いだほうがいいね。

どうすれば、急げますか？　どうか、助けてください！

助けているよ。この対話が何のために行われていると思う？

わかりました。それじゃ、もっと助けてください。さっき、ほかの星の高度に進化した文化では、「国家」という考え方はやめてしまった、とおっしゃいましたね。どうしてですか？

「国家主義」は、彼らの指針となる最初の原則に反していると気づいたからだよ。わたしたちは一体である、という原則に。

ところが、国家主義はわたしたちの指針となる基本の原則を支えている。適者生存という原則を。

まさにそのとおり。あなたがたは生存と安全保障のために、別れ別れに国家をつくった。ところが、目的とは逆のことが起こっている。

高度に進化した存在は、それぞれの国家に結集するのを拒否する。彼らは単純なひとつの国家を信じている。「神のもとで、ひとつの国家」をつくったと言ってもいい。

ああ、賢明ですね。だが、「すべての者に自由と正義を」は実現しているんですか？

あなたがたは、どうだろう？

一本、とられたな。

要は、すべての部族や種は進化しており、進化――何が自分のためかを観察して、行動を適応させること――は、一方向に進んでいるということだ。進化は一体化のほうへ進み、分離から遠ざかっている。べつに意外なことではないね。一体であるというのは究極の真実であり、「進化」とは「真実への動き」の別名だから。

「何が自分のためかを観察し、行動を適応させていく」というのは、わたしたちの指針となる原則のひとつ、「適者生存」と同じ響きがあると思うんですが。

そうだろう？　しかし「適者生存」――種の進化ということだが――が達成されておらず、それどころか全部の種が滅亡に向かい、自滅しかけている。それは「プロセス」を「原則」と呼んだためだ、ということを「観察」しなくてはいけない。

ええっと、何が何だかわからなくなりましたよ。

そのプロセスは「進化」と呼ばれる。プロセスを導く「原則」は、あなたがたの進化の方向を決める。あなたの言うとおりだ。進化は「適者生存」だ。これはプロセスだよ。ただし、「プロセス」を「原則」と混同しないように。

「進化」と「適者生存」が同義語であり、「適者生存」があなたがたの指針となる原則だとすれば、「進化の指針となる原則は進化である」ということになる。

しかし、それは、自分の進化の方向をコントロールできない種の言うことだ。自分自身の進化を傍観するしかないと思っている種の言うことだよ。ほとんどのひとは、「進化」とは単純に「進んでいく」もので、ある原則にもとづいて方向を決定するプロセスだとは思っていない。だから、そのような種は言う。「わたしたちは進化している――進化の原則にしたがって」。だが、その原則が何なのかは言わない。プロセスと原則を混同しているからだ。

いっぽう、進化とはプロセスである――しかし、コントロールできるプロセスだ――とはっきり知っている種は、「プロセス」を「原則」と混同したりせず、プロセスを導き、方向づけする原則を意識的に選ぶ。これは意識的な進化と呼ばれるが、あなたがたの種はそこに到達したばかりだ。

驚いたな、信じられないような洞察ですね。だから、バーバラ・ハバードにあの本を書かせられたんですね！　前にも言いましたが、彼女は実際に「意識的な進化」と呼んでいるんですよ。

もちろん、そうだよ。わたしが話したのだ。

ああ、いいなあ！　そこで……ETについての「対話」に戻りたいんですが。高度に進化した存在は、国家がなければ、どうやって自分たちを組織しているんでしょう？

彼らは「進化」を進化の第一原則にせず、純粋な観察にもとづいて原則をつくった。彼らは、すべては一体であることを観察し、この原則を下から切りくずすのではなく、下から支える政治的、社会的、経済的、霊的メカニズムを工夫した。

それは「どんな」ものなんですか？　たとえば、政府はどんなものなんですか？

あなたひとりしかいないとしたら、どうやって自分を律すると思う？

えっ、もう一度言ってくださいませんか？

あなたひとりしかいないとしたら、自分の行動をどうやって律するかな？　あなたの行動を律するのは誰だろう？　あなた以外の誰がする？

誰も。わたしひとりしかいないとしたら……たとえば無人島にひとりで住んでいるとしたら……わたしの行動を律し、指図する者は「自分以外」に誰もいません。好きなように食べて、着ているでしょうね。たぶん、何も着ないんじゃないかな。空腹になったら、おいしいと思うものを健康だと感じるだけ食べるでしょう。したいことをするでしょうし、なかには、生き延びるために必要だからすることもあるでしょうね。

なるほど、いつものように、すべての智恵はあなた自身のなかにあるじゃないか。前にも言ったとおり、あなたは何も学ぶ必要はなく、ただ思い出せばいいのだ。

では、進んだ文明もそうなんですか？　裸で走りまわり、木の実を摘《つ》み、カヌーをつくっているんですか？　まるで野蛮人のようですが！

どちらが幸せで、どちらが神に近いと思う？

その話は前にもしましたね。

そうだね。シンプルなのは野蛮で、複雑なほうが高度に進歩していると思うのは原始的な文化の特徴だ。おもしろいことに、高度に進化した者は逆だと見ているが。

しかし、すべての文化の動きは……進化のプロセス自体がそうですが……ますます高度に複雑になっていきますよ。

ある意味ではそうだ。だが、ここに最も偉大な神聖なる二分法がある。システムが「複雑に」なればなるほど、そのデザインはシンプルになる。それどころか、シンプルさが優雅の極致なのだよ。

〈マスター〉はそれを理解している。だから、高度に進化した存在は非常にシンプルに暮らしている。高度に進化した統治システム、高度に進化した教育、高度に進化した経済システム、すべてが優雅なほどシンプルなのだ。

たとえば、高度に進化した統治システムには、事実上、自治以外の統治は存在しない。

参加者が、ただひとりであるかのように？　影響を受けるのもたったひとりであるかのように、ですか？

そう、実際にそうなのだよ。

それを、高度に進化した文化は理解しているんですね。

そのとおり。

全体が見えてきたような気がします。

けっこう。もう、あまり時間が残されていないからね。

あなたは、行ってしまわれるのですか？

この本はずいぶん長くなった。

20

待って！　待ってください！　まだ、行かないでください！　ETについて聞きたいことがあるんです！　彼らはいつか、「わたしたちを救う」ために地球に現れるんでしょうか？　地球の両極性をコントロールし、大気をきれいにし、太陽エネルギーを活用し、異常気象を制御し、すべての疾病を治療する新しいテクノロジーをもたらして、わたしたち自身の狂気から救い出し、生活の質を向上させて、ささやかなニルヴァーナに暮らせるようにしてくれるんでしょうか？

それはまずいんじゃないかな。「ＨＥＢ」はそれを知っている。そんな介入をすれば、あなたがたは、いま隷属しているという神々のかわりに彼らを神として隷属するだろう。じつは、あなたがたは誰にも隷属していない。高度に進んだ文化をもつ存在はそれをわからせてくれるだろう。もし彼らがテクノロジーを分かち合うとしたら、それはあなたがた自身の力と可能性を認識させるものであるはずだ。同じく、ＨＥＢが教えを分かち合うとしたら、より偉大な真実とあなたがた自身の力と可能性をわからせるものであって、教師を神として崇《あが》めさせるものではない。

でも、遅すぎます。わたしたちはもう、それをしてしまった。

そう、知っているよ。

それで最も偉大な教師のひとりを思い出しました。イエスという名のひとです。彼を神としないひとでさえ、彼の教えの偉大さは認めています。

だいぶ、ゆがめられた教えだがね。

イエスもその「HEB」のひとり、高度に進化した存在なんですか？

彼は、高度に進化していたと思うかな？

ええ。それにブッダ、ロード・クリシュナ、モーセ、ババジ、サイババ、パラマハンサ・ヨガナンダ、みんなそうですね。

そのとおり。ほかにもたくさんいる。

対話の二冊めで、イエスをはじめとするそういう教師たちは、「宇宙」から来たのかもしれない、とほのめかされましたね。地球を訪れて、高度に進化した存在の教えと智恵を分かち合ったのかもしれない、と。どうせなら、はっきり教えてくださいませんか。イエスは「宇宙人」だったんですか?

あなたがたはみな「宇宙人」だよ。

どういう意味ですか?

あなたがたは、いま自分の星と呼んでいる地球の者ではない。

ちがうんですか?

ちがう。あなたがたをつくりあげている「遺伝子」が、意図的にこの星に置かれたのだ。ひょっこり「現れた」わけではない。あなたがたの生命をかたちづくっている要素は、生物学的な偶然のプロセスで組み合わされたのではない。計画があったのだ。大きなことが進行している。地球に生命を誕生させる一〇億と一の生化学的な反応が、すべて偶然に起こったと思うか？　偶然の出来事が運よく続いて、たまたま幸運な結果になったと考えるのか？

いいえ、もちろんそうじゃないですね。たしかに、計画があったんだと思います。神の計画が。

よろしい。すべて、わたしの考えであり、わたしの計画であり、わたしのプロセスだ。

すると、……あなたは「宇宙人」だとおっしゃっているんですか？

わたしに話しかけようとするとき、あなたがたはどこを見てきた？

上です。空を見上げます。

どうして、下を見ないのだね？

わかりません。誰でも見上げますよね……「天」を。

わたしが来るところだから？

ええ、たぶんそうでしょう。

すると、わたしは宇宙人かな？

わかりません。そうなんですか？

わたしが宇宙人だとしたら、神性が損なわれるか？

たいていのひとが考えているあなたの力を基準に考えれば、そうはならないと思います。

わたしが神だとしたら、宇宙人ではなくなるか？

それは定義によるでしょうね。

わたしが「ひと」ではないとしたら、そうではなく宇宙の力、「エネルギー」、宇宙の存在、存在するすべてだとしたら? わたしが集合だとしたら?

そうですね、いままでおっしゃってきたことですよね。この対話で、あなたはそうおっしゃってきた。

そのとおり。で、あなたは信じるかな?

ええ、信じます。少なくとも、神とは存在するすべてだという意味では。

よろしい。では、あなたが「宇宙人」と呼ぶようなものがあると思うか? つまり、地球の外から来る存在が?

ええ、思います。前から信じていたんだと思うな。そのうえ、いま、あなたが話された。だから、確信しますよ。

それで、「地球の外から来る存在」は「存在するすべて」の一部だろうか?

ええ、もちろん、そうですね。

そして、わたしが存在するすべてなら、わたしは宇宙人ではないか?

ええ……でも、そう定義すれば、あなたはわたしでもある。

あたり。

そうか。でも、あなたは答えをはぐらかしていらっしゃる。わたしは、イエスは宇宙人ですか、と聞いたんです。わたしが言う意味はおわかりでしょう。イエスは地球の外から来たのか、それとも地球で生まれたのかってことです。

あなたはまた、「どちらか」と聞いている。思いきった発想をしてごらん。「どちらか」ではなく、「どちらも」だと考えてごらん。

すると、イエスは地球で生まれたが、「宇宙人の血」を引いていると、そうおっしゃるんですか?

イエスの父親は誰だった?

ヨゼフです。

そう。だが、マリアを懐胎させたのは誰だった?

無原罪懐胎を信じているひとたちもいますね。大天使が処女マリアを訪れたと言われています。「聖霊によって身ごもった処女マリアが」イエスを産んだと。

あなたはそれを信じるか?

何を信じたらいいのか、わからないんです。

よろしい。もし大天使がマリアを訪れたとしたら、大天使はどこから来たのだろう?

天からでしょう。べつの領域から、神のところから。

なるほど。で、神は宇宙人だということで意見が一致したのではなかったかな?

いや、正確にはちがいますよ。神はすべてであり、宇宙人は「すべて」の一部だから、神はすべてであるという意味で宇宙人でもある、ということで一致したんです。わたしたちみんな、そうです。神はすべてである。神は集合だ。

けっこう。すると、マリアを訪れた大天使はべつの領域から来たんだね。天の領域から。

そうです。

それはあなた自身の奥深くにある領域でもある。なぜなら、天はあなたの内にあるから。

そうは思えません。

では、宇宙の内なるスペースと言おうか。

いや、そうとも思えない。どういう意味だか、わかりませんから。

それでは、どこから？　地球の外の領域からか？

……………（長い沈黙あり）

また、言葉をもてあそんでいらっしゃるんですね。

わたしは最善を尽くしているのだよ。大きな制約がある言葉を使って、できるだけ近い概念、近い考えを伝えようとしているのだが、あなたがたの限られた語彙《ごい》では説明しきれないし、あなたがたの現在の概念のレベルでは理解できないことなのだ。わたしは、あなたがたの言葉を新しい方法で使って、新しい概念に導こうとしている。

なるほど。そうすると、イエスはべつの領域の高度に進化した存在によってマリアに宿った。だから、彼は人間であり、同時にHEBだと、そうおっしゃるんですか？

地球上にはおおぜいの高度に進化した存在がいる。現在でもたくさんいるよ。

すると、「わたしたちのなかに異星人《エイリアン》がいる」とおっしゃるんですか？

新聞やラジオのトークショー、テレビの取材陣があなたのところに殺到するのが見えるよ。

何だって、センセーショナルにしようと思えばできる。わたしは、高度に進化した存在を「エイリアン」とは呼ばない。イエスを「エイリアン」と呼ばないように。神は「エイリアン」ではない。地上には「エイリアン」はいない。

わたしたちはすべて一体だ。わたしたちが一体なら、個別化されたものに「エイリアン」はいない。

個別化されたなかには……つまり、個々の存在のなかには……ひとよりたくさんのことを思い出している者がいる。思い出すプロセス（神とふたたび一体となる、あるいはすべてと、集合とふたたび一体になるプロセス）を、あなたがたは進化と呼ぶ。あなたがたは進化している。なかには、高度に進化した者もいる。そのひとたちは、より多くのことを思い出している。ほんとうの自分を知っている。イエスは知っていて、それを宣言した。

オーケー。それでは、イエスについては言葉遊びになってしまうんですね。

とんでもない。率直に話してあげよう。イエスと呼ばれる人間の霊《いのち》は、地上のものではない。その霊が人間の身体を満たし、子供のうちに学ばせ、成人させ、そして自己に目覚めさせた。それはイエスひとりではない。すべての霊が「地上のものではない」。すべての魂《たましい》はべつの領域から来て、身体に宿る。だが、すべての魂が、ひとつの「生涯」で自己に目覚めるわけではない。イエスは目覚めた。彼は高度に進化した存在だった――神と呼ぶひともいる――彼は目的があって、使命があって、あなたがたのもとへやって来た。

わたしたちの魂を救うために。

ある意味ではそうだ。だが、永遠の地獄からではない。彼の使命は、ほんとうの自分を知らず、経験もできないひとたちを救うことだったし、いまもそれは変わらない。彼は、あなたがたが何者になれるかを身をもって示そうとした。受け入れさえすれば、あなたがたはすでにそうなのだ。

イエスはお手本になって、導こうとした。だから、「わたしは道であり、生命である。わたしについてきなさい」と言ったのだ。彼に従属するという意味で、「わたしに従いなさい」と言ったのではない。誰もが彼の手本にならって、神と一体になるという意味で言ったのだ。彼は「わたしと父とはひとつであり、あなたがたは兄弟である」と言った。これ以上に、簡潔な言葉はないだろう。

するとイエスは神から来たのではなく、地球の外から来たんですか。

あなたの間違いは、その二つがべつだと考えることだ。人間と神を区別するように、区分けしたがる。だが、いいかね、区別はないのだ。

ふーむ。なるほど。終わりにする前に、べつの世界の存在について、もう少し教えてくださいませんか？　彼らは何を着ているんですか？　どうやってコミュニケーションするんですか？　つまらない好奇心だなんて、おっしゃらないでください。何か学ぶことがあるにちがいないと思うんです。

よろしい。では、手短に話そう。

高度に進化した文化では、自分がコントロールしきれない要素や状況から身を守るため、あるいは「階級」や名誉を表す飾りとして身につけるためでなければ、衣服を着る必要を感じない。HEBは、あなたがたがどうして必要もないのに身体をおおうのか、理解できないだろう。「恥ずかしい」とか「遠慮」という概念がわからない。自分を「きれいに」見せるために何かをまとうという考え方も理解しがたいだろう。HEBにとっては、裸体ほどきれいなものはないから、もっと見栄えよくするため、魅力的にするために、何かをまとうなんて思いも及ばない。

同じく、「建物」とか「家」と呼ぶ箱のなかに住む——ほとんどの時間をそこで過ごす——というのも、理解できない。HEBは自然の環境のなかで暮らし、環境が厳しくなりすぎないかぎり、箱には入らない。そんなことはめったにないがね。高度に進化した文明は環境を創造し、コントロールし、行き届いた管理をしているから。

HEBはまた、環境と自分たちとが一体であることを知っているから、環境とスペースを分かち合うだけでなく、相互依存の関係にある。HEBは、どうしてあなたがたが自分を支える環境を破壊したり、被害を与えたりするのか、理解できない。あなたがたは環境に支えられていることを理解していないとしか思えないだろうね。非常に限られた観察力しかもっていない存在だと思うだろう。

コミュニケーションについては、HEBの第一レベルの伝達手段は、あなたがたが感情と呼ぶものだ。HEBは自分の感情も他者の感情も知っている。誰も感情を隠さない。そんなことは自滅的だと知っているから、感情を隠しておいて、誰もわかってくれないと文句を言うなんてことが理解できない。感情は魂の言葉だ。高度に進化した存在はそれを理解している。HEBの社会では、コミュニケーションの目的はお互いの真実を知ることだ。だから、HEBには「嘘《うそ》」という概念がどうしても理解できない。真実でないことを伝えて思いを通すというのは、HEBにしてみれば勝利というにはあまりにむなしく、勝利どころか恐るべき敗北だ。

HEBは真実を「語る」のではない。HEBの存在が真実なのだ。彼らの存在は「ありのまま」と「何が役に立つか」を基本にしている。記憶にないほどはるかな昔に、音声でコミュニケーションをしていたころ、真実でないものは役に立たないことを学んだ。

地球では、社会の大半は秘密を基盤にしてできあがっている。多くのひとが、人生とはお互いに話すことではなく隠すことでなんとか成り立っていると信じている。秘密が社会の規範、倫理規範になっている。秘密の規範だ。

あなたがたの全部がそうではない。たとえば古代文明や先住民たちは、そんな規範に従ってはいない。現在の社会でも、多くのひとたちがそういう行動を拒否している。だが、政府はその規範で動いているし、産業界はその規範を採用しているし、人間関係の多くがその規範を反映している。おおぜいのひとが嘘を——ことの大小にかかわらず——受け入れていて、嘘についての嘘までついている。秘密の規範についての秘密の規範だ。王様は裸だと誰もが知っているのに、口にしなかったのと同じだ。それどころか、そうではないふりすらしている。そうやって、自分自身にまで嘘をついている。

そのことは、前にもおっしゃいましたね。

この対話では基本的なこと、大事なことをくり返している。あなたがほんとうにものごとを変えたいなら、理解しなくてはならないことだ。だから、もう一度くり返そう。人間の文化と高度に進歩した文化のちがいは何か。高度に進化した存在はつぎの二つをする。

①充分に観察する。

②真実を伝えあう。

彼らは「何が役に立つか」を見抜いて、「ありのまま」を言う。これも、小さいが根本的なちがいで、地球上の人生をはかり知れないほど向上させるだろう。

ところで、これはモラルの問題ではないよ。「倫理的な戒め」は、HEBの社会にはない。彼らは嘘と同じように不思議な考え方だと思うだろう。何が役に立つか、何がためになるか、というだけだ。

HEBにはモラルはないんですか？

あなたがたが考えるようなモラルはない。ある集団が価値観を決め、それに従って生きるよう個々のHEBに求めても「役に立たない」と彼らは考える。何が適切なふるまいで何が適切でないかは、自分だけが決め、自分だけが判定する。問題はつねに、HEBの社会にとって何が役に立つか――全体の利益をうまく生み出すのは何か――ということであって、何が「正しい」か、何が「間違っている」かではない。

しかし、それは同じことじゃないんですか？　わたしたちだって、うまくいくことを「正しい」と言い、自分にとってうまくいかないことは「間違っている」と言うんでしょう？

あなたがたは、そういうレッテルに罪悪感や恥辱《ちじょく》感をつけ加え――これもHEBにはわけのわからない考え方だ――驚くほど多くのことを、それが「役に立たない」からではなくて、「不適切」だと想像するから、「間違っている」と言う。ときには、自分が見て不適切なのではなく、「神の目」には不適切だろうと言うだけだ。そうやって何が「役に立ち」、何が役に立たないかを人工的に定義している。その定義は「ほんとうのありのまま」

とは関係がない。

たとえば人間の社会では、正直に気持ちを表すことは「間違っている」とされることが多い。HEBは決してそうは考えない。どんなコミュニティでも集落でも、感情を正確に伝えあうほうが暮らしの役に立つからだ。HEBは決して感情を隠さないし、隠すことが「社会的に正しい」とは思わない。

いずれにしても、感情を隠すのは不可能だろう。HEBは他者から「振動」を受けとるから、感情は簡単に伝わる。HEBは他者の思考や経験を感じとれるのだよ。

あなたがたが言うような「言葉」が発音されることはほとんどない。高度に進化した知覚ある存在はすべて、「テレパシーでコミュニケーション」する。それどころか、種《しゅ》どうし――あるいは同じ種の者どうし――の関係がどこまで進化しているかは、感情や欲求や情報を伝えるのにどこまで「言葉」を必要とするかで測られるくらいだ。

聞かれる前に言っておくが、人間にだってできるよ。そういう能力を発達させた者もいる。事実、何千年も前には、それがふつうだった。あなたがたは、原始的な発声――実際には「騒音」――を使ってコミュニケーションするところまで、後退したのだ。だが、もっとはっきりした、正確で優雅なコミュニケーションを回復しているひとたちもおおぜいいる。とくに、愛しあう者どうしがそうだね。これも、大きな真実を裏づけている。思いやりはコミュニケーションを創造するという真実だ。

深い愛があれば、事実上、言葉は必要ない。逆も真実だ。多くの言葉を弄《ろう》する必要があればあるほど、相手を思いやる時間が少なくなる。思いやりはコミュニケーションを生むからだ。究極的には、ほんとうのコミュニケーションはすべて真実を伝える。そして、究極的には愛だけが唯一の真実だ。

だから、愛があればコミュニケーションもある。コミュニケーションがむずかしいというのは、愛が充分に存在しないしるしだよ。


美しいお話ですね。美しいコミュニケーションだと言いたいです。


ありがとう。要するに、生活のモデルは高度に進化した社会だ。

彼らは集落で、あるいは小さなコミュニティで暮らしている。その集落が都市や州、国家に組織されることはなく、お互いに平等に交流している。政府もないし、法律もない。議会というか評議会はある。ふつうは、年長者の議会だ。あなたがたの言葉で言う、「共通の合意」と翻訳できるものもある。それは、つまるところ三つの規範に行き着く。認識、誠実、責任だ。

高度に進化した存在は、とうの昔に、そうやってともに暮らすと決めたのだ。誰かに教えられた倫理的な構造や霊的な啓示ではなく、ありのままを見て、何が役に立つかを観察した結果、選択したのだ。

それで、戦争も紛争もないんですか?

ない。高度に進化した存在はすべてを分かち合い、相手が力で奪いとりたいと思っているものは与えるからだ。いずれにしても、すべては万人のもので、「与えた」ものがほんとうに欲しければ、いつでも創造できることを認識しているから、そうするのだ。「所有」とか「損失」という考え方は、HEBの社会にはない。彼らは自分が物質的な存在ではなく、いま物質的に存在しているだけだということを知っている。また、すべての存在は同じ源から発しており、したがって、すべては一体だと理解している。

誰かがHEBの生命をおびやかしたとしても、紛争にならないんですか?

争いはない。彼はただ、身体から抜け出す。文字どおり、身体を相手に置いていく。それから、そうしたいと思えばべつの身体を創造するだろう。完全にかたちある存在となって物質的な世界に帰ってくるか、愛しあう者どうしが新しく生み出す子供として戻ってくるだろう。物質的な世界に帰ってくる方法としては、そのほうがずっとすばらしい。高度に進化した社会では、新しく創造された子供は最も尊重される。生まれた子供の成長の機会は比類がないから。

HEBは、あなたがたの文化で「死」と呼ばれているものを恐れない。HEBは自分たちが永遠に生き、どんなかたちをとるかがちがうだけだと知っている。HEBはふつう、物質的な身体で無限に生きられる。身体と環境の世話をする方法を心得ているからだ。物理的な法則にかかわる何らかの理由で、HEBの身体が機能しなくなったら、そこから離れるだけだ。物質的な身体をすべてであるものに喜んで返し、「リサイクル」してもらう（あなたがたは「土から生まれたものは土に」と言うね）。

少し、話を戻させてください。「法律」というものはない、とおっしゃいましたね。だが、誰かが「三つの規範」に反した行動をしたら？　そうしたら、どうなるんですか？　ドカーンと吹っ飛ぶ？

いやいや。「ドカーン」などはない。「裁判」も「懲罰」もない。ただ、「ありのまま」を見て、「何が役に立つか」を観察するだけだ。集団にとって役立たないことは、個人にとっても役立たない、それは集団は個人であり、個人は集団だからであると、ていねいに説明する。HEBなら誰でもすぐに、ふつうは若いうちに、このことを「了解」する。だから、成熟したＨＥＢが「役立たない」ような「ありのまま」をつくり出すことはめったにない。

それでも、そんなことがあったら？

過ちを正すことを認められる。ＨＥＢは三つの規範を使って、自分が考えたり、言ったり、したことに関連する結果をすべて認識する。それから、その結果をもたらした自分の役割を検討し、明らかにする。最後に、修正、救済あるいは癒《いや》しの手段をとることで、結果に対する責任をとる機会を与えられる。

当人が拒否したら？

高度に進化した存在は、決して拒否しない。それでは、高度に進化した存在ではなくなる。

ＨＥＢはそういうことをどこで学ぶんですか？　学校があるんですか？

ＨＥＢの社会には「学校制度」はない。子供たちに「ありのまま」と「何が役に立つか」を思い起こさせる教育のプロセスがあるだけだ。子供たちは生みの親ではなく年長者に育てられるが、必ずしも「両親」と離ればなれになるわけではない。両親は好きなだけ子供たちと一緒に時間を過ごす。

あなたがたの言う「学校」（それよりも「学習時間」と言うほうがいいかな）で、子供たちは、何を学ぶべきかをひとに指図されず、自分で「カリキュラム」を決め、習得したい技能を自分で選ぶ。したがって、非常に高い動機をもっているし、生きる技能は迅速に容易に、楽しく習得できる。

三つの規範（規範とするべき「ルール」ではないが、あなたがたの言葉で言えば、これがいちばん近いだろう）は、「子供」の手本になる「おとな」の行動を通じて——しみ通るように——身につく。

あなたがたの社会では、手本となるおとなの行動は、子供に学ばせたがっているものとはちがうが、高度に進化した文化は、子供はひとの行動を見てまねるものであることを理解している。

ＨＥＢなら、子供たちにさせたくないことを見せる機械の前に何時間も座らせておこうとは思わない。そんなやり方は、ＨＥＢには理解しがたい。とつぜん荒れはじめる子供たちと番組の関係を否定するなんて考えられないだろう。

HEBの社会では、見たとおりを認める。人間社会では、見たものを否定する者が多い。彼らはタバコが身体を損なっているのを観察しながら、そうではないふりをする。父親が酔っぱらって暴力をふるうのを見ながら、家族全体がそれを否定し、誰にも口外させない。何千年も、宗教が大衆の行動を変化させられなかったのを見ていながら、否定する。政府が国民を支援するより抑圧しているのをはっきりと見ていながら、無視する。保険システムがじつは病気治療システムであるのを見ていながら、病気予防に割かれるのは資金の一割で、九割がシステムの運営に使われ、利潤追求が健康な食事法や暮らし方についての教育の改善をはばんでいることを否定する。

もっとひどいですよ。その問題をとりあげようとしたトークショーの司会者を訴えようとさえするんです。ジョン・ロビンズが書いた『エコロジカル・ダイエット』です。

ひとはその本を読んでも、理にかなったことを否定しつづけるだろう。そこが、肝心な点だ。あなたがたの種の多くは、否定に生きている。まわりのひとたちの痛いほどはっきりした観察を否定するだけでなく、自分自身の目で見たことまで否定する。自分の感情を否定し、自分自身の真実を否定する。

高度に進化した存在——あなたがたのなかにもいるが——は、何も否定しない。彼らは

「ありのまま」を観察する。「何が役に立つか」をはっきりと見定める。このシンプルな道具《ツール》を使えば、人生はシンプルになる。「プロセス」が尊重される。

しかし、「プロセス」はどう機能するんですか？

その質問に答えるには、この対話でくり返し指摘したことをもう一度言わなくてはならない。すべては、自分をどう考えるか、そして何をしようとしているかによって決まる、とね。あなたの目的が安らかで楽しい愛のある人生なら、暴力は役に立たない。このことは、すでにはっきりしている。

あなたの目的が健康で長生きすることなら、死んだ肉を食べ、発ガン性があるタバコを吸い、神経をまひさせ、頭脳を焼きこがす液体を飲むことは役に立たない。このことは、すでにはっきりしている。

あなたの目的が暴力と怒りを知らない子供を育てることなら、暴力と怒りを生なましく描くテレビの前に何年も置いておくことは役に立たない。このことは、すでにはっきりしている。

あなたの目的が地球を大切にして、資源を守ることなら、資源が無限にあるかのような行動は役に立たない。これは、すでにはっきりしている。

あなたの目的が愛の神との関係を発見し、育《はぐく》んで、宗教で人間の社会を変えることなら、懲罰と報復の神について教えることは役に立たない。これもまた、すでにはっきりしている。

動機がすべてだ。目的が結果を決定する。人生はあなたの意図に従って進む。あなたの真の意図は行動に現れるし、あなたの行動は真の意図によって決まる。人生のすべてと同じように(生命そのものと同じように)、これはサイクルだ。

HEBはそのサイクルを知っている。人間は知らない。

HEBはありのままに応える。人間は無視する。

HEBはつねに真実を語る。人間は自分にも他人にもしじゅう嘘をつく。

HEBの言葉と行動は一致している。人間は一致していない。

心の底では、あなたがたは何かが間違っていると感じている。自分の行動の矛盾に気づき、もうやめようと思っている。

あなたがたは、目覚めかけている種だ。充足の時はすぐそこに来ている。

これまで聞いたことにがっかりする必要はない。新しい経験、大きな現実のための基礎工事はできあがっており、これはすべて準備にすぎない。あとは、ドアを通って踏み出せばいいのだ。

この対話は、ドアを開く目的で行われている。まず、ドアを指し示すのだ。ごらん。そここにあるだろう！　真実の光は永遠に道を指し示してくれる。ここで与えられたのは、真実の光だ。

この真実を受け入れ、そのとおりに生きなさい。この真実を握りしめ、分かち合いなさい。この真実を抱きしめ、いつまでも大切にしなさい。この三冊——神との対話三部作——のために、わたしはふたたび、ありのままを語った。これ以上、進む必要はない。これ以上、質問する必要も、答えを聞く必要もない。

あなたが望む人生を創造するのに必要なのは、ここにあることだけ、この三部作に書かれたことだけだ。

そう、あなたにはまだ質問がある。そう、あなたはまだ、「しかし」と思っている。そう、あなたはまだこの楽しい探究を続けたい。なぜなら、どんな探究でも、決してもういいということはないからだ。

続けようと思えばいつまでもこの本を続けられるのは確かだ。だが、そうはならない。あなたの神との対話は続くが、この本は続かない。あなたが聞きたい質問への答えはすべて、この三部作のなかにある。これで、同じ智恵をくり返し、増幅し、何度も戻ることができる。

この三部作でさえ、その練習だ。ここには新しいものは何もなく、古い智恵を再訪したにすぎない。

再訪は良いことだ。もう一度、親しくなるのは良いことだ。それが、わたしがたびたび話した思い出すというプロセスだ。あなたは何も学ぶ必要はない。ただ、思い出せばいい。

だから、この三部作を何度も訪れなさい。何度でもページをめくりなさい。

ここに答えがないと思ったら、もう一度読み返してごらん。すでに答えが与えられていることに気づくだろう。それでも答えがないと感じたら、自分自身で答えを探しなさい。

自分自身と対話しなさい。自分自身の真実を創造しなさい。

そのとき、あなたはほんとうの自分を体験するだろう。

21

お別れしたくありません！

わたしはどこへも行かない。いつも（always）あなたと一緒にいる。どこの道でも（all ways）。

お願いですから、終わる前にもう少し質問をさせてください。最後の、締めくくりの質問です。

あなたはいつでも、永遠の智恵の座に戻ってきて、答えを見いだせる。それは知っているね。

ええ、わかっています。心の底ではこうなったこと、人生がこんなふうに創られたこと、つねに自分自身が源であることを感謝しています。だが、この対話はわたしの役に立っています。大きな贈り物なんです。もう少し、質問させていただけませんか？

もちろん、いいよ。

わたしたちの世界は、ほんとうに危機に瀕しているんでしょうか？　人間という種《しゅ》は、自滅行為にふけっているんですか。ほんとうに絶滅するんでしょうか？

そうだ。そして、その可能性を本気で考えないかぎり、避けることはできないだろう。抵抗すれば、相手は強くなる。しっかりと受けとめたときにだけ、相手が消える可能性がある。それに、時間と出来事について話したことも思い出してごらん。あなたが想像しうるすべての出来事、想像したすべての出来事は、永遠の一瞬のなかでは、たったいま起こっている。これが神聖なる一瞬だ。あなたの認識に先だつ一瞬だ。光があなたのところに届く前に起こっていることだ。それが現在で、あなたが気づく前にあなたに送られ、創造されている。それをあなたは、「現在（present）」と呼ぶ。たしかにそれは「贈り物（present）」だ。神からあなたへの最も偉大な贈り物だ。
あなたは想像したあらゆる経験のなかから、いま何を経験するかを選べる。

限りあるわたしの力でも、ようやくわかりかけてきました。何ひとつ「現実」はないんですね？

そう。あなたは幻想のなかで生きている。これは壮大なマジックショーなのだ。あなたは、トリックを知らないふりをしている。自分自身が魔法使いなのだがね。それを思い出すことが大事だ。そうでないと、すべてを現実にしてしまうよ。

だが、わたしが見て、感じて、嗅《か》いで、触れるものは、非常に現実的です。それが「現実的」でないなら、何が現実なんでしょう？

あなたは見つめているものを、ほんとうは「見て」いないことを忘れないように。あなたの脳は、知の源泉ではない。データの処理装置にすぎない。脳は五感と呼ばれる受容器を通じてデータをとりこむ。かたちをつくっているエネルギーを、ものに関するこれまでのデータにてらして解釈する。脳はあなたが何を知覚したかを教えるのであって、何が現実かを教えるのではない。その知覚をもとに、あなたは真実を知ったと思うが、じつは半分しか知らない。ほんとうは、あなたが知る真実はあなたが創造しているのだ。

このあなたとの対話もふくめて。

もちろん、そのとおり。

そうすると、「彼は神と話しているんじゃない。みんな、でっちあげだよ」と言うひとたちが、ますます勢いづきますよ。

そういうひとには、おだやかに、「思いきった発想をしてごらん」と言ってやりなさい。彼らは「どちらか」だと考えている。だが、「どちらも」と考えたほうがいいかもしれないよ。

現在の価値観や概念、理解のなかで考えていては、神は理解できない。神を理解したいなら、すべてを知っているなどと思わずに、いまは限られたデータしかないことを認めなければいけない。ウェルナー・エアハルトの言葉を思い出してほしい。彼は、真の明晰《めいせき》さは、本人が気づく気になったときにだけ訪れると言った。

自分の知らないことがある。そこに気づけば、すべてが変わるだろう。

あなたは「神と話し」、同時に「みんな、でっちあげ」ているのかもしれない。それどころか、これが最も偉大な真実だ。あなたはすべてをつくりあげている。

人生はすべてが創造されるプロセスだ。神はエネルギー――純粋な、生のエネルギー――

で、それをあなたがたは生命と呼ぶ。そこに気づけば、新しい真実に目覚める。神はプロセスである。

神は集合であり、神は存在するすべてだとおっしゃったんじゃありませんか。

そう。そのとおりだ。さらに、神はすべてが創造されるプロセスであり、自分自身の体験だ。このことは、前にも話した。

そう、そうでした。わたしが、「あなた自身を再創造しよう」というパンフレットを書いていたとき、その智恵を授けてくださったんです。

そうだ。もっとおおぜいのひとに聞いてもらうために、ここでもう一度、言おう。神はプロセスである。神はひとでも、場所でも、ものでもない。神はいつもあなたが感じていたとおりであって、理解していたとおりじゃない。

すみません、もう一度、言ってくださいますか?

あなたはいつも、神は至高の存在だと感じていた。

はい。

それは正しい。たしかにそうだ。わたしは存在だ。「存在」はものではなく、プロセスだろう。わたしは至高の存在だ。つまり、至高、それが存在している。

わたしはプロセスの結果ではない。プロセス自体だ。わたしは創造者で、自分を創造するプロセスだ。

あなたが天と地で見るすべてはわたし、創造されているわたしだ。創造のプロセスは決して終わらない。わたしは決して「完了」しない。言い換えれば、すべては永遠に変化しつづける。静止しているものは、何もない。何も――絶対に何も――動きを止めることはない。すべてはエネルギー（energy）であり、動き（motion）だ。地球では、それをまとめて「感情（E-motion）」と言うね。

あなたは神の最高の感情だ！

あなたが何かを見るとき、見ているのは時空に「とどまっている」静止した「何か」ではない。そうじゃないんだよ！あなたは出来事を目撃している。なぜなら、すべては動き、変化し、回転しているから。すべてだ。

『わたし』というのは動詞のようだ」と言ったのは、バックミンスター・フラーだったね。彼が言ったとおりだ。神は出来事だ。あなたがたはその出来事を生命と呼ぶ。生命はプロセスだ。そのプロセスは観察できるし、知ることができるし、予測もできる。観察すればするほど、知れば知るほど、予測できるようになる。

それはつらいな。わたしはいつも、神は変わらないと考えていたんです。つねに在《あ》ると。動かない動かし手です。神についてのこのはかり知れない絶対的な真実のなかに、わたしは安らぎを見いだしていたんですよ。

だが、それは真実だよ！　唯一、変わらない真実とは、神はつねに変化するということだ。

それこそが真実であって、どんなことをしても変えることはできない。決して変わらないのは、すべてがつねに変わるということだけだ。

生命は変化だ。神は生命だ。したがって、神は変化だ。

でも、わたしたちに対する神の愛だけは決して変化しないと、信じたいのです。

あなたがたへのわたしの愛は、つねに変化している。なぜなら、あなたがたがつねに変化しているし、わたしはありのままのあなたがたを愛しているから。ありのままのあなたがたを愛するには、ほんとうの自分についてのあなたがたの考えが変化するにつれて、「愛すべきもの」についてのわたしの考えも変化しなければならないんだよ。

すると、わたしが殺人者になろうと決めても、愛すべきものと思ってくださるんですか?

そのことは、以前に話したね。

わかっています。だが、納得できないんです!

どんな者でも、自分なりの世界モデルにてらせば、何も間違ったことはしていない。わたしはいつも(always)、どこの道でも(all ways)あなたを愛している。あなたがわたしに愛されない道(way)などありえない。

だが、あなたも罰するのでしょう? 愛をこめて罰するんだ。心に愛をいだきつつ、そして、そうしなければならないことを悲しみつつ、永遠の苦しみを与えるのでしょう。

いや。わたしは決して悲しまない。「しなければならない」ことなどないから。誰がわたしに「しなければならない」ことをさせるのかな？　わたしは決して罰しない。あなたがたはこの世でもべつの世でも、やめようと思うまでは自分を罰するという選択をするかもしれない。だが、わたしは罰しない。わたしは傷つくことも被害を受けることもないからだ。わたしの一部としてのあなたも、傷つくことも被害を受けることもない。

あなたがたのなかの誰かは、傷ついた、被害を受けたと感じることを選ぶかもしれない。しかし、永遠の領域に戻れば、どんな被害も受けていないことに気づくだろう。そのとき、あなたはもっと大きな計画を理解し、被害を与えたと想像した相手を赦《ゆる》すだろう。

大きな計画とは、何ですか？

一冊めの対話のなかの、小さな魂《たましい》と太陽のたとえ話を覚えているかな？

はい。

あれには続きがあるんだよ。こうだ。

――「どんな神の一部になるか、好きなものを選んでいいよ」とわたしは小さな魂に言った。

「あなたは絶対的な神性で、自らを経験する。神性のどんな部分を、自分として経験したいかな？」

「自分で選んでいいんですか？」小さな魂はたずねた。わたしは答えた。「そう。自分のなかで、自分として、自分を通して、神性のどんな部分を体験するか、選んでいいよ」

「わかりました」と小さな魂は言った。「それじゃ、わたしは赦しを選びます。神のなかで、完璧《かんぺき》な赦しという部分を体験したいんです」

さて、想像がつくだろうが、これは少々やっかいな問題を生んだ。誰も赦すべき相手がいなかったのだ。創造されたものはすべて完璧であり、愛だったから。

「赦す相手がいないんですか？」小さな魂はまさかという調子でたずねた。

「誰もいない」とわたしはくり返した。「まわりを見まわしてごらん。あなたよりも完璧でない魂、すばらしくない魂が見えるかな？」

そこで、小さな魂はくるりと見まわして、自分が天のすべての魂にとりまかれているのに気づいて驚いた。魂たちは、王国のはるか彼方から集まってきていた。小さな魂が、とてつもない神との対話をすると聞いてやって来たのだ。

「わたしより完璧でない魂は見つかりません！」小さな魂は叫んだ。「それじゃ、誰を赦したらいいんでしょうか？」

そのときひとつの魂が群衆のなかから進み出た。「わたしを赦せばいい」と、その友好的な魂は言った。

「何を赦すんですか？」小さな魂はたずねた。

「あなたのつぎの物質的な人生に出かけていって、何かをするから、それをあなたが赦せばいい」友好的な魂は答えた。

「だが、何を？　これほど完璧な光であるあなたに、わたしが赦したいと思うようなことができますか？」小さな魂は知りたがった。

「だいじょうぶ」友好的な魂は微笑《ほほえ》んだ。「きっと、何か考えつくから」

「しかし、どうしてそんなことをしてくれるんですか？」小さな魂は、これほど完璧な存在が「悪い」ことをするために、わざわざ振動をスローダウンさせようとするのはなぜなのか、はかりかねた。

「簡単だよ」友好的な魂は説明した。「あなたを愛しているからするんだ。あなたは赦しとして、自己を体験したい、そうなんだろう？　それにあなただって、同じことをしてくれたじゃないか」

「わたしが?」小さな魂はたずねた。

「そうだとも。覚えていないのかい? あなたもわたしも、みんなその一部だ。わたしたちはそのなかの上昇で下降、左で右だった。ここでありあそこ、いまであり過去だった。大で小、善で悪だった。わたしたちはみな、その一部だったんだよ。そんなふうにして、それぞれが神の最も偉大な部分を体験しようとみんなで決めているんだ。わたしたちにはわかっているからね……。あなたでないものが存在しなければ、あなたもまた存在しない。

『寒』がなければ、『暖』もありえない。『悲しみ』がなければ、『幸福』もない。『悪』と呼ばれるものがなければ、『善』と呼ばれる体験もありえない。あなたがあることを選ぶためには、それと反対の何かあるいは誰かが、宇宙のどこかに現れないといけない」

友好的な魂はそれから、そういうひとたちは神のとくべつの天使であり、そういう状態は神の贈り物なのだ、と説明した。

「かわりに頼みたいことは、ただひとつだ」と友好的な魂は言った。

「何でもします! 何でも!」小さな魂は叫んだ。神の神聖な側面のすべてを経験できるのだと知って、彼はわくわくしていた。やっと『計画』が理解できたのだ。

「わたしがあなたを襲い、暴力をふるうとき、想像しうるかぎり最悪のことをするとき——その瞬間に——ほんとうのわたしを思い出してほしい」

「忘れませんとも!」小さな魂は約束した。「いまと同じように、完璧なあなたを見ます。ほんとうのあなたを、いつも思い出します」

それは……すばらしい物語ですね。信じられないようなお話だ。

小さな魂の約束は、あなたへのわたしの約束だ。それは変わらない。だが、小さな魂よ、あなたはほかの者への約束を守ったかな?

いいえ。悲しいことですが、守っていません。

悲しがることはない。真実に気づいたことを喜び、新しい真実に生きようとする決意を楽しみなさい。神は進行中の働きであり、あなたもそうだ。それから、このことをいつも思い出しなさい。神があなたを見る目で自分を見れば、微笑みたくてたまらなくなるだろう。

だから、出発しなさい。そしてお互いにほんとうの姿を見るのだ。観察だよ。観察、観察すること。

前にも言ったが……あなたと高度に進化した存在の大きなちがいは、彼らがもっと観察することだ。あなたも進化のスピードを速めたいのなら、もっともっと観察することだ。

それ自体が、すばらしい観察なんですね。

それから、自分自身を出来事として観察しなさい。あなたがたは人間であり、存在だ。あなたがたはプロセスだ。それぞれの「瞬間」のプロセスの産物、それがあなたがただ。あなたがたは創造者であり、被造物だ。このことは、ともにいたここしばらくのあいだに、何度もくり返したね。あなたが耳を傾け、理解するようにとくり返したのだ。さて、あなたとわたし、このプロセスは永遠だ。過去も、現在も、将来も起こりつづける。「自動的に」起こる。そのままにしておけば、完璧なかたちで起こりつづける。ウェルナー・エアハルトがこんな言い方をしている――生命はそれ自身のプロセスで解決する――と。

霊的な運動のなかには、これを「あるがままに、神におまかせする」ことだと理解しているものもある。これも、なかなか良い理解だ。あるがままにまかせれば、自分というじゃま者をその「道」からとり除くことができる。「道」とはプロセスだ。それは、生命と呼ばれる。だから、すべての〈マスター〉が言ったのだよ。「わたしは道であり、生命である」と。彼らは、わたしがここで言ったことを完璧に理解していた。彼らは生命であり、道だった。進行中の出来事、プロセスだった。すべての智恵が教えているのは、プロセスを信頼しなさいということだ。それは神への信頼でもある。あるいは、自分自身を信頼すること、と言ってもいい。あなたは神だから。思い出しなさい。わたしたちはすべて一体なのだ。

だが「プロセス」が——生命が——いやなことばかりもってくるとき、どうして「プロセスを信頼」できますか？

生命がもってくるものを好きになりなさい！それをもたらしているのは、自分自身であることを理解しなさい。あなたが完璧だと思うものだけでなく、すべてに完璧性を見なさい。完璧性を見なさい。この三部作で、わたしはものごとが、なぜ、どんなふうに起こるかをていねいに説明してあげた。ここで読み返さなくてもいいが、完全に理解できるまで、何度も読みなおすと役に立つよ。

お願いです。もう一度だけ、おさらいしてくださいませんか。どうすれば、完璧だと思えない体験に「完璧性」を見ることができるんですか？

誰もあなたの体験を創造できるものはいない。
他者は、あなたの人生の外的な状況や、共通の出来事をあなたと一緒に創り出すことはできる。だが、どんなことでもあなたが選択しない体験をさせることは、誰にもできない。その意味で、あなたは至高の存在だ。そして誰も、誰ひとり、あなたに「こういう存在になりなさい」と言うことはできない。
世界はある状況を与えることはできるが、その状況が何を意味するのかを決めるのはあなた自身だ。
ずっと前に教えてあげた真実を思い出してごらん。重要なもの（物体：matters）は何もない。

ええ。あのときは、充分に理解できたかどうか自信がありませんでした。あれは、一九八〇年に、幽体離脱《ゆうたいりだつ》を経験したときでした……。ありありと覚えていますよ。

何を思い出す？

最初は、混乱しました。「重要なもの（物体：matters）は何もない」なんてありうるだろうか。もし、そうだとしたら、世界はどうなるのか。わたしはどうなるのか。

良い質問だ。で、どんな答えを発見したね？

本質的に重要なもの（物体：matters）はないんだ、と思いました。だが、わたしが出来事に意味をつけ加えて、重要なもの（物体：matters）にしているんだ。それを、非常に形而上《けいじじょう》的な意味でも感じましたね。それで、創造のプロセスそのものがつかめた気がしました。

何がつかめた？

すべてはエネルギーで、そのエネルギーが物体（重要なもの：matters）になるということです。つまり、物質的な「もの」と「出来事」になる。そう感じたんです。重要なもの（物体：matters）は何もない、ということは、わたしが選択しなければ、何事も重要なもの（物体：matters）にはならないということだ。それっきり、この対話まで、一〇年間もそのことは忘れていました。

この対話で話したことはすべて、あなたがすでに知っていたことだ。わたしが送ったひとやその教えを通じて、全部前に教えてあげている。ここには新しいことは何もないし、あなたが学ばなければならないこともない。ただ、思い出せばいい。

「重要なものは何もない」という智恵を深く充分に理解していれば、きっと役に立つよ。

すみません。この対話を終わる前に、大きな矛盾をひとつ指摘しなければならないんですよ。

と言うと？

あなたは何度も、「悪」と呼ばれるものが存在するのは、「善」を体験する状況をつくるためだ、とおっしゃいました。わたしでないものが存在しなければ、わたしという経験もありえないって。言い換えれば、「暖かさ」がなければ「寒さ」はないし、「上昇」がなければ「下降」もない、というふうに。

そのとおり。

そう考えれば、すべての「問題」は祝福で、悪人は天使だと思えるとも説明なさった。

それも、そのとおり。

それではどうして、高度に進化した存在には「悪」がないような話をなさったんですか？　あなたのお話だと、彼らの世界は天国じゃないですか？

なるほど。良いところをついたね。ずいぶん、考えたようではないか。

じつは、わたしが原稿を読んでいるのを聞いて、ナンシーが言ったんですよ。「対話が終わる前に、このことを聞いておくべきだと思うわ。否定的なものごとをすべて撲滅しているのなら、HEBはどうして、ほんとうの自分を経験できるのかしら？」。良い質問だな、と思いました。それどころか、ぎょっとしましたよ。これだけは答えていただく必要があると思うんです。

よろしい。ナンシーのために答えてあげよう。この本のなかでも、いちばん良い質問のひとつだしね。

（おっほん）

さて……HEBについて話していたとき、あなたがそこに気づかなかったのが不思議だね。あなたが気づかなかったなんて、驚くな。

気づきましたよ。

気づいた？

わたしたちはすべて一体だ、そうでしょう？　だから、そのなかのナンシーという部分が気づいたんです。

うまい！　それに、もちろん真実をついている。

で、お答えは？

もとの言葉に戻ろう。

あなたでないものがなければ、あなたも存在しない。つまり、寒さがなければ暖かさは体験できない。「上昇」がなければ、「下降」という考えはむなしい無意味な概念になる。これは宇宙の真実だ。それどころか、どうして寒暖、上下、そして「善悪」があるのかという、宇宙のあり方を説明している。

だが、いいかな。何が「寒」で何が「暖」なのか、何が「上昇」で何が「下降」なのか、すべてはあなたがつくり出しているのだよ（宇宙へ出てごらん。あなたの定義は消えうせるから！）。何が「善」で何が「悪」かというのも同じだ。しかも、そういう考えはすべて、年によって、いや季節によって変わっている。夏には六度といったら「寒い」だろうが、真冬なら「やあ、今日は暖かいね！」と言うだろう。

宇宙は経験の場を提供しているだけだ。さまざまな客観的現象と言ってもいい。それにどんなレッテルを貼《は》るかを決めるのはあなただ。宇宙はそうした物質的な現象のシステムの総体だ。そして宇宙は巨大だよ。広大だ。はかり知れないほど茫漠《ぼうばく》としている。じっさい、はてがない。

そこに偉大な秘密がある。あなたが選択した経験を可能にする場をつくるにしても、対立するものが目の前にある必要はない。

対立するものがどこにあるか、距離は問題ではない。宇宙全体が体験の場で、そこにはあらゆる対立する要素が存在するから、すべての経験が可能なのだ。それが、宇宙の目的だ。それが宇宙の機能だ。

しかし、自分で「寒さ」を体験していなければ、はるか遠くのどこかに「寒さ」というものがあったって、自分では「寒さ」を知ることはできないでしょう?

あなたは「寒さ」を体験しているよ。すべてを経験している。この人生でなければ、前世で。あるいは、そのまた前の世かもしれない。ほかのたくさんの世のひとつかもしれない。あなたは「寒さ」を体験している。「大」も「小」も「上昇」も「下降」も、「ここ」も「あそこ」もすべての対立する要素を経験している。それは、記憶に焼きつけられている。

だから、したくなければ、もう経験する必要はない。ただ思い出せばいい。それが存在することを知っていればいい。それだけで、宇宙の相対性の法則は貫徹する。

あなたがたすべてがそうだよ。あなたがたは、すべてを経験している。人間だけではなく、宇宙に存在するすべてがそうだ。すべてを経験しているだけではなく、あなたがたがすべてなのだ。

経験、それがあなたがただ。経験を引き起こしているのは、あなたがたなのだ。

よく、理解できないんですが。

しくみを説明してあげよう。まず理解してほしいのは、あなたは自分のすべてを覚えていて、この瞬間、この世、この星、この物質的なかたちで何を経験するかをそのなかから選び出している、ということだ。

なるほど、そう言われるとよくわかります。

わかりやすいだろう。あなたは自己を神の身体から、すべてから、集合から分割したが、いままた、その一員(member)になろうとしている。それが思い出す(ふたたびメンバーになる:re-membering)」というプロセスだ。思い出すことによって、ほんとうの自分の経験すべてを自分に与える。それがサイクルだ。これを何度も何度もくり返す。それを「進化」と呼んでいる。「進化(evolve)」するというが、実際は回転(re-volve)しているのだ! 地球が太陽のまわりを回転するように。銀河が自転しているように。

すべては回転する。

回転、それがすべての生命の基本運動だ。生命エネルギーは回転する。それが生命の営みだ。あなたがたは、真に革命的な（revolutionary）動きのなかにいるのだよ。

どうして、そんなことがおできになるんでしょうか？　あなたはつねに、すべてをはっきりと説明する言葉を見いだされるんですね？

はっきりさせているのは、あなただよ。自分の「受信器」の感度を良くしている。雑音を消している。あなたは、知る意志を新たにしたのだ。この新たな意志が、あなたとあなたの種のために、すべてを変えるだろう。新たな意志をもったあなたは、ほんとうに革命的な者になる。地球の偉大な霊的革命がいま始まったのだ。

急いだほうがいいですね。新しい霊性は、たったいま必要なんです。わたしたちは、まわりじゅうで信じられないほどの悲惨な状況をつくり出しています。

すべての存在が対立する経験をしているが、気づいていない者もいるからだ。忘れていて、まだ、充分に思い出していない。

高度に進化した存在は、そんなことはない。目の前の自分の世界に「否定形」がなくても、自分たちの文明がいかに「肯定形」かを知っている。否定形を創造して証明しなくても、ほんとうの自分を「肯定的に認識」している。ＨＥＢは、相対性の場のどこかにある「自分ではないもの」を観察すれば、ほんとうの自分に気づく。じつは、高度に進化した存在が対立要素を探そうとするとき、目を向ける場所のひとつが地球なのだよ。地球を見ることで、彼らはあなたがたと同じ経験を思い出し、自分たちのいまの経験を判断する目安にしている。

これで、ＨＥＢの社会には「悪」も「否定形」も必要ないことがわかったかな？

はい。だが、どうしてわたしたちには必要なんでしょうか？

必要はないよ。それは、三冊の対話を通して語りつづけてきたではないか。自分ではないものが存在する相対性の場にいなければ、ほんとうの自分を経験することはできない。それが宇宙の法則だ。それは不可避だ。だが、いまあなたは、そういう場にいる。あらためて創造する必要はない。あなたがいる相対性の場、それが宇宙だ。あなた**自身の裏庭に、小型の相対性の場を創り出す必要はないのだ。**つまり、たったいま、地球での生活を変えることができる。自分ではないものをすべて追放しても、ほんとうの自分を知って経験する力は少しも損なわれない。

なるほど！　それはこの本のなかでも最高の教えですね！　なんてすばらしい締めくくりなんだ！　すると、今度、自分についていだく最も偉大なヴィジョンの、そのまた最も壮大なヴァージョンを経験しようとするとき、対立する要素を呼び出さなくてもいいんですね！

そのとおり。はじめからずっと、わたしはそう言いつづけてきた。

でも、そういう説明はなさらなかったですよ！

いままで、あなたが理解しなかっただけだ。

あなたがたは、ほんとうの自分、選択する自分を経験するのに、対立する要素を創造する必要はない。ただ、どこかで、すでに創造されているものを観察すればいい。それが存在することを思い出せばいい。これが、「善悪の智恵の木の実」ということだ。あれは呪《のろ》いでも原罪でもなく、最初の祝福、マシュー・フォックスの言う原祝福だということは前に説明したね。そして、それが存在すること、すでに経験したことを思い出すためには――すべてを思い出すためには――ただ見上げればいい。

「自分の内を見つめろ」ということですね。

いや、そうじゃない。言葉どおりだよ。見上げる。星空を見てごらん。天を仰いでごらん。相対性の場を観察してごらん。

すると、宇宙のどこかを見れば、よそではものごとがどうなっているかがわかり、そういう対立要素にてらせば、いまここでほんとうの自分が理解できるんですね。

そう。それが「思い出す」ということだ。

正確には「観察する」ということでしょう?

そう。それで、何を観察していると思う?

ほかの星の生命体。ほかの太陽系、ほかの銀河系。テクノロジーが進歩すれば、それが観察できるんじゃないかな。テクノロジーが進んでいるHEBには、その力があるんでしょうね。彼らは地球のわたしたちを観察しているとおっしゃったではありませんか。だから、わたしたちもいつかはそれができるんでしょう?

だが、あなたが観察するというのは、ほんとうは何だと思う?

質問の意味がよくわかりませんが。

では、答えを教えよう。あなたがたは、自分の過去を観察しているのだよ。

なんですって???

星を見上げるとき、その星は何百光年、何千光年、何百万光年も昔の星だ。いま見ている星は、現在ある星ではない。昔の星なんだよ。過去を見ているのだ。その過去に、あなたがたは参加していた。

ええっ、どういうことですか???

あなたがたはそこにいて、行動し、経験していた。

わたしが？

あなたは多くの生を生きてきたと言わなかったかな？

ええ、でも……何光年も彼方に、わたしが旅行したらどうなるんですか？　ほんとうに、行けるようになったら？「たったいま」、地球上では何百光年も先にならなければ見えない場所に行けたら？　そこに見えるのは何なんですか？　二人の「わたし」ですか？　いっぺんに二つの場所にいる自分が見えるっておっしゃるんですか？

もちろんだよ！　そのとき、わたしが言ってきたことがわかるだろうな。時は存在せず、あなたは「過去」を見ているのではない、ということが！　すべては、いま、起こっている。あなたは、地球時間で「たったいま」生きている。それはあなたの未来でもある。多くの「自己」のあいだに距離があるから、それぞれのアイデンティティを、「時間のなかの瞬間」に経験することができるのだ。

だから、あなたが思い出す「過去」、見る「未来」は、存在する「いま」にすぎない。ほかのレベルでも同じだよ。それも前に言ったね。ただひとつのわたしたちしか存在しない。だから、見上げる星は「わたしたちの過去」なのだ。

ついていけなくなりましたよ！

がんばりなさい。もうひとつ、言っておきたいことがある。あなたがたはつねに「過去」を見ている。たったいま、目の前を見ているときも同じだ。

え？

現在を見ることは不可能だ。現在は「起こり」、それからエネルギーが放射して光の爆発となり、その光があなたの受容器である目に届く。光が届くまでに時間がかかる。光があなたに届くあいだも、生命は進行し、前進する。前の出来事の光があなたに届くころには、つぎの出来事が起こっている。爆発したエネルギーがあなたの目に届くと、目という受容器は脳に信号を送り、脳がデータにてらしあわせて、何を見ているかを教える。だが、それは、目の前にあるものではない。あなたが見ていると思っているものにすぎない。あなたが見たと思うものについて考え、判断し、何と呼ぶかを決めているあいだに、「いま」起こっていることはプロセスの先へ進んで、待っている。簡単に言えば、わたしはつねにあなたの一歩先にいる。

すごい（My God）、信じられないな。

いいから聞きなさい。あなた自身と出来事が起こる物質的な場所が遠くなればなるほど、出来事は「過去」へと遠ざかる。数光年も離れれば、非常に遠い昔に起こったことを見ていることになる。だが、それは「昔」に起こっているのではない。単に物質的な距離が「時間」という幻想を創り出し、「いま、ここ」のあなたと、「いつか、あそこ」にいたあなたの経験を両立させているにすぎない！

いつの日か、時間と空間は同じものであることがあなたにもわかるだろう。そのとき、すべてはたったいま、ここで起こっていることに気づくだろう。

それは――うーん――ワイルドだなあ。何というか、どう考えていいのか、わかりませんよ。

いま言ったことが理解できれば、見ているものはみな現実でないことがわかるだろう。あなたは過去の出来事のイメージを見ているのだが、そのイメージ、つまり爆発するエネルギーもあなたの解釈にすぎない。このイメージに対する個人的な解釈が想像（imagination）と呼ばれる。あなたは、その想像を使ってすべてを創り出す。なぜなら——これが最大の秘密なのだが——あなたの想像は双方向に働くからだ。

と言いますと？

あなたはエネルギーを解釈するだけでなく、創造する。想像とは精神の機能であり、精神はあなたの三つの部分の一つだ。精神が何かを想像すると、それは物質的なかたちをとりはじめる。長く想像すればするほど（多くの人びとが想像すればするほど）、さらに確固とした物質的なかたちになり、あなたが与えたエネルギーが、やがて文字どおり光となって爆発して、イメージを現実と呼ばれるものに変える。そこで、あなたがたはそのイメージを「見て」、それが何であるかを決める。こうしてサイクルが続く。これが、プロセスだ。

これがあなたである。あなたはこのプロセスだ。

これが神である。神はこのプロセスだ。

これが、あなたは創造者であり被造物であるという言葉の意味だ。

これで、すべてをまとめて見せてあげた。この対話は終わることにしよう。わたしは宇宙のメカニズム、すべての生命の秘密を説明したのだよ。

わたしは……呆然《ぼうぜん》としてますよ。何というか……びっくり仰天してしまいました。あとは、毎日の人生に適用したいと思います。

毎日、適用しているよ。そうせずにはいられないのだ。それが事実だから。問題は意識的に適用するか、無意識に適用するか、それだけだ。自分がプロセスの結果になるか、原因になるか。すべてにおいて、原因になりなさい（be cause)。子供たちは、このことをよく知っている。「どうしてそんなことをするの？」と聞いてごらん。「だって、そうなんだもの（just because)」と答えるだろう。何かをする理由は、それしかない。

驚きました。驚くべき対話の驚くべき流れ、驚くべき結末ですね。

新しく理解したことを意識的に適用するいちばんいい方法は、自分の経験の結果でなく、原因になることだ。そして、ほんとうの自分、選んだ自分を経験するにあたって、個人的な場、個人的な経験のなかで対立要素を創り出す必要がないことを忘れずにいなさい。

この知識を武器にすれば、人生を変えられるし、世界を変えられるよ。この真実をあなたがたすべてと分かち合うために、わたしはやって来たのだ。

そうか！　そうなのか！　わかりました。わかりましたよ！

よかった。この対話を通じて、三つの基本的な智恵があった。それは、

①わたしたちはすべて一体である。
②充分である。
③しなければならないことは、何もない。

「わたしたちはすべて一体である」と決めたら、お互いに対する姿勢が変わるだろう。「充分である」と決めたら、すべてをみんなと分け合うだろう。「しなければならないことは、何もない」と決めたら、「行為」によって問題を解決するのではなく、「問題」が消えてしまうような存在になるだろう。そうすれば、問題を起こす条件は消える。

あなたの進化の過程では、これがいちばん大切な真実かもしれない。これを対話の締めくくりにしよう。いつもこのことを忘れず、マントラのように唱えているといい。

しなければならないことは、何もない。しなければならないことは、何もない。ただ、ありのままのわたしでいればいい。

だからといって、あなたの人生から「行為」がなくなるわけではないよ。そうではなく、あなたが経験する行為はあなたの存在から生じるのであって、行為があなたを存在に導くのではないということだ。

あなたが最初に「幸福」であれば、幸福だから何かをすることになる。幸福になりたいから何かをするという古いパラダイムとは逆だ。

あなたが最初に「智恵」であれば、賢いから何かをする。智恵を獲得しようと何かをするのではない。

あなたが最初に「愛」であれば、愛だから何かをするのであって、愛を得たいから何かをするのではない。

あなたが「存在」しようと求めるのではなく、最初に「存在」であれば、すべては変化する。すべては逆転する。「行為」によって、「存在」に行き着くことはできない。幸福に、賢明に、愛になりたくても——あるいは神になりたくても——行為によって「そこへ行き着く」ことはできない。だが、「そこに行き着けば」、すばらしい行為をする、それは真実だ。

ここに神聖なる二分法がある。「そこへ行き着く」道は「そこにいる」ことだ。行きたい場所にいなさい！　簡単なことだ。しなければならないことは、何もない。幸福になりたいか？　では、幸福でいなさい。賢明になりたいか？　では賢明でいなさい。愛が欲しいか？　では愛になりなさい。いずれにしても、それがあなただ。いとしい者たちよ。

わあ！　びっくり仰天ですよ！　なんてすばらしい話し方をなさるんでしょう。

真実は雄弁だ。真実の優雅さが心をゆり動かして目覚めさせる。それが、この神との対話だ。この本は、人類の心にふれ、目覚めさせた。ここで、重大な質問にぶつかる。全人類が自分に問いかけるべき質問だ。あなたがたは、新しい文化の物語を創造するか、創造できるか？　ほかの神話すべての基礎になっている文化の神話を新たにつくり出すか、つくり出せるか？　人類は本質的に善なのか、それとも悪なのか？

その岐路にあなたがたは来ている。人類の未来は、どの道を行くかにかかっている。あなたがたと社会が自分たちは本質的に善であると信じていれば、生命を肯定する建設的な決定や法を採用するだろう。本質的に悪だと信じていれば、生命を否定する破壊的な決定や法を採用するだろう。

生命を肯定する法とは、あなたがたが望むあり方や行動を認める法だ。生命を否定する法とは、あなたがたが望むあり方や行動を認めない法だ。原罪を信じる人びと——人間は本質的に悪だという人びとは、神はあなたがたがしたいことをさせない法を創造したと主張し、人間の法でも同じことをしようとする(しかも数限りない法をつくる)。原祝福を信じる人びと、人間は本質的に善だという人びとは、神はしたいことをさせる自然法を創造したと主張し、人間の法でも同じことをしようとする。

あなたは人類をどう考えるか? 自己をどう考えるか? すべてをまかされたら、あなたは自分を信頼できるか? すべてについて信頼できるか? ほかのひとたちは? ほかのひとをどう見ている? 相手が何らかの方法で自分自身を見せるまでのあいだ、相手についてどう推定するだろうか?

さあ、答えてごらん。あなたの推定は社会をさらに崩壊させるだろうか、それとも突破口を開くだろうか?

自分を信頼できると思っています。前にはそうじゃなかったが、いまはそう思います。わたしは信頼できる人間になった。自分についての考え方が変わったからです。それに、神が何を望んでおられるか、何を望んでおられないかもわかりました。あなたのことも、はっきりわかりました。

その変化にこの神との対話が大きな役割を果たし、変化を可能にしてくれたんです。そして、自分自身を見るように社会を見るようになりました。崩壊しかけているのではなく、突破口があるはずだと。人間の文化はついに神聖な遺産に、神聖な目的に目覚め、神聖な自己についての意識を強めていると思います。

あなたがそう見ているのなら、それを創造するだろう。あなたがたは一度失ったが、また見いだした。あなたは一度、視力を失ったが、また見えるようになった。これは驚異的な恩寵《おんちょう》だ。

あなたの心はときにわたしから離れたが、わたしたちはふたたびひとつになったし、永遠にひとつでいるだろう。あなたが結びあわせたものは、あなた以外に誰も離すことはできないから。

覚えておきなさい。あなたはつねに部分（part）である。なぜなら、決して離れる（apart）ことはないから。あなたがたは、つねに神の一部である。なぜなら、決して神から離れることはないから。

これがあなたがたという存在の真実だ。わたしたちは全体だ。だから、あなたがたは全体の真実を知ったのだ。

この真実は、飢えた魂の糧《かて》だ。とって、食べなさい。世界はこの喜びに渇いている。とって、飲みなさい。わたしを思い出し、わたしの一部になりつつ（re-membrance）。
真実は神の身体であり、喜びは血液であり、神は愛だ。
――真実
――喜び
――愛
この三つは互いに入れかえることができる。ひとつがべつのものにつながる。順序はどうでもいい。すべてはわたしにつながる。すべてはわたしである。
だから、この対話は始めたように終わることにしよう。生命と同じでこれで輪が完結する。
あなたはここで真実を与えられた。喜びを与えられた。愛を与えられた。生命の最大の秘密の答えを与えられた。
残っている問題はただひとつ。わたしたちがはじめに問いかけたものだ。その問題とは、わたしが語りかけているのは誰かではなく、耳を傾けるのは誰か、である。

ありがとうございます。わたしたちすべてに語りかけてくださったことを感謝します。わたしたちは、あなたの言葉を聞いてきました。これからも耳を傾けます。わたしはあなたを愛しています。この対話の終わりにあたって、わたしは真実と喜びと愛に満たされています。あなたによって満たされています。神と一体であることを感じます。

一体の場所は天国だ。あなたはいま、そこにいる。

いままで、そこにいたことはなかった。わたしと一体になったことがないからだ。

いま、あなたに教えてあげよう。この対話から、あなたはようやく受けとるだろう。

これがわたしのメッセージ、世界に残したいメッセージだ。

天にましますわが子らよ、あなたがたの名は尊ばれる。あなたがたの王国が実現し、あなたがたの意志が天で行われるように地でも行われる。

あなたがたは今日の糧を与えられ、あなたがたがひとに赦《ゆる》すように、あなたがたの逸脱も赦される。自分を試みに合わせず、自分が創造した悪から解き放ちなさい。

王国も、力も、栄光も永遠にあなたがたのものだから。

そうなりますように。

アーメン。

さあ、行って、あなたがたの世界を変えなさい。行って、最高の自分自身になりなさい。

あなたは理解する必要のあることは、すべて理解した。知る必要のあることは、すべて知った。

いま、あなたはならねばならぬ存在になっている。

いままでも、そうだった。ただ、それを知らなかっただけだ。思い出さなかっただけだ。いま、あなたは思い出している。どこへ行くにも、その記憶を忘れないように。そして人生でふれあうすべてのひとと分かち合いなさい。あなたの運命は、あなたが想像しているよりも大きいのだから。あなたはこの部屋を癒《いや》すためにやって来た。この宇宙を癒すためにやって来た。ほかに、ここにいる理由はない。

それから、このことを覚えておきなさい。わたしはあなたを愛している。わたしの愛はつねにあなたのものである。いまも、そして永遠に。わたしはいつも(always)あなたとともにいる。あらゆる道で(all ways)。

神よ、さようなら。対話をありがとうございました。感謝します。ありがとう。ほんとうにありがとう。

こちらこそ、わたしのすばらしい創造であるあなたに感謝する。あなたは、神にふたたび声を与えてくれた。あなたの心に場所を与えてくれた。わたしたちがほんとうに望むのは、それだけだ。

わたしたちはふたたび、ひとつになった。
良きかな。

おわりに

みなさんもわかってくださると思うが、これはとてつもない体験だった。この三部作を送り出すのに六年かかっている。そのうち四年間は、三冊めのために費やされた。この驚異の「プロセス」が自然に進行するように、わたしはできるだけ流れを妨げない努力をした。ほぼ成功したと思うが、しかし、自分が完璧《かんぺき》なフィルターでなかったことはもちろん、認める。したがって、霊的なことがらについて書かれたこの本(ほかの本でも同じだが)を、文字どおりの真実ととることは間違いだろう。それは、なさらないようにお願いしたい。過大評価はしていただきたくない。同時に、過小評価もしていただきたくない。

これは、重要なメッセージである。世界を変える可能性のあるメッセージだ。『神との対話』によって、すでにおおぜいの人びとの人生が変わった。一九九八年現在、二四か国語に訳され、何か月も続けて国際的にベストセラー・リストに登場し、全世界の何百万人ものひとの手元に届きつつある。『神との対話』の勉強会が一五〇以上の都市で自発的に結成され、その数は毎月、増えつづけている。これを書いているいま、『神との対話』に書かれた洞察と智恵、真実に深く心を動かされたというお便りが、わたしのもとに毎週四〇〇通から六〇〇通、届いている。

この大きな責任を果たすために、ナンシーとわたしは、非営利財団をつくり、月報を発行して、『神との対話』についての読者の質問に答え、講演や宿泊セミナー、教材などに関するニュースをお知らせしている。

このメッセージにこめられたエネルギーに「接触していたい」、そしてこれをひろめる手伝いをしたいと思われるかたには、この月報購読はすばらしい手段のひとつだと思う。購読料の一部は、余裕のないかたがたが無料でわたしたちのプログラムに参加したり、月報を受けとれるようにするための奨学金にあてられる。

ご希望の方はつぎのところへ、ご連絡いただきたい。

The Conversations with God Foundation

PMB 1150

1257 Siskiyou Blvd. Ashland, OR97520 U.S.A.

電話　1-541-482-8806

ホームページ：www.conversationswithgod.org

この本にこめられたメッセージの実現に加わりたいと心から思われるかたがたのために、この対話のなかで与えられたヒントに従って、推薦図書リストを作成した。これを「世界を変える本」と名づけた。

これはただの推薦図書ではない。個人的に、ぜひともお読みいただきたいと思う本である。なぜか？　人類は地球で、きわめて重大な時を迎えようとしていると考えるからだ。これからの数年間に行われる決定が、その後何十年もの方向を決定するだろう。いま、人類のコミュニティが巨大になる前に、選択を迫られている。明日の選択はさらに重大になり、選択肢はさらに狭まるだろう。

この決定に、わたしたちみんなが役割を担っている。誰かの選択ではない。わたしたちの選択なのだ。この決定は政治権力機構や影響力のあるエリート、企業の大物にまかせておけるものではないし、まかせてはいけない。世界中のひとたちひとりひとりの心で、それぞれの家庭で決めなくてはいけないのだ。

子供たちに何を教えるべきか？　金をどう使うべきか？　どんな夢や願い、欲求、欲望を、最高の目標、優先課題とするべきか？　環境をどう扱うべきか？　健康な暮らしとは何か？　食生活はどう改善すべきか？　指導者たちに何を望むべきか、何を要求すべきか？　人生を何で判断すべきか？　どんな物差しで成功を考えるべきか？　どうやって、愛することを学ぶべきか？　こうした非常に個人的な選択の効果が集積して、科学者のルパート・シェルドレイクが言う「変容の場」ができるだろう。世界的な規模で生命の基調を決定する「共鳴」の場である。

だから、ひとりひとりが意識的に役割を果たすことが重要だ。それどころか、不可欠である。だが、真空状態で選択をすることはできない。そして、多くのひとは充分な情報をもっていると考えているとはいえ（率直に言えば、じつは情報が充分ではないひとたちもいるから）、このリストの本がとても役に立つと思う。そうでなければ、わざわざ掲載しなかった。

ほかにもすばらしい本はたくさんあるだろうし、もっと長いリストをつくることもできたことは疑いない。これは、わたしの個人的な選択だ。知人が書いた本もあれば、面識のない著者の本もあるが、いずれも非常に力強く、有意義で、大切な本である。「世界を変える本」をぜひお読みいただきたい。

（編集部注：日本語版のない書籍はタイトルのみご紹介させていただきました）

●ジェームズ・レッドフィールド著『聖なるヴィジョン』（角川書店刊）

わたしたちさえその気になれば、新しい未来の可能性への地図、すばらしい明日への道を教えてくれる。最もシンプルで深い真実が、わたしたちが長年夢見ていた人生の創造の道具《ツール》として、目の前に置かれている。とつぜん、夢は手の届くものとなった。

●ジョン・ロビンズ著『エコロジカル・ダイエット』（角川書店刊）

食物というシンプルなテーマをとりあげた非常に印象的な本。一種の啓示と言ってもいい。わたしたちが口にしている毒物や、栄養価の低い食べ物について追究したこの本を読めば、身体に入れているものの見方が一変する。死んだ動物の肉を食べるのが良いことなのか、と挑戦をつきつけ、驚くべき証拠をあげて、菜食がいかに経済的で健康に良いかを説く。

- The Healing of America/Marianne Williamson
- The Last Hours of Ancient Sunlight/Thom Hartmann
- Conscious Evolution/Barbara Marx Hubbard
- Reworking Success/Robert Theobald
- The Politics of Meaning/Michael Lerner
- The Future of Love/Daphne Rose Kingma

これらの本は明日への青写真である。どの内容もあまり似通っているので、著者たちが相談して書いたのかと思うくらいだが、そんなことはない。驚異的なほどレベルの高い「共時性」だろう。

これらの著者のヴィジョンは非常にはっきりしていてエキサイティングで、いまの日常とはまったく違ったすばらしい文明社会の姿を描いているから、読者はうれしさにわくわくして、自分もぜひ、そのような社会の実現に手を貸したいと思うにちがいない。幸い、わたしたち全員、これからどうすればいいか、具体的な提案をしている。どの本にも、ものごとを良くするため、そして長期的に世界を変えるためにいま何ができるか、さまざまなアイデアがあふれている。

さらに、この非常に重要なときに、『神との対話』三部作が呼びかけている活動を積極的、精力的に行っている三つの組織と、世界を改善する草の根の市民運動をご紹介したい。

こうしたグループが何をしているのか、その主義・主張に共感できるのか、そして、自分のヴィジョンや選択を実現するメカニズムがすでに存在するのかどうか、知りたいと思われる読者もいらっしゃると思う。

●霊的な領域では、「使者（The Emissaries）」
e-mail:sunrise@emmet.org

日常生活のさまざまな側面で人生を考え、神性を明らかにしていくことを霊的な関心の最上位におく人びとの集まり。多くの国にある。このグループは、一致してこのような活動を続けていけば、日常生活での神性の表現が集まって人類全体の基調となり、人びとを目覚めさせ、真のアイデンティティを回復することができると信じている。

「神聖な光の使者」という言葉は、ほんとうに愛情あふれる安定した霊性をつねに表現しているひとたちを言う。これは、本質的にもっている霊的な可能性の発露をはばんでいる姿勢や考え方と責任をもってとりくみ、克服していこうという姿勢を意味する。

もちろん、「使者」について聞いたことがなくても、それぞれの場で輝かしい精神的な実践をしているひとたちはおおぜいいる。そのひとたちもまた、神聖な光の使者であり、その人生は権威と力をもっている。通信教育やセミナー、会合、毎週の定期的なミーティングなど集まりや活動を通じて、「使者」は霊的、創造的なつとめを分かち合おうとするひとたちに現実的な手段を提供している。

●政治の領域では、「ナチュラル・ロー・パーティ（The Natural Law Party）」

http://www.natural-law.org

ナチュラル・ロー・パーティは、アメリカの政治構造の空白を埋めるために一九九二年に設立されたが、いまでは各国に支部がある。ナチュラル・ロー・パーティは、人類が進歩しつづけ、地球的なコミュニティが繁栄するためには、「ナチュラル・ロー」によって、連帯を強化しなければならないと考えている。ナチュラル・ローとは、「自然の法則、物理的宇宙全体の生命を律する秩序ある原則」と説明されている。

前回のアメリカ大統領選挙にナチュラル・ロー・パーティから立候補した物理学者のジョン・ヘイグリンは、つぎのように語っている。

「現代の機構や技術、そして行動パターンがますます自然の法に反するようになっているのは、残念ながら真実である。危険な副作用がある医薬品、殺虫剤、化学肥料、遺伝子組み換え作物、さらには金融機関までが、未来の災厄、階級闘争、環境破壊の種を蒔《ま》いている」

もちろん、『神との対話』三部作も、何度も同じことを指摘している。

ナチュラル・ロー・パーティはこうした問題にとりくむ政治的な基盤を提供している。

最後に『神との対話』三部作の三冊めである本書で、「何が役に立つか」という言葉がくり返し現れるのに気づかれたことと思う。高度に進化した存在は一貫して、「ありのまま」を見つめ、「何が役に立つか」を観察すると、何度も指摘されている。

わたしたちの社会でも、直面する多くの問題にとりくもうとするプログラムや企てを綿密に観察しようとする動きが出てきている。わたしが知っているものでは、「積極的解決策キャンペーン」があり、すでに機能していることがらを基盤として、新しい文明を構築する力になろうと呼びかけている。

このキャンペーンの目的は、画期的な解決策を調べて位置づけ、相互に結びつけ、交流をはかることで、拡大していこうというものである。これらの画期的な解決策がさらにひろく採用され、応用されれば、何百万ドルもが節約でき、同時に何百万人もの人びとの暮らしを向上させることができる。わたしもこのキャンペーンに協力し、キャンペーンを通じてそれぞれのコミュニティでいちばん役に立つ解決策が生まれるように、そして世界を癒《いや》し、進化させるプロジェクトが生まれるようにと願っている。

「積極的解決策キャンペーン」の事務局長はエレノア・マロニー・ルケインで、未来学者のバーバラ・ハバード、ナンシー・キャロル、パトリシア・エルズバーグと協力して活動している。このキャンペーンは、バーバラの非営利財団のプロジェクトのひとつである。個人やグループ、組織、機関などに、それぞれのプロジェクトをインターネットのホームページに掲載し、知識を分かち合い、お互いの成功から学ぼうと呼びかける運動も行っている。

それぞれのコミュニティ、教会、組織、友人たちのあいだで小さなグループをつくって、共同作業と共同創造（co-creation）を始めたいと思う読者もあるだろう。そのときは、つぎのように自問していただきたい。

①いま、何を創造したいという情熱をもっているか？　わたしの「活力源」はどこにあるか？

②わたしのニーズは何か？　次の一歩を踏み出す障害となっているのは何か？

③ひとと自由に分かち合いたいと思う資源（リソース）は何か？

④わたしの人生、仕事、世界で、すでに役立っていることは何か？

それがわかったらあなたのプロジェクトと、ほかの役立つプロジェクトをホームページ（http://www.cocreation.org.）に掲載してほしい。

こうした情報がみなさんのお役に立つことを願う。みなさんがその気になったとき、この情報が『神との対話』三部作のメッセージ実現のジャンプ台になること——それがわたしの目的である。

もちろん、みなさんのすべてが、ここにご紹介した著者や組織に全面的に賛同されるわけではないだろう。それでいい。とにかく、立ち止まって考えるきっかけになれば、それで充分である。

さて、『神との対話』三部作を終わるにあたって、みなさんにお礼を申し上げたい。わたしを通じて流れ出した考えを、ひろい心で受け入れてくださったことに感謝する。誰もが、ここに書かれたことに同意するはずがないことは承知している。それもいいのだ。それどころか、そのほうがいい。何にせよ、鵜呑《うの》みにされては、落ち着かない。『神との対話』三部作のなかでいちばん大切なメッセージは、それぞれが神性と対話し、自らの内なる智恵にふれ、そして、内なる真実を見つけるだろう、ということである。そこに自由がある。そこにチャンスがある。そこで、人生の究極の目的が達成される。

いま、みなさんもわたしも、ほんとうの自分についていだく最も偉大なヴィジョンの最も壮大なヴァージョンに従って、自分自身をふたたび新たに創造するチャンスを与えられている。わたしたちには人生を変え、世界をほんとうに変えるチャンスがある。

「世界をありのままに見て、どうしてこうなんだ？　と問いかけるひとがいる。そして、ありえる世界を描いて、どうしてこうならないんだ、こうなるはずじゃないか？　と問いかけるひとがいる」と、はじめて言ったのは、ジョージ・バーナード・ショーだという。

いま、『神との対話』三部作を通じた旅を終えるにあたって、みなさんに自分と世界についての最も偉大なヴィジョンを描き、そして、どうしてこうならないんだ、こうなるはずじゃないか？　と問いかけていただきたい。

みなさんに祝福がありますように。

ニール・ドナルド・ウォルシュ

※編集部注：日本語版『神との対話』ニューズレター問い合わせ先は、「リメンバーワン！」〒235-0023　横浜市磯子区森1-7-3-909
電話045（751）5329／FAX045（751）5339
年間購読料五五〇〇円（送料込み）です。

訳者あとがき

ここに『神との対話』三部作の最後の対話をお届けすることになりました。

宇宙とは何か、そのなかの生命とは何か、生きるとは何か――著者と神との対話はいよいよ壮大なクライマックスにむかっていきます。この対話から、読者のみなさまは何をくみとってくださるでしょうか。

すべては一体であり、ひとつである。

いま、すべては充分であり、足りないものは何もない。

しなければならないことは、何もない。

これが、この対話で神が示した三つの智恵であると、書かれています。

物理学をはじめさまざまな分野の科学者が宇宙について、生命について、ひとの心についての探究を進めているようです。それでもなお、この対話のなかで神も語っているように、宇宙には決してひとにはわかりえないことがたくさん残ることでしょう。

しかし、「わたしにとって」の生命、宇宙とは何か。それはすべてわたしのなかにある、そして、ありのままで過不足のないものなのだ、それがこの対話で神から送られたメッセージだと、訳者は受けとりました。

また、「しなければならないこと、してはいけないことは何もない。あなたがどのような人間になりたいか、どのような自分でありたいと思うか、生きる指針はそれだけだ」と神は言います。こうありたいという自分、それはつねに変わっていくでしょう。ひとつの目的に到達したとき、見えてくるのはつぎの目的であり、この旅に終わりはないからです。

もうひとつ、とくに心に残っている言葉があります。「思考をコントロールし、方向づけすることが、最高のかたちの祈り」だということです。思いをかけて慈しんでやると、とくべつな肥料を与えなくても種子の発芽が促進される、という研究があるそうです。植物でさえひとの思いに反応するのだとすれば、人間どうしで心が通じあわないはずはありません。

親が子を思い、子が親を思い、恋人どうしが、友人どうしが相手を気づかいあう思いは必ず相手を包みこむはず――そう思うのです。だから、できるだけ、「良いこと、正しいことだけを考え」たいと。

この対話のなかで神は、「新しく学ぶことなど何もない、すべてはあなたのなかにある、思い出しさえすればいい」とも言っています。人間はすべての智恵をもって生まれてきて、それを再発見していくのかもしれません。

どうか、読者のみなさまも生きて迷い、悩み、考えるプロセスを充分にご堪能くださいますように。この対話三部作を翻訳したことで、読者のみなさまおひとりおひとりの再発見に、ほんの少しでもお役に立てたなら、これ以上の喜びはありません。
終わりに、この場をお借りして、この本との出会いをつくってくださったサンマーク出版の青木由美子さんにお礼を申し上げます。ありがとうございました。

一九九九年四月

吉田　利子

解説

山本太郎

「二十五歳になった時、納得できない大人になってたら、死んでやる」

十代の僕は、そう思っていた。

芸能界に入ったのは十六。まわりの大人がほとんど信用できなかった。言葉巧みに操られ、自分の意志がひとつも尊重されていないような気がして、重苦しい毎日だった。仕事先でよく、大人たちから「お前、ホントに十六か？　賢すぎるなあ」と言われていた。適当なことを言っている大人が裏で何を考えているかを、いつもじっと見ていたからだ。

大人だけじゃない。何かに対していつも、怒りがあった。むかつくヤツは消せばいい。金がなければ奪えばいい。今さえよければいい。人生は一度きり、俺は俺の生きたいように生きる。——やんちゃな年頃とはいえ、ずいぶん刹那的な十代だった。

「だけど何か違う」、そう感じたのが二十一歳。

ちょうどその頃、姉がヨーガを習い始めた。僕と同様、悩みが多くやんちゃだった姉なのに、ヨーガを深め、精神世界に興味をもつにつれ、驚いたことに、会う度にまるで薄紙が剝《は》がれていくように内面の輝きが増していくのが見てとれた。

姉とは気が合わず、よく衝突していた母が、そんな姉の変容を見て、「私もそうなりたい」とヨーガを習い始めた。母には膠原病《こうげん》という持病があったのだが、ヨーガを始めてからは徐々にその症状も安定し、どちらかというと「物質至上主義」だった母が、姉の影響でいつしか精神世界へと……。そして、母の内面もそれまで以上に輝きを増し、何よりもバラバラだった家族の愛と絆が深まった。そして、これは効果がある、と僕もヨーガを習いに芝の増上寺に通うようになった。

ヨーガを通して身についたのは集中力。

僕は常にじっとしていられない子どもだった。とにかく机に五分と座っていられない。勉強は大嫌い。字を読むくらいなら、どこかに遊びに行きたかった。

その、まったく本を読まなかった僕が、海外ロケの荷物に母が入れてくれた本を開く気になったのも、ヨーガで集中力がついたためだろう。

『神との対話』を読みはじめたのは、『世界ウルルン滞在記』の仕事で、パプアニューギニアのイリアンジャヤへ向かう途中だった。七回も飛行機を乗り換え、最後はドラム缶と一緒に貨物用のプロペラ機で運ばれ、たどり着いたのは、「秘境」と呼ばれる地だった。

「文字に慣れていないから、最初は読みにくいかも。でも、飛ばし読みはしないで、わからないところは元に戻って繰り返し繰り返し読めば、きっと意味がつかめるよ」と言う母の熱意に負けた。始めからすんなり頭に入るわけではなかったが、集中して読み始めるとだんだん面白くなってきた。

道理に合っていることだらけだった。科学者も政治家も、偉い誰かも説明できなかったことをズバズバ切っていた。

イリアンジャヤに着き、ある部族と生活を共にした。日本とはまるっきりの別世界だ。食べものも違う。生活もまるで違う。十六くらいの健康な娘が子どもを産み、しつけや教育は酋長がする。日本なら高齢者は、社会的には片隅に追いやられることが多い。だが、ここには経験を積んだ人だからこそ、必要とされるぴったりの任務があり尊敬されている。

「若い者が子どもを産み、五十歳以上の成熟した大人がその子を育てればいいと『神との対話』に書いてあったのは、目の前のこれじゃないのか?」

本に書いてあったことを、この辺境の地で自分自身の目でしっかりと確かめたのだ。

帰国後も、まさに同じような出来事に気づかされ、『神との対話』はいつのまにか僕にとってバイブルのような思い入れのある本になっていた。破天荒だったこんな僕が変われたのは、この本との出会いがあったからだ。

だから、日々自分なりに本に書いてあることを実践している。たとえば仕事を選ぶとき。映画やドラマでも、その時々で、スケジュールや内容、さまざまな状況が複雑にからんだうえで、選択を迫られる場面が多い。そんなとき、損得や目先のことを考えるより、自分が本当に心からやりたいことをやるべきだ、と僕はそう肝に銘じている。

また、インスピレーションやヨーガで少しは開けた自分のカンを大事にするようになった。

決して大げさなことじゃない。たとえば朝出かけるとき、ふと替えのTシャツをもう一枚持って出かけようかな、とひらめいたりする。「まあ、大丈夫か」とそのまま出かけてしまったときに限って一日中動きまわり、大汗をかいてびしょびしょのシャツで過ごすはめになってしまう。そういうときは、朝のひらめきを逃した自分を疎ましく思う。忙しさにまぎれ、つい「まあ、いいか」と気づかぬ風をよそおうこともある。そんな時は、「ダメダメ、これはきっと自分に必要なことは自分が一番知っているということだ」と、立ち止まってチェックすることにしている。

もともと僕はクリスチャンだった。だが、親がそうだったから洗礼を受けただけで、今の僕にとってみれば、単なる儀式だったにすぎない。子どもの頃から事あるごとに自分の勝手で神様に祈ったりしたけれど、その願いは届いているのかいないのか。悪事をしては、あの鋭い母にかかるとすべてお見通しで、ベッドの中で何度「クソ神様!」と呟いたことか。そのうち、大きくなると、「神様がいるのなら、なんでこんなひどい世の中なのか?本当は神様なんていないのでは?」とむかつくようになっていた。

でも、今は違う。

この本に書いてあるように、神が自分と同じようなものとして人間をつくったのなら、自分たちの力で世界は変えられるんじゃないかと思う。今の僕は特定の宗教を信じているわけでもない。キリストやマホメット、ブッダとか、特別に信仰している神や仏もいない。だが、いつもなんとなく、目に見えない大いなる神の存在はあると確かに感じている。どこかに向かって祈るわけじゃない。だが、どんな人も何かに夢中になっている一番ピュアな状態が、神に近いような気がしている。

また、殺戮や貧困、飢餓という悲惨な状況下の人を報道で見るたびに心が痛むのは、僕の潜在意識に「地球人」、「みんなと家族」という考えがインプットされているからだと思う。うちは母子家庭だが、物心ついた頃から、母は子どもにいっさい隠し事をせず、「ボーイフレンドができた」「今月はもうこれだけしかお金がない」など包み隠さず話してくれた。母が死んだあとでも、何が起きても動じないよう、この世の中で起こり得るすべてのことに対処できるようトレーニングを施してくれた。僕が悪事を働いたときは、納得するまで説教され、キッチリとけじめをつけられた。母親としてだけでなく、人間として真正面から向き合ってくれた。母親でありながら、「いい師匠にあたったなあ」と思わせてくれる母も、『神との対話』に書いてあるような「家族」というものの愛と大きさを、教えてくれているのかもしれない。

自分が自分らしくない時。
最高の考えももてない時。

高いビジョンなどとんでもないという時。

残念ながら、そんな日は多々ある。そういう時、僕は『神との対話』を読み返す。目次を見て、目についたところをぱっと読む。地方ロケに行く時にも、ぽんと鞄に放り込んで行く。

もし、僕も神と対話ができたら聞いてみたい。「地球はこれからどうなるのか?」と。

二〇〇二年　五月

Conversations with God book3
by Neale Donald Walsch

Originally Published by Hampton Roads Company Inc., VA
Japanese translation rights arranged with Writers House Inc.
through Japan UNI Agency, Inc., Tokyo

単行本　一九九九年六月　サンマーク出版刊

●著者略歴

ニール・ドナルド・ウォルシュ
〈Neale Donald Walsch〉

ニール・ドナルド・ウォルシュは現在、妻のナンシーと、アメリカ・オレゴン州南部の森の多い静かな地域で暮らしている。ふたりは人びとが自分自身に立ち返ることを目標に掲げた「ReCreation（再創造）」という組織を創立した。

ウォルシュはいまも依頼にこたえて講演を行ったり、ワークショップを開催するなど、『神との対話』にこめられたメッセージをおおぜいの人に伝え、理解してもらうための活動を続けている。

●訳者略歴

吉田利子〈よしだ・としこ〉

埼玉県出身。東京教育大学文学部卒業。訳書に、『神との対話』シリーズ（小社刊）、ジェフリー・M・シュウォーツ『不安でたまらない人たちへ』（草思社）、マーク・バリシュ『癒しの道』（日経BP）、オリヴァー・サックス『火星の人類学者』（早川書房）、サンドラ・マーツ編『間違ってもいい、やってみたら』（講談社）、ディーン・オーニッシュ『愛は寿命をのばす』（光文社）など。

サンマーク文庫
神との対話③

二〇〇二年　六月　三十日　初版発行
二〇〇六年　八月　十　日　第九刷発行

著　者　N・D・ウォルシュ©
訳　者　吉田利子©
発行人　植木宣隆
発行所　株式会社　サンマーク出版
東京都新宿区高田馬場二-一六-一一
(電)〇三-五二七二-三一六六
印刷　共同印刷株式会社
製本　㈱若林製本工場

ISBN4-7631-8071-1 C0130
ホームページ　http://www.sunmark.co.jp
携帯サイト　http://www.sunmark.jp

SUN
MARK